ROMENO
VOCABULÁRIO

PALAVRAS MAIS ÚTEIS

PORTUGUÊS
ROMENO

Para alargar o seu léxico e apurar
as suas competências linguísticas

9000 palavras

Vocabulário Português-Romeno - 9000 palavras

Por Andrey Taranov

Os vocabulários da T&P Books destinam-se a ajudar a aprender, a memorizar, e a rever palavras estrangeiras. O dicionário é dividido em temas, cobrindo todas as principais esferas de atividades quotidianas, negócios, ciência, cultura, etc.

O processo de aprendizagem, utilizando os dicionários baseados em temáticas da T&P Books dá-lhe as seguintes vantagens:

- Informação de origem corretamente agrupada predetermina o sucesso em fases subsequentes da memorização de palavras
- Disponibilização de palavras derivadas da mesma raiz, o que permite a memorização de unidades de texto (em vez de palavras separadas)
- Pequenas unidades de palavras facilitam o processo de estabelecimento de vínculos associativos necessários para a consolidação do vocabulário
- O nível de conhecimento da língua pode ser estimado pelo número de palavras aprendidas

T&P Books Publishing
www.tpbooks.com

ISBN: 978-1-78400-861-1

Este livro também está disponível em formato E-book.
Por favor visite www.tpbooks.com ou as principais livrarias on-line.

VOCABULÁRIO ROMENO
palavras mais úteis

Os vocabulários da T&P Books destinam-se a ajudar a aprender, a memorizar, e a rever palavras estrangeiras. O vocabulário contém mais de 9000 palavras de uso comum organizadas tematicamente.

O vocabulário contém as palavras mais comummente usadas

Recomendado como adicional para qualquer curso de línguas

Satisfaz as necessidades dos iniciados e dos alunos avançados de línguas estrangeiras

Conveniente para o uso diário, sessões de revisão e atividades de auto-teste

Permite avaliar o seu vocabulário

Características especias do vocabulário

· As palavras estão organizadas de acordo com o seu significado, e não por ordem alfabética
· As palavras são apresentadas em três colunas para facilitar os processos de revisão e auto-teste
· As palavras compostas são divididas em pequenos blocos para facilitar o processo de aprendizagem
· O vocabulário oferece uma transcrição simples e adequada de cada palavra estrangeira

O vocabulário contém 256 tópicos incluindo:

Conceitos básicos, Números, Cores, Meses, Estações do ano, Unidades de medida, Roupas & Acessórios, Alimentos & Nutrição, Restaurante, Membros da Família, Parentes, Caráter, Sentimentos, Emoções, Doenças, Cidade, Passeios, Compras, Dinheiro, Casa, Lar, Escritório, Trabalho no Escritório, Importação & Exportação, Marketing, Pesquisa de Emprego, Desportos, Educação, Computador, Internet, Ferramentas, Natureza, Países, Nacionalidades e muito mais ...

TABELA DE CONTEÚDOS

GUIA DE PRONUNCIAÇÃO

Alfabeto fonético T&P	Exemplo Romeno	Exemplo Português
[a]	arbust [ar'bust]	chamar
[e]	a merge [a 'merdʒe]	metal
[ə]	brăţară [brə'tsarə]	O xevá, som vocálico neutro
[i]	impozit [im'pozit]	sinónimo
[ɨ]	cuvânt [ku'vɨnt]	sinónimo
[o]	avocat [avo'kat]	lobo
[u]	fluture ['fluture]	bonita
[b]	bancă ['bankə]	barril
[d]	durabil [du'rabil]	dentista
[dʒ]	gemeni ['dʒemenʲ]	adjetivo
[f]	frizer [fri'zer]	safári
[g]	gladiolă [gladi'olə]	gosto
[ʒ]	jucător [ʒukə'tor]	talvez
[h]	pahar [pa'har]	[h] aspirada
[k]	actor [ak'tor]	kiwi
[l]	clopot ['klopot]	libra
[m]	mobilă ['mobilə]	magnólia
[n]	nuntă ['nuntə]	natureza
[p]	profet [pro'fet]	presente
[r]	roată [ro'atə]	riscar
[s]	salată [sa'latə]	sanita
[ʃ]	cleştişor [kleʃti'ʃor]	mês
[t]	statuie [sta'tue]	tulipa
[ts]	forţă ['fortsə]	tsé-tsé
[tʃ]	optzeci [opt'zetʃi]	Tchau!
[v]	valiză [va'lizə]	fava
[z]	zmeură ['zmeurə]	sésamo
[j]	foios [fo'jos]	géiser
[ʲ]	zori [zorʲ]	sinal de palatalização

ABREVIATURAS
usadas no vocabulário

Abreviaturas do Português

adj	-	adjetivo
adv	-	advérbio
anim.	-	animado
conj.	-	conjunção
desp.	-	desporto
etc.	-	etecetra
ex.	-	por exemplo
f	-	nome feminino
f pl	-	feminino plural
fem.	-	feminino
inanim.	-	inanimado
m	-	nome masculino
m pl	-	masculino plural
m, f	-	masculino, feminino
masc.	-	masculino
mat.	-	matemática
mil.	-	militar
pl	-	plural
prep.	-	preposição
pron.	-	pronome
sb.	-	sobre
sing.	-	singular
v aux	-	verbo auxiliar
vi	-	verbo intransitivo
vi, vt	-	verbo intransitivo, transitivo
vr	-	verbo reflexivo
vt	-	verbo transitivo

Abreviaturas do Romeno

f	-	nome feminino
f pl	-	feminino plural
m	-	nome masculino
m pl	-	masculino plural
n	-	neutro
n pl	-	neutro plural
pl	-	plural

CONCEITOS BÁSICOS

Conceitos básicos. Parte 1

1. Pronomes

eu	eu	[eu]
tu	tu	[tu]
ele	el	[el]
ela	ea	[ˈa]
nós	noi	[noj]
vocês	voi	[ˈvoj]
eles	ei	[ˈej]
elas	ele	[ˈele]

2. Cumprimentos. Saudações. Despedidas

Olá!	Bună ziua!	[ˈbunə ˈziwa]
Bom dia! (formal)	Bună ziua!	[ˈbunə ˈziwa]
Bom dia! (de manhã)	Bună dimineața!	[ˈbunə dimiˈnʲaʦa]
Boa tarde!	Bună ziua!	[ˈbunə ˈziwa]
Boa noite!	Bună seara!	[ˈbunə ˈsʲara]
cumprimentar (vt)	a se saluta	[a se saluˈta]
Olá!	Salut!	[saˈlut]
saudação (f)	salut (n)	[saˈlut]
saudar (vt)	a saluta	[a saluˈta]
Como vai?	Ce mai faci?	[ʧie maj ˈfatʃi]
O que há de novo?	Ce mai e nou?	[ʧe maj e ˈnou]
Até à vista!	La revedere!	[la reveˈdere]
Até breve!	Pe curând!	[pe kuˈrɨnd]
Adeus! (sing.)	Rămâi cu bine!	[rəˈmɨj ku ˈbine]
Adeus! (pl)	Rămâneți cu bine!	[rəmiˈneʦ ku ˈbine]
despedir-se (vr)	a-și lua rămas bun	[aʃ luˈa rəˈmas bun]
Até logo!	Pa!	[pa]
Obrigado! -a!	Mulțumesc!	[mulʦuˈmesk]
Muito obrigado! -a!	Mulțumesc mult!	[mulʦuˈmesk mult]
De nada	Cu plăcere	[ku pləˈʧere]
Não tem de quê	Pentru puțin	[ˈpentru puˈʦin]
De nada	Pentru puțin	[ˈpentru puˈʦin]
Desculpa!	Scuză-mă!	[ˈskuzəmə]
Desculpe!	Scuzați-mă!	[skuˈzaʦimə]

desculpar (vt)	a scuza	[a sku'za]
desculpar-se (vr)	a cere scuze	[a 'tʃere 'skuze]
As minhas desculpas	Cer scuze	[tʃer 'skuze]
Desculpe!	Lertaţi-mă!	[er'tatsimə]
perdoar (vt)	a ierta	[a er'ta]
por favor	vă rog	[və rog]
Não se esqueça!	Nu uitaţi!	[nu uj'tatsʲ]
Certamente! Claro!	Desigur!	[de'sigur]
Claro que não!	Desigur ca nu!	[de'sigur kə nu]
Está bem! De acordo!	Sunt de acord!	[sunt de a'kord]
Basta!	Ajunge!	[a'ʒundʒe]

3. Como se dirigir a alguém

senhor	Domnule	['domnule]
senhora	Doamnă	[do'amnə]
rapariga	Domnişoară	[domniʃo'arə]
rapaz	Tinere	['tinere]
menino	Băiatule	[bə'jatule]
menina	Fetiţo	[fe'titso]

4. Números cardinais. Parte 1

zero	zero	['zero]
um	unu	['unu]
dois	doi	[doj]
três	trei	[trej]
quatro	patru	['patru]
cinco	cinci	[tʃintʃ]
seis	şase	['ʃase]
sete	şapte	['ʃapte]
oito	opt	[opt]
nove	nouă	['nowə]
dez	zece	['zetʃe]
onze	unsprezece	['unsprezetʃe]
doze	doisprezece	['dojsprezetʃe]
treze	treisprezece	['trejsprezetʃe]
catorze	paisprezece	['pajsprezetʃe]
quinze	cincisprezece	['tʃintʃsprezetʃe]
dezasseis	şaisprezece	['ʃajsprezetʃe]
dezassete	şaptesprezece	['ʃaptesprezetʃe]
dezoito	optsprezece	['optsprezetʃe]
dezanove	nouăsprezece	['nowəsprezetʃe]
vinte	douăzeci	[dowə'zetʃi]
vinte e um	douăzeci şi unu	[dowə'zetʃi ʃi 'unu]
vinte e dois	douăzeci şi doi	[dowə'zetʃi ʃi doj]
vinte e três	douăzeci şi trei	[dowə'zetʃi ʃi trej]

trinta	treizeci	[trej'zetʃi]
trinta e um	treizeci şi unu	[trej'zetʃi ʃi 'unu]
trinta e dois	treizeci şi doi	[trej'zetʃi ʃi doj]
trinta e três	treizeci şi trei	[trej'zetʃi ʃi trej]

quarenta	patruzeci	[patru'zetʃi]
quarenta e um	patruzeci şi unu	[patru'zetʃi ʃi 'unu]
quarenta e dois	patruzeci şi doi	[patru'zetʃi ʃi doj]
quarenta e três	patruzeci şi trei	[patru'zetʃi ʃi trej]

cinquenta	cincizeci	[tʃintʃ'zetʃ]
cinquenta e um	cincizeci şi unu	[tʃintʃ'zetʃ ʃi 'unu]
cinquenta e dois	cincizeci şi doi	[tʃintʃ'zetʃ ʃi doj]
cinquenta e três	cincizeci şi trei	[tʃintʃ'zetʃ ʃi trej]

sessenta	şaizeci	[ʃaj'zetʃi]
sessenta e um	şaizeci şi unu	[ʃaj'zetʃi ʃi 'unu]
sessenta e dois	şaizeci şi doi	[ʃaj'zetʃi ʃi doj]
sessenta e três	şaizeci şi trei	[ʃaj'zetʃi ʃi trej]

setenta	şaptezeci	[ʃapte'zetʃi]
setenta e um	şaptezeci şi unu	[ʃapte'zetʃi ʃi 'unu]
setenta e dois	şaptezeci şi doi	[ʃapte'zetʃi ʃi doj]
setenta e três	şaptezeci şi trei	[ʃapte'zetʃi ʃi trej]

oitenta	optzeci	[opt'zetʃi]
oitenta e um	optzeci şi unu	[opt'zetʃi ʃi 'unu]
oitenta e dois	optzeci şi doi	[opt'zetʃi ʃi doj]
oitenta e três	optzeci şi trei	[opt'zetʃi ʃi trej]

noventa	nouăzeci	[nowə'zetʃi]
noventa e um	nouăzeci şi unu	[nowə'zetʃi ʃi 'unu]
noventa e dois	nouăzeci şi doi	[nowə'zetʃi ʃi doj]
noventa e três	nouăzeci şi trei	[nowə'zetʃi ʃi trej]

5. Números cardinais. Parte 2

cem	o sută	[o 'sutə]
duzentos	două sute	['dowə 'sute]
trezentos	trei sute	[trej 'sute]
quatrocentos	patru sute	['patru 'sute]
quinhentos	cinci sute	[tʃintʃ 'sute]
seiscentos	şase sute	['ʃase 'sute]
setecentos	şapte sute	['ʃapte 'sute]
oitocentos	opt sute	[opt 'sute]
novecentos	nouă sute	['nowə 'sute]

mil	o mie	[o 'mie]
dois mil	două mii	['dowə mij]
De quem são ...?	trei mii	[trej mij]
dez mil	zece mii	['zetʃe mij]
cem mil	o sută de mii	[o 'sutə de mij]
um milhão	milion (n)	[mi'ljon]
mil milhões	miliard (n)	[mi'ljard]

6. Números ordinais

primeiro	primul	['primul]
segundo	al doilea	[al 'dojlʲa]
terceiro	al treilea	[al 'trejlʲa]
quarto	al patrulea	[al 'patrulʲa]
quinto	al cincilea	[al 'tʃintʃilʲa]
sexto	al şaselea	[al 'ʃaselʲa]
sétimo	al şaptelea	[al 'ʃaptelʲa]
oitavo	al optulea	[al 'optulʲa]
nono	al nouălea	[al 'nowəlʲa]
décimo	al zecelea	[al 'zetʃelʲa]

7. Números. Frações

fração (f)	fracţie (f)	['fraktsie]
um meio	o doime	[o 'doime]
um terço	o treime	[o 'treime]
um quarto	o pătrime	[o pə'trime]
um oitavo	o optime	[o op'time]
um décimo	o zecime	[o ze'tʃime]
dois terços	două treimi	['dowə 'treimʲ]
três quartos	trei pătrimi	[trej pə'trimʲ]

8. Números. Operações básicas

subtração (f)	scădere (f)	[skə'dere]
subtrair (vi, vt)	a scădea	[a skə'dʲa]
divisão (f)	împărţire (f)	[impər'tsire]
dividir (vt)	a împărţi	[a impər'tsi]
adição (f)	adunare (f)	[adu'nare]
somar (vt)	a aduna	[a adu'na]
adicionar (vt)	a adăuga	[a adəu'ga]
multiplicação (f)	înmulţire (f)	[inmul'tsire]
multiplicar (vt)	a înmulţi	[a inmul'tsi]

9. Números. Diversos

algarismo, dígito (m)	cifră (f)	['tʃifrə]
número (m)	număr (n)	['numər]
numeral (m)	numeral (n)	[nume'ral]
menos (m)	minus (n)	['minus]
mais (m)	plus (n)	[plus]
fórmula (f)	formulă (f)	[for'mulə]
cálculo (m)	calcul (n)	['kalkul]
contar (vt)	a calcula	[a kalku'la]

calcular (vt)	a socoti	[a soko'ti]
comparar (vt)	a compara	[a kompa'ra]

Quanto?	Cât?	[kit]
Quantos? -as?	Câți? Câte?	[kits], ['kite]
soma (f)	sumă (f)	['sumə]
resultado (m)	rezultat (n)	[rezul'tat]
resto (m)	rest (n)	[rest]

alguns, algumas ...	câțiva, câteva	[kits'va], [kite'va]
um pouco de ...	puțin	[pu'tsin]
resto (m)	rest (n)	[rest]
um e meio	unu şi jumătate	['unu ʃi ʒumə'tate]
dúzia (f)	duzină (f)	[du'zinə]

ao meio	în două	[in 'dowə]
em partes iguais	în părți egale	[in pərts^j e'gale]
metade (f)	jumătate (f)	[ʒumə'tate]
vez (f)	dată (f)	['datə]

10. Os verbos mais importantes. Parte 1

abrir (vt)	a deschide	[a des'kide]
acabar, terminar (vt)	a termina	[a termi'na]
aconselhar (vt)	a sfătui	[a sfətu'i]
adivinhar (vt)	a ghici	[a gi'tʃi]
advertir (vt)	a avertiza	[a averti'za]

ajudar (vt)	a ajuta	[a aʒu'ta]
almoçar (vi)	a lua prânzul	[a lu'a 'prinzul]
alugar (~ um apartamento)	a închiria	[a inkiri'ja]
amar (vt)	a iubi	[a ju'bi]
ameaçar (vt)	a ameninţa	[a amenin'tsa]

anotar (escrever)	a nota	[a no'ta]
apressar-se (vr)	a se grăbi	[a se grə'bi]
arrepender-se (vr)	a regreta	[a regre'ta]
assinar (vt)	a semna	[a sem'na]

atirar, disparar (vi)	a trage	[a 'tradʒe]
brincar (vi)	a glumi	[a glu'mi]
brincar, jogar (crianças)	a juca	[a ʒu'ka]
buscar (vt)	a căuta	[a kəu'ta]
caçar (vi)	a vâna	[a vɨ'na]

cair (vi)	a cădea	[a kə'd^ja]
cavar (vt)	a săpa	[a sə'pa]
cessar (vt)	a înceta	[a antʃe'ta]
chamar (~ por socorro)	a chema	[a ke'ma]
chegar (vi)	a sosi	[a so'si]
chorar (vi)	a plânge	[a 'plindʒe]

começar (vt)	a începe	[a in'tʃepe]
comparar (vt)	a compara	[a kompa'ra]

compreender (vt)	a înțelege	[a intse'ledʒe]
concordar (vi)	a fi de acord	[a fi de a'kord]
confiar (vt)	a avea încredere	[a a'vʲa in'kredere]

confundir (equivocar-se)	a încurca	[a inkur'ka]
conhecer (vt)	a cunoaşte	[a kuno'aʃte]
contar (fazer contas)	a calcula	[a kalku'la]
contar com (esperar)	a conta pe ...	[a kon'ta pe]
continuar (vt)	a continua	[a kontinu'a]

controlar (vt)	a controla	[a kontro'la]
convidar (vt)	a invita	[a invi'ta]
correr (vi)	a alerga	[a aler'ga]
criar (vt)	a crea	[a 'krʲa]
custar (vt)	a costa	[a kos'ta]

11. Os verbos mais importantes. Parte 2

dar (vt)	a da	[a da]
dar uma dica	a face aluzie	[a 'fatʃe a'luzie]
decorar (enfeitar)	a împodobi	[a impodo'bi]
defender (vt)	a apăra	[a apə'ra]
deixar cair (vt)	a scăpa	[a skə'pa]

descer (para baixo)	a coborî	[a kobo'ri]
desculpar-se (vr)	a cere scuze	[a 'tʃere 'skuze]
dirigir (~ uma empresa)	a conduce	[a kon'dutʃe]
discutir (notícias, etc.)	a discuta	[a disku'ta]
dizer (vt)	a spune	[a 'spune]

duvidar (vt)	a se îndoi	[a se indo'i]
encontrar (achar)	a găsi	[a gə'si]
enganar (vt)	a minți	[a min'tsi]
entrar (na sala, etc.)	a intra	[a in'tra]
enviar (uma carta)	a trimite	[a tri'mite]

errar (equivocar-se)	a greşi	[a gre'ʃi]
escolher (vt)	a alege	[a a'ledʒe]
esconder (vt)	a ascunde	[a as'kunde]
escrever (vt)	a scrie	[a 'skrie]
esperar (o autocarro, etc.)	a aştepta	[a aʃtep'ta]

esperar (ter esperança)	a spera	[a spe'ra]
esquecer (vt)	a uita	[a uj'ta]
estudar (vt)	a studia	[a studi'a]
exigir (vt)	a cere	[a 'tʃere]
existir (vi)	a exista	[a ekzis'ta]

explicar (vt)	a explica	[a ekspli'ka]
falar (vi)	a vorbi	[a vor'bi]
faltar (clases, etc.)	a lipsi	[a lip'si]
fazer (vt)	a face	[a 'fatʃe]
ficar em silêncio	a tăcea	[a tə'tʃa]
gabar-se, jactar-se (vr)	a se lăuda	[a se ləu'da]

gostar (apreciar)	a plăcea	[a plə'tʃa]
gritar (vi)	a striga	[a stri'ga]
guardar (cartas, etc.)	a păstra	[a pəs'tra]
informar (vt)	a informa	[a infor'ma]
insistir (vi)	a insista	[a insis'ta]

insultar (vt)	a jigni	[a ʒig'ni]
interessar-se (vr)	a se interesa	[a se intere'sa]
ir (a pé)	a merge	[a 'merdʒe]
ir nadar	a se scălda	[a se skəl'da]
jantar (vi)	a cina	[a tʃi'na]

12. Os verbos mais importantes. Parte 3

ler (vt)	a citi	[a tʃi'ti]
libertar (cidade, etc.)	a elibera	[a elibe'ra]
matar (vt)	a omorî	[a omo'ri]
mencionar (vt)	a menţiona	[a mentsio'na]
mostrar (vt)	a arăta	[a arə'ta]

mudar (modificar)	a schimba	[a skim'ba]
nadar (vi)	a înota	[a ino'ta]
negar-se a ...	a refuza	[a refu'za]
objetar (vt)	a contrazice	[a kontra'zitʃe]

observar (vt)	a observa	[a obser'va]
ordenar (mil.)	a ordona	[a ordo'na]
ouvir (vt)	a auzi	[a au'zi]
pagar (vt)	a plăti	[a plə'ti]
parar (vi)	a se opri	[a se o'pri]

participar (vi)	a participa	[a partitʃi'pa]
pedir (comida)	a comanda	[a koman'da]
pedir (um favor, etc.)	a cere	[a 'tʃere]
pegar (tomar)	a lua	[a lu'a]
pensar (vt)	a se gândi	[a se gin'di]

perceber (ver)	a observa	[a obser'va]
perdoar (vt)	a ierta	[a er'ta]
perguntar (vt)	a întreba	[a intre'ba]
permitir (vt)	a permite	[a per'mite]
pertencer a ...	a aparţine	[a apar'tsine]

planear (vt)	a planifica	[a planifi'ka]
poder (vi)	a putea	[a pu'tʲa]
possuir (vt)	a poseda	[a pose'da]
preferir (vt)	a prefera	[a prefe'ra]
preparar (vt)	a găti	[a gə'ti]

prever (vt)	a prevedea	[a preve'dʲa]
prometer (vt)	a promite	[a pro'mite]
pronunciar (vt)	a pronunţa	[a pronun'tsa]
propor (vt)	a propune	[a pro'pune]
punir (castigar)	a pedepsi	[a pedep'si]

13. Os verbos mais importantes. Parte 4

quebrar (vt)	a rupe	[a 'rupe]
queixar-se (vr)	a se plânge	[a se 'plɨndʒe]
querer (desejar)	a vrea	[a vrʲa]
recomendar (vt)	a recomanda	[a rekoman'da]
repetir (dizer outra vez)	a repeta	[a repe'ta]
repreender (vt)	a certa	[a tʃer'ta]
reservar (~ um quarto)	a rezerva	[a rezer'va]
responder (vt)	a răspunde	[a rəs'punde]
rezar, orar (vi)	a se ruga	[a se ru'ga]
rir (vi)	a râde	[a 'ride]
roubar (vt)	a fura	[a fu'ra]
saber (vt)	a şti	[a ʃti]
sair (~ de casa)	a ieşi	[a e'ʃi]
salvar (vt)	a salva	[a sal'va]
seguir ...	a urma	[a ur'ma]
sentar-se (vr)	a se aşeza	[a se aʃe'za]
ser necessário	a fi necesar	[a fi netʃe'sar]
ser, estar	a fi	[a fi]
significar (vt)	a însemna	[a insem'na]
sorrir (vi)	a zâmbi	[a zɨm'bi]
subestimar (vt)	a subaprecia	[a subapretʃi'a]
surpreender-se (vr)	a se mira	[a se mi'ra]
tentar (vt)	a încerca	[a intʃer'ka]
ter (vt)	a avea	[a a'vʲa]
ter fome	a fi foame	[a fi fo'ame]
ter medo	a se teme	[a se 'teme]
ter sede	a fi sete	[a fi 'sete]
tocar (com as mãos)	a atinge	[a a'tindʒe]
tomar o pequeno-almoço	a lua micul dejun	[a lu'a 'mikul de'ʒun]
trabalhar (vi)	a lucra	[a lu'kra]
traduzir (vt)	a traduce	[a tra'dutʃe]
unir (vt)	a uni	[a u'ni]
vender (vt)	a vinde	[a 'vinde]
ver (vt)	a vedea	[a ve'dʲa]
virar (ex. ~ à direita)	a întoarce	[a into'artʃe]

14. Cores

cor (f)	culoare (f)	[kulo'are]
matiz (m)	nuanţă (f)	[nu'antsə]
tom (m)	ton (n)	[ton]
arco-íris (m)	curcubeu (n)	[kurku'beu]
branco	alb	[alb]
preto	negru	['negru]

cinzento	**sur**	['sur]
verde	**verde**	['verde]
amarelo	**galben**	['galben]
vermelho	**roşu**	['roʃu]

azul	**albastru închis**	[al'bastru i'nkis]
azul claro	**albastru deschis**	[al'bastru des'kis]
rosa	**roz**	['roz]
laranja	**portocaliu**	[portoka'lju]
violeta	**violet**	[vio'let]
castanho	**cafeniu**	[kafe'nju]

dourado	**de culoarea aurului**	[de kulo'arʲa 'auruluj]
prateado	**argintiu**	[ardʒin'tju]

bege	**bej**	[beʒ]
creme	**crem**	[krem]
turquesa	**turcoaz**	[turko'az]
vermelho cereja	**vişiniu**	[viʃi'nju]
lilás	**lila**	[li'la]
carmesim	**de culoarea zmeurei**	[de kulo'arʲa 'zmeurej]

claro	**de culoare deschisă**	[de kulo'are des'kisə]
escuro	**de culoare închisă**	[de kulo'are i'nkisə]
vivo	**aprins**	[a'prins]

de cor	**colorat**	[kolo'rat]
a cores	**color**	[ko'lor]
preto e branco	**alb-negru**	[alb 'negru]
unicolor	**monocrom**	[mono'krom]
multicor	**multicolor**	[multiko'lor]

15. Questões

Quem?	**Cine?**	['ʧine]
Que?	**Ce?**	[ʧe]
Onde?	**Unde?**	['unde]
Para onde?	**Unde?**	['unde]
De onde?	**De unde?**	[de 'unde]
Quando?	**Când?**	[kɨnd]
Para quê?	**Pentru ce?**	['pentru ʧe]
Porquê?	**De ce?**	[de ʧe]

Para quê?	**Pentru ce?**	['pentru ʧe]
Como?	**Cum?**	[kum]
Qual?	**Care?**	['kare]
Qual? (entre dois ou mais)	**Care?**	['kare]

A quem?	**Cui?**	[kuj]
Sobre quem?	**Despre cine?**	['despre 'ʧine]
Do quê?	**Despre ce?**	['despre ʧe]
Com quem?	**Cu cine?**	[ku 'ʧine]
Quantos? -as?	**Cât? Câtă?**	[kɨt], ['kɨte]
Quanto?	**Câţi? Câte?**	[kɨts], ['kɨte]

De quem? (masc.)	Al cui?	['al kuj]
De quem é? (fem.)	A cui?	[a kuj]
De quem são? (pl)	Ai cui?, Ale cui?	[aj kuj], ['ale kuj]

16. Preposições

com (prep.)	cu	[ku]
sem (prep.)	fără	[fərə]
a, para (exprime lugar)	la	[la]
sobre (ex. falar ~)	despre	['despre]
antes de …	înainte de	[ina'inte de]
diante de …	înaintea	[ina'intⁱa]

sob (debaixo de)	sub	[sub]
sobre (em cima de)	deasupra	[dⁱa'supra]
sobre (~ a mesa)	pe	[pe]
de (vir ~ Lisboa)	din	[din]
de (feito ~ pedra)	din	[din]

| dentro de (~ dez minutos) | peste | ['peste] |
| por cima de … | prin | [prin] |

17. Palavras funcionais. Advérbios. Parte 1

Onde?	Unde?	['unde]
aqui	aici	[a'itʃi]
lá, ali	acolo	[a'kolo]

| em algum lugar | undeva | [unde'va] |
| em lugar nenhum | nicăieri | [nikə'erⁱ] |

| ao pé de … | lângă … | ['lingə] |
| ao pé da janela | lângă fereastră | ['lingə fe'rⁱastrə] |

Para onde?	Unde?	['unde]
para cá	aici	[a'itʃi]
para lá	acolo	[a'kolo]
daqui	de aici	[de a'itʃi]
de lá, dali	de acolo	[de a'kolo]

| perto | aproape | [apro'ape] |
| longe | departe | [de'parte] |

perto de …	alături	[a'ləturⁱ]
ao lado de …	alături	[a'ləturⁱ]
perto, não fica longe	aproape	[apro'ape]

esquerdo	stâng	[sting]
à esquerda	din stânga	[din 'stinga]
para esquerda	în stânga	[in 'stinga]
direito	drept	[drept]
à direita	din dreapta	[din 'drⁱapta]

para direita	în dreapta	[in 'drʲapta]
à frente	în faţă	[in 'fatsə]
da frente	din faţă	[din 'fatsə]
em frente (para a frente)	înainte	[ina'inte]
atrás de ...	în urmă	[in 'urmə]
por detrás (vir ~)	din spate	[din 'spate]
para trás	înapoi	[ina'poj]
meio (m), metade (f)	mijloc (n)	['miʒlok]
no meio	la mijloc	[la 'miʒlok]
de lado	dintr-o parte	['dintro 'parte]
em todo lugar	peste tot	['peste tot]
ao redor (olhar ~)	în jur	[in ʒur]
de dentro	dinăuntru	[dinə'untru]
para algum lugar	undeva	[unde'va]
diretamente	direct	[di'rekt]
de volta	înapoi	[ina'poj]
de algum lugar	de undeva	[de unde'va]
de um lugar	de undeva	[de unde'va]
em primeiro lugar	în primul rând	[in 'primul rind]
em segundo lugar	în al doilea rând	[in al 'dojlʲa rind]
em terceiro lugar	în al treilea rând	[in al 'trejlʲa rind]
de repente	deodată	[deo'datə]
no início	la început	[la intʃe'put]
pela primeira vez	prima dată	['prima 'datə]
muito antes de ...	cu mult timp înainte de ...	[ku mult timp ina'inte de]
de novo, novamente	din nou	[din 'nou]
para sempre	pentru totdeauna	['pentru totdʲa'una]
nunca	niciodată	[nitʃio'datə]
de novo	iarăşi	['jarəʃ]
agora	acum	[a'kum]
frequentemente	des	[des]
então	atunci	[a'tuntʃi]
urgentemente	urgent	[ur'dʒent]
usualmente	de obicei	[de obi'tʃej]
a propósito, ...	apropo	[apro'po]
é possível	posibil	[po'sibil]
provavelmente	probabil	[pro'babil]
talvez	poate	[po'ate]
além disso, ...	în afară de aceasta, ...	[in a'farə de a'tʃasta]
por isso ...	de aceea	[de a'tʃeja]
apesar de ...	deşi ...	[de'ʃi]
graças a ...	datorită ...	[dato'ritə]
que (pron.)	ce	[tʃe]
que (conj.)	că	[kə]
algo	ceva	[tʃe'va]
alguma coisa	ceva	[tʃe'va]

nada	nimic	[ni'mik]
quem	cine	['ʧine]
alguém (~ teve uma ideia ...)	cineva	[ʧine'va]
alguém	cineva	[ʧine'va]

ninguém	nimeni	['nimenʲ]
para lugar nenhum	nicăieri	[nikə'erʲ]
de ninguém	al nimănui	[al nimə'nuj]
de alguém	al cuiva	[al kuj'va]

tão	aşa	[a'ʃa]
também (gostaria ~ de ...)	de asemenea	[de a'semenʲa]
também (~ eu)	la fel	[la fel]

18. Palavras funcionais. Advérbios. Parte 2

Porquê?	De ce?	[de ʧe]
por alguma razão	nu se ştie de ce	[nu se 'ʃtie de ʧe]
porque ...	pentru că ...	['pentru kə]
por qualquer razão	cine ştie pentru ce	['ʧine 'ʃtie 'pentru ʧe]

e (tu ~ eu)	şi	[ʃi]
ou (ser ~ não ser)	sau	['sau]
mas (porém)	dar	[dar]
para (~ a minha mãe)	pentru	['pentru]

demasiado, muito	prea	[prʲa]
só, somente	numai	['numaj]
exatamente	exact	[e'gzakt]
cerca de (~ 10 kg)	vreo	['vrəo]

aproximadamente	aproximativ	[aproksima'tiv]
aproximado	aproximativ	[aproksima'tiv]
quase	aproape	[apro'ape]
resto (m)	restul	['restul]

cada	fiecare	[fie'kare]
qualquer	oricare	[ori'kare]
muito	mult	[mult]
muitas pessoas	mulţi	[mulʦ]
todos	toţi	[toʦ]

em troca de ...	în schimb la ...	[in 'skimb la]
em troca	în schimbul	[in 'skimbul]
à mão	manual	[manu'al]
pouco provável	puţin probabil	[pu'ʦin pro'babil]

provavelmente	probabil	[pro'babil]
de propósito	intenţionat	[intenʦio'nat]
por acidente	întâmplător	[intimplə'tor]

muito	foarte	[fo'arte]
por exemplo	de exemplu	[de e'gzemplu]
entre	între	['intre]

entre (no meio de)	**printre**	['printre]
tanto	**atât**	[a'tit]
especialmente	**mai ales**	[maj a'les]

Conceitos básicos. Parte 2

19. Opostos

rico	**bogat**	[bo'gat]
pobre	**sărac**	[sə'rak]
doente	**bolnav**	[bol'nav]
são	**sănătos**	[sənə'tos]
grande	**mare**	['mare]
pequeno	**mic**	[mik]
rapidamente	**repede**	['repede]
lentamente	**încet**	[in'ʧet]
rápido	**rapid**	[ra'pid]
lento	**lent**	[lent]
alegre	**vesel**	['vesel]
triste	**trist**	[trist]
juntos	**împreună**	[impre'unə]
separadamente	**separat**	[sepa'rat]
em voz alta (ler ~)	**cu voce tare**	[ku 'voʧe 'tare]
para si (em silêncio)	**în gând**	[in gind]
alto	**înalt**	[i'nalt]
baixo	**scund**	[skund]
profundo	**adânc**	[a'dink]
pouco fundo	**de adâncime mică**	[de adin'ʧime 'mikə]
sim	**da**	[da]
não	**nu**	[nu]
distante (no espaço)	**îndepărtat**	[indepər'tat]
próximo	**apropiat**	[apropi'jat]
longe	**departe**	[de'parte]
perto	**aproape**	[apro'ape]
longo	**lung**	[lung]
curto	**scurt**	[skurt]
bom, bondoso	**bun**	[bun]
mau	**rău**	['rəu]
casado	**căsătorit**	[kəsəto'rit]

solteiro	celibatar (m)	[ʧeliba'tar]
proibir (vt)	a interzice	[a inter'ziʧe]
permitir (vt)	a permite	[a per'mite]
fim (m)	sfârşit (n)	[sfir'ʃit]
começo (m)	început (n)	[inʧe'put]
esquerdo	stâng	[sting]
direito	drept	[drept]
primeiro	primul	['primul]
último	ultimul	['ultimul]
crime (m)	crimă (f)	['krimə]
castigo (m)	pedeapsă (f)	[pe'dʲapsə]
ordenar (vt)	a ordona	[a ordo'na]
obedecer (vt)	a se supune	[a se su'pune]
reto	drept	[drept]
curvo	strâmb	[strimb]
paraíso (m)	rai (n)	[raj]
inferno (m)	iad (n)	[jad]
nascer (vi)	a se naşte	[a se 'naʃte]
morrer (vi)	a muri	[a mu'ri]
forte	puternic	[pu'ternik]
fraco, débil	slab	[slab]
idoso	bătrân	[bə'trin]
jovem	tânăr	['tinər]
velho	vechi	[vekʲ]
novo	nou	['nou]
duro	tare	['tare]
mole	moale	[mo'ale]
tépido	cald	[kald]
frio	rece	['reʧe]
gordo	gras	[gras]
magro	slab	[slab]
estreito	îngust	[in'gust]
largo	lat	[lat]
bom	bun	[bun]
mau	rău	['rəu]
valente	curajos	[kura'ʒos]
cobarde	fricos	[fri'kos]

20. Dias da semana

segunda-feira (f)	luni (f)	[lunʲ]
terça-feira (f)	marţi (f)	['marţsʲ]
quarta-feira (f)	miercuri (f)	['merkurʲ]
quinta-feira (f)	joi (f)	[ʒoj]
sexta-feira (f)	vineri (f)	['vinerʲ]
sábado (m)	sâmbătă (f)	['simbətə]
domingo (m)	duminică (f)	[du'minikə]
hoje	astăzi	['astəzʲ]
amanhã	mâine	['mijne]
depois de amanhã	poimâine	[poj'mine]
ontem	ieri	[jerʲ]
anteontem	alaltăieri	[a'laltəerʲ]
dia (m)	zi (f)	[zi]
dia (m) de trabalho	zi (f) de lucru	[zi de 'lukru]
feriado (m)	zi (f) de sărbătoare	[zi de sərbəto'are]
dia (m) de folga	zi (f) liberă	[zi 'liberə]
fim (m) de semana	zile (f pl) de odihnă	['zile de o'dihnə]
o dia todo	toată ziua	[to'atə 'ziwa]
no dia seguinte	a doua zi	['dowa zi]
há dois dias	cu două zile în urmă	[ku 'dowə 'zile in 'urmə]
na véspera	în ajun	[in a'ʒun]
diário	zilnic	['zilnik]
todos os dias	în fiecare zi	[in fie'kare zi]
semana (f)	săptămână (f)	[səptə'minə]
na semana passada	săptămâna trecută	[səptə'mina tre'kutə]
na próxima semana	săptămâna viitoare	[səptə'mina viito'are]
semanal	săptămânal	[səptəmi'nal]
cada semana	în fiecare săptămână	[in fie'kare səptə'minə]
duas vezes por semana	de două ori pe săptămână	[de 'dowə orʲ pe səptə'minə]
cada terça-feira	în fiecare marţi	[in fie'kare 'marţs]

21. Horas. Dia e noite

manhã (f)	dimineaţă (f)	[dimi'nʲaţsə]
de manhã	dimineaţa	[dimi'nʲaţsa]
meio-dia (m)	amiază (f)	[a'mjazə]
à tarde	după masă	['dupə 'masə]
noite (f)	seară (f)	['sʲarə]
à noite (noitinha)	seara	['sʲara]
noite (f)	noapte (f)	[no'apte]
à noite	noaptea	[no'aptʲa]
meia-noite (f)	miezul (n) nopţii	['mezul 'nopţsij]
segundo (m)	secundă (f)	[se'kundə]
minuto (m)	minut (n)	[mi'nut]
hora (f)	oră (f)	['orə]

meia hora (f)	jumătate de oră	[ʒumə'tate de 'orə]
quarto (m) de hora	un sfert de oră	[un sfert de 'orə]
quinze minutos	cincisprezece minute	['tʃintʃsprezetʃe mi'nute]
vinte e quatro horas	o zi (f)	[o zi]

nascer (m) do sol	răsărit (n)	[rəsə'rit]
amanhecer (m)	zori (m pl)	[zorʲ]
madrugada (f)	zori (m pl) de zi	[zorʲ de zi]
pôr do sol (m)	apus (n)	[a'pus]

de madrugada	dimineaţa devreme	[dimi'nʲatsa de'vreme]
hoje de manhã	azi dimineaţă	[azʲ dimi'nʲatsə]
amanhã de manhã	mâine dimineaţă	['mɨjne dimi'nʲatsə]

hoje à tarde	această după-amiază	[a'tʃastə 'dupa ami'azə]
à tarde	după masă	['dupə 'masə]
amanhã à tarde	mâine după-masă	['mɨjne 'dupə 'masə]

hoje à noite	astă-seară	['astə 'sʲarə]
amanhã à noite	mâine seară	['mɨjne 'sʲarə]

às três horas em ponto	la ora trei fix	[la 'ora trej fiks]
por volta das quatro	în jur de ora patru	[ɨn ʒur de 'ora 'patru]
às doze	pe la ora douăsprezece	[pe la 'ora 'dowəsprezetʃe]

dentro de vinte minutos	peste douăzeci de minute	['peste dowə'zetʃi de mi'nute]
dentro duma hora	peste o oră	['peste o 'orə]
a tempo	la timp	[la timp]

menos um quarto	fără un sfert	['fərə un sfert]
durante uma hora	în decurs de o oră	[ɨn de'kurs de o 'orə]
a cada quinze minutos	la fiecare cincisprezece minute	[la fie'kare 'tʃintʃsprezetʃe mi'nute]
as vinte e quatro horas	zi şi noapte	[zi ʃi no'apte]

22. Meses. Estações

janeiro (m)	ianuarie (m)	[janu'arie]
fevereiro (m)	februarie (m)	[febru'arie]
março (m)	martie (m)	['martie]
abril (m)	aprilie (m)	[a'prilie]
maio (m)	mai (m)	[maj]
junho (m)	iunie (m)	['junie]

julho (m)	iulie (m)	['julie]
agosto (m)	august (m)	['august]
setembro (m)	septembrie (m)	[sep'tembrie]
outubro (m)	octombrie (m)	[ok'tombrie]
novembro (m)	noiembrie (m)	[no'embrie]
dezembro (m)	decembrie (m)	[de'tʃembrie]

primavera (f)	primăvară (f)	[primə'varə]
na primavera	primăvara	[primə'vara]
primaveril	de primăvară	[de primə'varə]

verão (m)	vară (f)	['varə]
no verão	vara	['vara]
de verão	de vară	[de 'varə]
outono (m)	toamnă (f)	[to'amnə]
no outono	toamna	[to'amna]
outonal	de toamnă	[de to'amnə]
inverno (m)	iarnă (f)	['jarnə]
no inverno	iarna	['jarna]
de inverno	de iarnă	[de 'jarnə]
mês (m)	lună (f)	['lunə]
este mês	în luna curentă	[în 'luna ku'rentə]
no próximo mês	în luna următoare	[în 'luna urməto'are]
no mês passado	în luna trecută	[în 'luna tre'kutə]
há um mês	o lună în urmă	[o 'lunə în 'urmə]
dentro de um mês	peste o lună	['peste o 'lunə]
dentro de dois meses	peste două luni	['peste 'dowə lunʲ]
todo o mês	luna întreagă	['luna în'trʲagə]
um mês inteiro	o lună întreagă	[o 'lunə în'trʲagə]
mensal	lunar	[lu'nar]
mensalmente	în fiecare lună	[în fie'kare 'lunə]
cada mês	fiecare lună	[fie'kare 'lunə]
duas vezes por mês	de două ori pe lună	[de 'dowə orʲ pe 'lunə]
ano (m)	an (m)	[an]
este ano	anul acesta	['anul a'tʃesta]
no próximo ano	anul viitor	['anul vii'tor]
no ano passado	anul trecut	['anul tre'kut]
há um ano	acum un an	[a'kum un an]
dentro dum ano	peste un an	['peste un an]
dentro de 2 anos	peste doi ani	['peste doj anʲ]
todo o ano	tot anul	[tot 'anul]
um ano inteiro	un an întreg	[un an în'treg]
cada ano	în fiecare an	[în fie'kare an]
anual	anual	[anu'al]
anualmente	în fiecare an	[în fie'kare an]
quatro vezes por ano	de patru ori pe an	[de 'patru orʲ pe an]
data (~ de hoje)	dată (f)	['datə]
data (ex. ~ de nascimento)	dată (f)	['datə]
calendário (m)	calendar (n)	[kalen'dar]
meio ano	jumătate (f) de an	[ʒumə'tate de an]
seis meses	jumătate (f) de an	[ʒumə'tate de an]
estação (f)	sezon (n)	[se'zon]
século (m)	veac (n)	[vʲak]

23. Tempo. Diversos

tempo (m)	timp (m)	[timp]
momento (m)	clipă (f)	['klipə]
instante (m)	moment (n)	[mo'ment]
instantâneo	momentan	[momen'tan]
lapso (m) de tempo	perioadă (f)	[perio'adə]
vida (f)	viață (f)	['vjatsə]
eternidade (f)	veşnicie (f)	[veʃni'tʃie]

época (f)	epocă (f)	[e'pokə]
era (f)	eră (f)	['erə]
ciclo (m)	ciclu (n)	['tʃiklu]
período (m)	perioadă (f)	[perio'adə]
prazo (m)	termen (n)	['termen]

futuro (m)	viitor (n)	[vii'tor]
futuro	viitor	[vii'tor]
da próxima vez	data următoare	['data urməto'are]
passado (m)	trecut (n)	[tre'kut]
passado	trecut	[tre'kut]
na vez passada	data trecută	['data tre'kutə]

mais tarde	mai târziu	[maj tir'zju]
depois	după	['dupə]
atualmente	acum	[a'kum]
agora	acum	[a'kum]
imediatamente	imediat	[imedi'at]
em breve, brevemente	în curând	[in ku'rind]
de antemão	în prealabil	[in prʲa'labil]

há muito tempo	demult	[de'mult]
há pouco tempo	recent	[re'tʃent]
destino (m)	soartă (f)	[so'artə]
recordações (f pl)	memorie (f)	[me'morie]
arquivo (m)	arhivă (f)	[ar'hivə]

durante …	în timpul …	[in 'timpul]
durante muito tempo	îndelung	[inde'lung]
pouco tempo	puțin timp	[pu'tsin 'timp]
cedo (levantar-se ~)	devreme	[de'vreme]
tarde (deitar-se ~)	târziu	[tir'zju]

para sempre	pentru totdeauna	['pentru totdʲa'una]
começar (vt)	a începe	[a in'tʃepe]
adiar (vt)	a amâna	[a amiˈna]

simultaneamente	concomitent	[konkomi'tent]
permanentemente	mereu	[me'reu]
constante (ruído, etc.)	permanent	[perma'nent]
temporário	temporar	[tempo'rar]

às vezes	uneori	[une'orʲ]
raramente	rar	[rar]
frequentemente	adesea	[a'desʲa]

24. Linhas e formas

quadrado (m)	**pătrat** (n)	[pə'trat]
quadrado	**pătrat**	[pə'trat]
círculo (m)	**cerc** (n)	[ʧerk]
redondo	**rotund**	[ro'tund]
triângulo (m)	**triunghi** (n)	[tri'ungʲ]
triangular	**triunghiular**	[trjungju'lar]
oval (f)	**oval** (n)	[o'val]
oval	**oval**	[o'val]
retângulo (m)	**dreptunghi** (n)	[drep'tungʲ]
retangular	**dreptunghiular**	[dreptungju'lar]
pirâmide (f)	**piramidă** (f)	[pira'midə]
rombo, losango (m)	**romb** (n)	[romb]
trapézio (m)	**trapez** (n)	[tra'pez]
cubo (m)	**cub** (n)	[kub]
prisma (m)	**prismă** (f)	['prizmə]
circunferência (f)	**circumferinţă** (f)	[ʧirkumfe'rintsə]
esfera (f)	**sferă** (f)	['sferə]
globo (m)	**sferă** (f)	['sferə]
diâmetro (m)	**diametru** (n)	[di'ametru]
raio (m)	**rază** (f)	['razə]
perímetro (m)	**perimetru** (n)	[peri'metru]
centro (m)	**centru** (n)	['ʧentru]
horizontal	**orizontal**	[orizon'tal]
vertical	**vertical**	[verti'kal]
paralela (f)	**paralelă** (f)	[para'lelə]
paralelo	**paralel**	[para'lel]
linha (f)	**linie** (f)	['linie]
traço (m)	**linie** (f)	['linie]
reta (f)	**dreaptă** (f)	['drʲaptə]
curva (f)	**curbă** (f)	['kurbə]
fino (linha ~a)	**subţire**	[sub'tsire]
contorno (m)	**contur** (n)	[kon'tur]
interseção (f)	**intersecţie** (f)	[inter'sektsie]
ângulo (m) reto	**unghi** (n) **drept**	[ungʲ drept]
segmento (m)	**segment** (n)	[seg'ment]
setor (m)	**sector** (n)	[sek'tor]
lado (de um triângulo, etc.)	**latură** (f)	['laturə]
ângulo (m)	**unghi** (n)	[ungʲ]

25. Unidades de medida

peso (m)	**greutate** (f)	[greu'tate]
comprimento (m)	**lungime** (f)	[lun'dʒime]
largura (f)	**lăţime** (f)	[lə'tsime]
altura (f)	**înălţime** (f)	[inəl'tsime]

profundidade (f)	adâncime (f)	[adin'ʧime]
volume (m)	volum (n)	[vo'lum]
área (f)	suprafaţă (f)	[supra'fatsə]

grama (m)	gram (n)	[gram]
miligrama (m)	miligram (n)	[mili'gram]
quilograma (m)	kilogram (n)	[kilo'gram]
tonelada (f)	tonă (f)	['tonə]
libra (453,6 gramas)	funt (m)	[funt]
onça (f)	uncie (f)	['unʧie]

metro (m)	metru (m)	['metru]
milímetro (m)	milimetru (m)	[mili'metru]
centímetro (m)	centimetru (m)	[ʧenti'metru]
quilómetro (m)	kilometru (m)	[kilo'metru]
milha (f)	milă (f)	['milə]

polegada (f)	ţol (m)	[tsol]
pé (304,74 mm)	picior (m)	[pi'ʧior]
jarda (914,383 mm)	yard (m)	[jard]

metro (m) quadrado	metru (m) pătrat	['metru pə'trat]
hectare (m)	hectar (n)	[hek'tar]

litro (m)	litru (m)	['litru]
grau (m)	grad (n)	[grad]
volt (m)	volt (m)	[volt]
ampere (m)	amper (m)	[am'per]
cavalo-vapor (m)	cal-putere (m)	[kal pu'tere]

quantidade (f)	cantitate (f)	[kanti'tate]
um pouco de ...	puţin ...	[pu'tsin]
metade (f)	jumătate (f)	[ʒumə'tate]
dúzia (f)	duzină (f)	[du'zinə]
peça (f)	bucată (f)	[bu'katə]

dimensão (f)	dimensiune (f)	[dimensi'une]
escala (f)	proporţie (f)	[pro'portsie]

mínimo	minim	['minim]
menor, mais pequeno	cel mai mic	[ʧel maj mik]
médio	de, din mijloc	[de, din 'miʒlok]
máximo	maxim	['maksim]
maior, mais grande	cel mai mare	[ʧel maj 'mare]

26. Recipientes

boião (m) de vidro	borcan (n)	[bor'kan]
lata (~ de cerveja)	cutie (f)	[ku'tie]
balde (m)	găleată (f)	[gə'lʲatə]
barril (m)	butoi (n)	[bu'toj]

bacia (~ de plástico)	ligean (n)	[li'gʲan]
tanque (m)	rezervor (n)	[rezer'vor]

cantil (m) de bolso	damigeană (f)	[dami'dʒanə]
bidão (m) de gasolina	canistră (f)	[ka'nistrə]
cisterna (f)	cisternă (f)	[tʃis'ternə]
caneca (f)	cană (f)	['kanə]
chávena (f)	ceaşcă (f)	['tʃaʃkə]
pires (m)	farfurioară (f)	[farfurio'arə]
copo (m)	pahar (n)	[pa'har]
taça (f) de vinho	cupă (f)	['kupə]
panela, caçarola (f)	cratiţă (f)	['kratitsə]
garrafa (f)	sticlă (f)	['stiklə]
gargalo (m)	gâtul (n) sticlei	['gitul 'stiklej]
jarro, garrafa (f)	garafă (f)	[ga'rafə]
jarro (m) de barro	ulcior (n)	[ul'tʃior]
recipiente (m)	vas (n)	[vas]
pote (m)	oală (f)	[o'alə]
vaso (m)	vază (f)	['vazə]
frasco (~ de perfume)	flacon (n)	[fla'kon]
frasquinho (ex. ~ de iodo)	sticluţă (f)	[sti'klutsə]
tubo (~ de pasta dentífrica)	tub (n)	[tub]
saca (ex. ~ de açúcar)	sac (m)	[sak]
saco (~ de plástico)	pachet (n)	[pa'ket]
maço (m)	pachet (n)	[pa'ket]
caixa (~ de sapatos, etc.)	cutie (f)	[ku'tie]
caixa (~ de madeira)	ladă (f)	['ladə]
cesta (f)	coş (n)	[koʃ]

27. Materiais

material (m)	material (n)	[materi'al]
madeira (f)	lemn (n)	[lemn]
de madeira	de, din lemn	[de, din lemn]
vidro (m)	sticlă (f)	['stiklə]
de vidro	de, din sticlă	[de, din 'stiklə]
pedra (f)	piatră (f)	['pjatrə]
de pedra	de, din piatră	[de, din 'pjatrə]
plástico (m)	masă (f) plastică	['masə 'plastikə]
de plástico	de, din masă plastică	[de, din 'masə 'plastikə]
borracha (f)	cauciuc (n)	[kau'tʃuk]
de borracha	de, din cauciuc	[de, din kau'tʃiuk]
tecido, pano (m)	ţesătură (f)	[tsesə'turə]
de tecido	de, din ţesătură	[de, din tsesə'turə]
papel (m)	hârtie (f)	[hir'tie]
de papel	de, din hârtie	[de, din hir'tie]

| cartão (m) | carton (n) | [kar'ton] |
| de cartão | de, din carton | [de, din kar'ton] |

polietileno (m)	polietilenă (f)	[polieti'lenə]
celofane (m)	celofan (n)	[tʃelo'fan]
contraplacado (m)	furnir (n)	[fur'nir]

porcelana (f)	porțelan (n)	[portse'lan]
de porcelana	de, din porțelan	[de, din portse'lan]
barro (f)	argilă (f)	[ar'dʒilə]
de barro	de lut	[de 'lut]
cerâmica (f)	ceramică (f)	[tʃe'ramikə]
de cerâmica	de, din ceramică	[de, din tʃe'ramikə]

28. Metais

metal (m)	metal (n)	[me'tal]
metálico	de, din metal	[de, din me'tal]
liga (f)	aliaj (n)	[a'ljaʒ]

ouro (m)	aur (n)	['aur]
de ouro	de, din aur	[de, din 'aur]
prata (f)	argint (n)	[ar'dʒint]
de prata	de, din argint	[de, din ar'dʒint]

ferro (m)	fier (n)	[fier]
de ferro	de, din fier	[de, din 'fjer]
aço (m)	oțel (n)	[o'tsel]
de aço	de, din oțel	[de, din o'tsel]
cobre (m)	cupru (n)	['kupru]
de cobre	de, din cupru	[de, din 'kupru]

alumínio (m)	aluminiu (n)	[alu'miniu]
de alumínio	de, din aluminiu	[de, din alu'miniu]
bronze (m)	bronz (n)	[bronz]
de bronze	de, din bronz	[de, din bronz]

latão (m)	alamă (f)	[a'lamə]
níquel (m)	nichel (n)	['nikel]
platina (f)	platină (f)	['platinə]
mercúrio (m)	mercur (n)	[mer'kur]
estanho (m)	cositor (n)	[kosi'tor]
chumbo (m)	plumb (n)	[plumb]
zinco (m)	zinc (n)	[zink]

O SER HUMANO

O ser humano. O corpo

29. Humanos. Conceitos básicos

ser (m) humano	om (m)	[om]
homem (m)	bărbat (m)	[bər'bat]
mulher (f)	femeie (f)	[fe'meje]
criança (f)	copil (m)	[ko'pil]
menina (f)	fată (f)	['fatə]
menino (m)	băiat (m)	[bə'jat]
adolescente (m)	adolescent (m)	[adoles'tʃent]
velho (m)	bătrân (m)	[bə'trin]
velha, anciã (f)	bătrână (f)	[bə'trinə]

30. Anatomia humana

organismo (m)	organism (n)	[orga'nizm]
coração (m)	inimă (f)	['inimə]
sangue (m)	sânge (n)	['sɨndʒe]
artéria (f)	arteră (f)	[ar'terə]
veia (f)	venă (f)	['venə]
cérebro (m)	creier (m)	['krejer]
nervo (m)	nerv (m)	[nerv]
nervos (m pl)	nervi (m pl)	[nervʲ]
vértebra (f)	vertebră (f)	[ver'tebrə]
coluna (f) vertebral	coloană (f) vertebrală	[kolo'anə verte'bralə]
estômago (m)	stomac (n)	[sto'mak]
intestinos (m pl)	intestin (n)	[intes'tin]
intestino (m)	intestin (n)	[intes'tin]
fígado (m)	ficat (m)	[fi'kat]
rim (m)	rinichi (m)	[ri'nikʲ]
osso (m)	os (n)	[os]
esqueleto (m)	schelet (n)	[ske'let]
costela (f)	coastă (f)	[ko'astə]
crânio (m)	craniu (n)	['kranju]
músculo (m)	muşchi (m)	[muʃkʲ]
bíceps (m)	biceps (m)	['bitʃeps]
tríceps (m)	triceps (m)	['tritʃeps]
tendão (m)	tendon (n)	[ten'don]
articulação (f)	încheietură (f)	[inkeje'turə]

pulmões (m pl)	plămâni (m pl)	[plə'minʲ]
órgãos (m pl) genitais	organe (n pl) genitale	[or'gane dʒeni'tale]
pele (f)	piele (f)	['pjele]

31. Cabeça

cabeça (f)	cap (n)	[kap]
cara (f)	faţă (f)	['fatsə]
nariz (m)	nas (n)	[nas]
boca (f)	gură (f)	['gurə]

olho (m)	ochi (m)	[okʲ]
olhos (m pl)	ochi (m pl)	[okʲ]
pupila (f)	pupilă (f)	[pu'pilə]
sobrancelha (f)	sprânceană (f)	[sprin'tʃanə]
pestana (f)	geană (f)	['dʒanə]
pálpebra (f)	pleoapă (f)	[pleo'apə]

língua (f)	limbă (f)	['limbə]
dente (m)	dinte (m)	['dinte]
lábios (m pl)	buze (f pl)	['buze]
maçãs (f pl) do rosto	pomeţi (m pl)	[po'metsʲ]
gengiva (f)	gingie (f)	[dʒin'dʒie]
palato (m)	palat (n)	[pa'lat]

narinas (f pl)	nări (f pl)	[nərʲ]
queixo (m)	bărbie (f)	[bər'bie]
mandíbula (f)	maxilar (n)	[maksi'lar]
bochecha (f)	obraz (m)	[o'braz]

testa (f)	frunte (f)	['frunte]
têmpora (f)	tâmplă (f)	['timplə]
orelha (f)	ureche (f)	[u'reke]
nuca (f)	ceafă (f)	['tʃafə]
pescoço (m)	gât (n)	[git]
garganta (f)	gât (n)	[git]

cabelos (m pl)	păr (m)	[pər]
penteado (m)	coafură (f)	[koa'furə]
corte (m) de cabelo	tunsoare (f)	[tunso'are]
peruca (f)	perucă (f)	[pe'rukə]

bigode (m)	mustăţi (f pl)	[mus'tətsʲ]
barba (f)	barbă (f)	['barbə]
usar, ter (~ barba, etc.)	a purta	[a pur'ta]
trança (f)	cosiţă (f)	[ko'sitsə]
suíças (f pl)	favoriţi (m pl)	[favo'ritsʲ]

ruivo	roşcat	[roʃ'kat]
grisalho	cărunt	[kə'runt]
calvo	chel	[kel]
calva (f)	chelie (f)	[ke'lie]
rabo-de-cavalo (m)	coadă (f)	[ko'adə]
franja (f)	breton (n)	[bre'ton]

32. Corpo humano

mão (f)	mână (f)	['minə]
braço (m)	braţ (n)	[braʦ]

dedo (m)	deget (n)	['dedʒet]
polegar (m)	degetul (n) mare	['dedʒetul 'mare]
dedo (m) mindinho	degetul (n) mic	['dedʒetul mik]
unha (f)	unghie (f)	['ungie]

punho (m)	pumn (m)	[pumn]
palma (f) da mão	palmă (f)	['palmə]
pulso (m)	încheietura (f) mâinii	[inkeje'tura 'minij]
antebraço (m)	antebraţ (n)	[ante'braʦ]
cotovelo (m)	cot (n)	[kot]
ombro (m)	umăr (m)	['umər]

perna (f)	picior (n)	[pi'ʧior]
pé (m)	talpă (f)	['talpə]
joelho (m)	genunchi (n)	[dʒe'nunkʲ]
barriga (f) da perna	pulpă (f)	['pulpə]
anca (f)	coapsă (f)	[ko'apsə]
calcanhar (m)	călcâi (n)	[kəl'kij]

corpo (m)	corp (n)	[korp]
barriga (f)	burtă (f)	['burtə]
peito (m)	piept (n)	[pjept]
seio (m)	sân (m)	[sin]
lado (m)	coastă (f)	[ko'astə]
costas (f pl)	spate (n)	['spate]
região (f) lombar	regiune (f) lombară	[redʒi'une lom'barə]
cintura (f)	talie (f)	['talie]

umbigo (m)	buric (n)	[bu'rik]
nádegas (f pl)	fese (f pl)	['fese]
traseiro (m)	şezut (n)	[ʃə'zut]

sinal (m)	aluniţă (f)	[alu'niʦə]
sinal (m) de nascença	semn (n) din naştere	[semn din 'naʃtere]
tatuagem (f)	tatuaj (n)	[tatu'aʒ]
cicatriz (f)	cicatrice (f)	[ʧika'triʧe]

Vestuário & Acessórios

33. Roupa exterior. Casacos

roupa (f)	îmbrăcăminte (f)	[imbrəkə'minte]
roupa (f) exterior	hainā (f)	['hajnə]
roupa (f) de inverno	îmbrăcăminte (f) de iarnă	[imbrəkə'minte de 'jarnə]
sobretudo (m)	palton (n)	[pal'ton]
casaco (m) de peles	şubă (f)	['ʃubə]
casaco curto (m) de peles	scurtă (f) îmblănită	['skurtə imblə'nitə]
casaco (m) acolchoado	scurtă (f) de puf	['skurtə de 'puf]
casaco, blusão (m)	scurtă (f)	['skurtə]
impermeável (m)	trenci (f)	[trenʧi]
impermeável	impermeabil (n)	[imperme'abil]

34. Vestuário de homem & mulher

camisa (f)	cămaşă (f)	[kə'maʃə]
calças (f pl)	pantaloni (m pl)	[panta'lonʲ]
calças (f pl) de ganga	blugi (m pl)	[bluʤʲ]
casaco (m) de fato	sacou (n)	[sa'kou]
fato (m)	costum (n)	[kos'tum]
vestido (ex. ~ vermelho)	rochie (f)	['rokie]
saia (f)	fustă (f)	['fustə]
blusa (f)	bluză (f)	['bluzə]
casaco (m) de malha	jachetă (f) tricotată	[ʒa'ketə triko'tatə]
casaco, blazer (m)	jachetă (f)	[ʒa'ketə]
T-shirt, camiseta (f)	tricou (n)	[tri'kou]
calções (Bermudas, etc.)	şorturi (n pl)	['ʃorturʲ]
fato (m) de treino	costum (n) sportiv	[kos'tum spor'tiv]
roupão (m) de banho	halat (n)	[ha'lat]
pijama (m)	pijama (f)	[piʒa'ma]
suéter (m)	sveter (n)	['sveter]
pulôver (m)	pulover (n)	[pu'lover]
colete (m)	vestă (f)	['vestə]
fraque (m)	frac (n)	[frak]
smoking (m)	smoching (n)	['smoking]
uniforme (m)	uniformă (f)	[uni'formə]
roupa (f) de trabalho	hainā (f) de lucru	['hajnə de 'lukru]
fato-macaco (m)	salopetă (f)	[salo'petə]
bata (~ branca, etc.)	halat (n)	[ha'lat]

35. Vestuário. Roupa interior

roupa (f) interior	lenjerie (f) de corp	[len3e'rie de 'korp]
camisola (f) interior	maiou (n)	[ma'jou]
peúgas (f pl)	şosete (f pl)	[ʃo'sete]
camisa (f) de noite	cămaşă (f) de noapte	[kə'maʃə de no'apte]
sutiã (m)	sutien (n)	[su'tjen]
meias longas (f pl)	ciorapi (m pl)	[tʃio'rapʲ]
meia-calça (f)	ciorapi pantalon (m pl)	[tʃio'rapʲ panta'lon]
meias (f pl)	ciorapi (m pl)	[tʃio'rapʲ]
fato (m) de banho	costum (n) de baie	[kos'tum de 'bae]

36. Adereços de cabeça

chapéu (m)	căciulă (f)	[kə'tʃiulə]
chapéu (m) de feltro	pălărie (f)	[pələ'rie]
boné (m) de beisebol	şapcă (f)	['ʃapkə]
boné (m)	chipiu (n)	[ki'pju]
boina (f)	beretă (f)	[be'retə]
capuz (m)	glugă (f)	['glugə]
panamá (m)	panama (f)	[pana'ma]
gorro (m) de malha	căciulă (f) împletită	[kə'tʃiulə imple'titə]
lenço (m)	basma (f)	[bas'ma]
chapéu (m) de mulher	pălărie (f) de damă	[pələ'rie de 'damə]
capacete (m) de proteção	cască (f)	['kaskə]
bibico (m)	bonetă (f)	[bo'netə]
capacete (m)	coif (n)	[kojf]
chapéu-coco (m)	pălărie (f)	[pələ'rie]
chapéu (m) alto	joben (n)	[3o'ben]

37. Calçado

calçado (m)	încălţăminte (f)	[inkəltsə'minte]
botinas (f pl)	ghete (f pl)	['gete]
sapatos (de salto alto, etc.)	pantofi (m pl)	[pan'tofʲ]
botas (f pl)	cizme (f pl)	['tʃizme]
pantufas (f pl)	şlapi (m pl)	[ʃlapʲ]
ténis (m pl)	adidaşi (m pl)	[a'didaʃ]
sapatilhas (f pl)	tenişi (m pl)	['teniʃ]
sandálias (f pl)	sandale (f pl)	[san'dale]
sapateiro (m)	cizmar (m)	[tʃiz'mar]
salto (m)	toc (n)	[tok]
par (m)	pereche (f)	[pe'reke]
atacador (m)	şiret (n)	[ʃi'ret]

apertar os atacadores	a şnurui	[a ʃnuru'i]
calçadeira (f)	lingură (f) pentru pantofi	['lingurə 'pentru pan'tofʲ]
graxa (f) para calçado	cremă (f) de ghete	['kremə de 'gete]

38. Têxtil. Tecidos

algodão (m)	bumbac (m)	[bum'bak]
de algodão	de, din bumbac	[de, din bum'bak]
linho (m)	in (n)	[in]
de linho	de, din in	[de, din in]

seda (f)	mătase (f)	[mə'tase]
de seda	de, din mătase	[de, din mə'tase]
lã (f)	lână (f)	['lɨnə]
de lã	de, din lână	[de, din 'lɨnə]

veludo (m)	catifea (f)	[kati'fʲa]
camurça (f)	piele (f) întoarsă	['pjele ɨnto'arsə]
bombazina (f)	ţesătură de bumbac catifelată (f)	[tsesə'turə de bum'bak katife'latə]

náilon (m)	nailon (n)	[naj'lon]
de náilon	de, din nailon	[de, din naj'lon]
poliéster (m)	poliester (n)	[polies'ter]
de poliéster	de, din poliester	[de, din polies'ter]

couro (m)	piele (f)	['pjele]
de couro	de, din piele	[de, din 'pjele]
pele (f)	blană (f)	['blanə]
de peles, de pele	de, din blană	[de, din 'blanə]

39. Acessórios pessoais

luvas (f pl)	mănuşi (f pl)	[mə'nuʃ]
mitenes (f pl)	mănuşi (f pl) cu un singur deget	[mə'nuʃ ku un 'singur 'dedʒet]
cachecol (m)	fular (m)	[fu'lar]

óculos (m pl)	ochelari (m pl)	[oke'larʲ]
armação (f) de óculos	ramă (f)	['ramə]
guarda-chuva (m)	umbrelă (f)	[um'brelə]
bengala (f)	baston (n)	[bas'ton]
escova (f) para o cabelo	perie (f) de păr	[pe'rie de pər]
leque (m)	evantai (n)	[evan'taj]

gravata (f)	cravată (f)	[kra'vatə]
gravata-borboleta (f)	papion (n)	[papi'on]
suspensórios (m pl)	bretele (f pl)	[bre'tele]
lenço (m)	batistă (f)	[ba'tistə]

pente (m)	pieptene (m)	['pjeptɘne]
travessão (m)	agrafă (f)	[a'grafə]

| gancho (m) de cabelo | ac (n) de păr | [ak de pər] |
| fivela (f) | cataramă (f) | [kata'ramə] |

| cinto (m) | cordon (n) | [kor'don] |
| correia (f) | curea (f) | [ku'rʲa] |

mala (f)	geantă (f)	['dʒantə]
mala (f) de senhora	poşetă (f)	[po'ʃətə]
mochila (f)	rucsac (n)	[ruk'sak]

40. Vestuário. Diversos

moda (f)	modă (f)	['modə]
na moda	la modă	[la 'modə]
estilista (m)	modelier (n)	[mode'ljer]

colarinho (m), gola (f)	guler (n)	['guler]
bolso (m)	buzunar (n)	[buzu'nar]
de bolso	de buzunar	[de buzu'nar]
manga (f)	mânecă (f)	['minekə]
alcinha (f)	gaică (f)	['gajkə]
braguilha (f)	şliţ (n)	[ʃlits]

fecho (m) de correr	fermoar (n)	[fermo'ar]
fecho (m), colchete (m)	capsă (f)	['kapsə]
botão (m)	nasture (m)	['nasture]
casa (f) de botão	butonieră (f)	[buto'njerə]
soltar-se (vr)	a se rupe	[a se 'rupe]

coser, costurar (vi)	a coase	[a ko'ase]
bordar (vt)	a broda	[a bro'da]
bordado (m)	broderie (f)	[brode'rie]
agulha (f)	ac (n)	[ak]
fio (m)	aţă (f)	['atsə]
costura (f)	cusătură (f)	[kusə'turə]

sujar-se (vr)	a se murdări	[a se murdə'ri]
mancha (f)	pată (f)	['patə]
engelhar-se (vr)	a se şifona	[a se ʃifo'na]
rasgar (vt)	a rupe	[a 'rupe]
traça (f)	molie (f)	['molie]

41. Cuidados pessoais. Cosméticos

pasta (f) de dentes	pastă (f) de dinţi	['pastə de dintsʲ]
escova (f) de dentes	periuţă (f) de dinţi	[peri'utsə de dintsʲ]
escovar os dentes	a se spăla pe dinţi	[a se spə'la pe dintsʲ]

máquina (f) de barbear	brici (n)	['britʃi]
creme (m) de barbear	cremă (f) de bărbierit	['kremə de bərbie'rit]
barbear-se (vr)	a se bărbieri	[a se bərbie'ri]
sabonete (m)	săpun (n)	[sə'pun]

champô (m)	şampon (n)	[ʃam'pon]
tesoura (f)	foarfece (n)	[fo'arfetʃe]
lima (f) de unhas	pilă (f) de unghii	['pilə de 'ungij]
corta-unhas (m)	cleştişor (n)	[kleʃti'ʃor]
pinça (f)	pensetă (f)	[pen'setə]

cosméticos (m pl)	cosmetică (f)	[kos'metikə]
máscara (f) facial	mască (f)	['maskə]
manicura (f)	manichiură (f)	[mani'kjurə]
fazer a manicura	a face manichiura	[a 'fatʃe mani'kjura]
pedicure (f)	pedichiură (f)	[pedi'kjurə]

mala (f) de maquilhagem	trusă (f) de cosmetică	['trusə de kos'metikə]
pó (m)	pudră (f)	['pudrə]
caixa (f) de pó	pudrieră (f)	[pudri'erə]
blush (m)	fard de obraz (n)	[fard de o'braz]

perfume (m)	parfum (n)	[par'fum]
água (f) de toilette	apă de toaletă (f)	['apə de toa'letə]
loção (f)	loţiune (f)	[lotsi'une]
água-de-colónia (f)	colonie (f)	[ko'lonie]

sombra (f) de olhos	fard (n) de pleoape	[fard 'pentru pleo'ape]
lápis (m) delineador	creion (n) de ochi	[kre'jon 'pentru okʲ]
máscara (f), rímel (m)	rimel (n)	[ri'mel]

batom (m)	ruj (n)	[ruʒ]
verniz (m) de unhas	ojă (f)	['oʒə]
laca (f) para cabelos	gel (n) de păr	[dʒel de pər]
desodorizante (m)	deodorant (n)	[deodo'rant]

creme (m)	cremă (f)	['kremə]
creme (m) de rosto	cremă (f) de faţă	['kremə de 'fatsə]
creme (m) de mãos	cremă (f) pentru mâini	['kremə 'pentru minʲ]
creme (m) antirrugas	cremă (f) anti-rid	['kremə 'anti rid]
de dia	de zi	[de zi]
da noite	de noapte	[de no'apte]

tampão (m)	tampon (n)	[tam'pon]
papel (m) higiénico	hârtie (f) igienică	[hɨr'tie idʒi'enikə]
secador (m) elétrico	uscător (n) de păr	[uskə'tor de pər]

42. Joalheria

joias (f pl)	giuvaeruri (n pl)	[dʒiuva'erurʲ]
precioso	preţios	[pretsi'os]
marca (f) de contraste	marcă (f)	['markə]

anel (m)	inel (n)	[i'nel]
aliança (f)	verighetă (f)	[veri'getə]
pulseira (f)	brăţară (f)	[brə'tsare]

brincos (m pl)	cercei (m pl)	[tʃer'tʃej]
colar (m)	colier (n)	[ko'ljer]

coroa (f)	coroană (f)	[koro'anə]
colar (m) de contas	mărgele (f pl)	[mər'dʒele]

diamante (m)	briliant (n)	[brili'ant]
esmeralda (f)	smarald (n)	[sma'rald]
rubi (m)	rubin (n)	[ru'bin]
safira (f)	safir (n)	[sa'fir]
pérola (f)	perlă (f)	['perlə]
âmbar (m)	chihlimbar (n)	[kihlim'bar]

43. Relógios de pulso. Relógios

relógio (m) de pulso	ceas (n) de mână	[ʧas de 'mɨnə]
mostrador (m)	cadran (n)	[ka'dran]
ponteiro (m)	acul (n) ceasornicului	['akul ʧasor'nikuluj]
bracelete (f) em aço	brățară (f)	[brə'tsarə]
bracelete (f) em couro	curea (f)	[ku'rʲa]

pilha (f)	baterie (f)	[bate'rie]
descarregar-se	a se termina	[a se termi'na]
trocar a pilha	a schimba bateria	[a skim'ba bate'rija]
estar adiantado	a merge înainte	[a 'merdʒe ɨna'inte]
estar atrasado	a rămâne în urmă	[a rə'mɨne ɨn 'urmə]

relógio (m) de parede	pendulă (f)	[pen'dulə]
ampulheta (f)	clepsidră (f)	[klep'sidrə]
relógio (m) de sol	cadran (n) solar	[ka'dran so'lar]
despertador (m)	ceas (n) deșteptător	[ʧas deʃteptə'tor]
relojoeiro (m)	ceasornicar (m)	[ʧasorni'kar]
reparar (vt)	a repara	[a repa'ra]

Alimentação. Nutrição

44. Comida

carne (f)	carne (f)	['karne]
galinha (f)	carne (f) de găină	['karne de gə'inə]
frango (m)	carne (f) de pui	['karne de puj]
pato (m)	carne (f) de rață	['karne de 'ratsə]
ganso (m)	carne (f) de gâscă	['karne de 'giskə]
caça (f)	vânat (n)	[vi'nat]
peru (m)	carne (f) de curcan	['karne de 'kurkan]
carne (f) de porco	carne (f) de porc	['karne de pork]
carne (f) de vitela	carne (f) de vițel	['karne de vi'tsel]
carne (f) de carneiro	carne (f) de berbec	['karne de ber'bek]
carne (f) de vaca	carne (f) de vită	['karne de 'vitə]
carne (f) de coelho	carne (f) de iepure de casă	['karne de 'epure de 'kasə]
chouriço, salsichão (m)	salam (n)	[sa'lam]
salsicha (f)	crenvurșt (n)	[kren'vurʃt]
bacon (m)	costiță (f) afumată	[kos'titsə afu'matə]
fiambre (f)	șuncă (f)	['ʃunkə]
presunto (m)	pulpă (f)	['pulpə]
patê (m)	pateu (n)	[pa'teu]
fígado (m)	ficat (m)	[fi'kat]
carne (f) moída	carne (f) tocată	['karne to'katə]
língua (f)	limbă (f)	['limbə]
ovo (m)	ou (n)	['ow]
ovos (m pl)	ouă (n pl)	['owə]
clara (f) do ovo	albuș (n)	[al'buʃ]
gema (f) do ovo	gălbenuș	[gəlbe'nuʃ]
peixe (m)	pește (m)	['peʃte]
mariscos (m pl)	produse (n pl) marine	[pro'duse ma'rine]
caviar (m)	icre (f pl) de pește	['ikre de 'peʃte]
caranguejo (m)	crab (m)	[krab]
camarão (m)	crevetă (f)	[kre'vetə]
ostra (f)	stridie (f)	['stridie]
lagosta (f)	langustă (f)	[lan'gustə]
polvo (m)	caracatiță (f)	[kara'katitsə]
lula (f)	calmar (m)	[kal'mar]
esturjão (m)	carne (f) de nisetru	['karne de ni'setru]
salmão (m)	somon (m)	[so'mon]
halibute (m)	calcan (m)	[kal'kan]
bacalhau (m)	batog (m)	[ba'tog]
cavala, sarda (f)	macrou (n)	[ma'krou]

atum (m)	ton (m)	[ton]
enguia (f)	ţipar (m)	[tsi'par]
truta (f)	păstrăv (m)	[pəs'trəv]
sardinha (f)	sardea (f)	[sar'dʲa]
lúcio (m)	ştiucă (f)	['ʃtjukə]
arenque (m)	scrumbie (f)	[skrum'bie]
pão (m)	pâine (f)	['pine]
queijo (m)	caşcaval (n)	['brɪnzə]
açúcar (m)	zahăr (n)	['zahər]
sal (m)	sare (f)	['sare]
arroz (m)	orez (n)	[o'rez]
massas (f pl)	paste (f pl)	['paste]
talharim (m)	tăiţei (m)	[təi'tsej]
manteiga (f)	unt (n)	['unt]
óleo (m) vegetal	ulei (n) vegetal	[u'lej vedʒe'tal]
óleo (m) de girassol	ulei (n) de floarea-soarelui	[u'lej de flo'arʲa so'areluj]
margarina (f)	margarină (f)	[marga'rinə]
azeitonas (f pl)	olive (f pl)	[o'live]
azeite (m)	ulei (n) de măsline	[u'lej de məs'line]
leite (m)	lapte (n)	['lapte]
leite (m) condensado	lapte (n) condensat	['lapte konden'sat]
iogurte (m)	iaurt (n)	[ja'urt]
nata (f) azeda	smântână (f)	[smɪn'tɪnə]
nata (f) do leite	frişcă (f)	['friʃkə]
maionese (f)	maioneză (f)	[majo'nezə]
creme (m)	cremă (f)	['kremə]
grãos (m pl) de cereais	crupe (f pl)	['krupe]
farinha (f)	făină (f)	[fə'inə]
enlatados (m pl)	conserve (f pl)	[kon'serve]
flocos (m pl) de milho	fulgi (m pl) de porumb	['fuldʒʲ de po'rumb]
mel (m)	miere (f)	['mjere]
doce (m)	gem (n)	[dʒem]
pastilha (f) elástica	gumă (f) de mestecat	['gumə de meste'kat]

45. Bebidas

água (f)	apă (f)	['apə]
água (f) potável	apă (f) potabilă	['apə po'tabilə]
água (f) mineral	apă (f) minerală	['apə mine'ralə]
sem gás	necarbogazoasă	[nekarbogazo'asə]
gaseificada	carbogazoasă	[karbogazo'asə]
com gás	gazoasă	[gazo'asə]
gelo (m)	gheaţă (f)	['gʲatsə]
com gelo	cu gheaţă	[ku 'gʲatsə]

sem álcool	fără alcool	['ferə alko'ol]
bebida (f) sem álcool	băutură (f) fără alcool	[bəu'turə ferə alko'ol]
refresco (m)	băutură (f) răcoritoare	[bəu'turə rəkorito'are]
limonada (f)	limonadă (f)	[limo'nadə]
bebidas (f pl) alcoólicas	băuturi (f pl) alcoolice	[bəu'turi alko'olitʃe]
vinho (m)	vin (n)	[vin]
vinho (m) branco	vin (n) alb	[vin alb]
vinho (m) tinto	vin (n) roşu	[vin 'roʃu]
licor (m)	lichior (n)	[li'kør]
champanhe (m)	şampanie (f)	[ʃam'panie]
vermute (m)	vermut (n)	[ver'mut]
uísque (m)	whisky (n)	['wiski]
vodka (f)	votcă (f)	['votkə]
gim (m)	gin (n)	[dʒin]
conhaque (m)	coniac (n)	[ko'njak]
rum (m)	rom (n)	[rom]
café (m)	cafea (f)	[ka'fʲa]
café (m) puro	cafea (f) neagră	[ka'fʲa 'nʲagrə]
café (m) com leite	cafea (f) cu lapte	[ka'fʲa ku 'lapte]
cappuccino (m)	cafea (f) cu frişcă	[ka'fʲa ku 'friʃkə]
café (m) solúvel	cafea (f) solubilă	[ka'fʲa so'lubilə]
leite (m)	lapte (n)	['lapte]
coquetel (m)	cocteil (n)	[kok'tejl]
batido (m) de leite	cocteil (n) din lapte	[kok'tejl din 'lapte]
sumo (m)	suc (n)	[suk]
sumo (m) de tomate	suc (n) de roşii	[suk de 'roʃij]
sumo (m) de laranja	suc (n) de portocale	[suk de porto'kale]
sumo (m) fresco	suc (n) natural	[suk natu'ral]
cerveja (f)	bere (f)	['bere]
cerveja (f) clara	bere (f) blondă	['bere 'blondə]
cerveja (f) preta	bere (f) brună	['bere 'brunə]
chá (m)	ceai (n)	[ʧaj]
chá (m) preto	ceai (n) negru	[ʧaj 'negru]
chá (m) verde	ceai (n) verde	[ʧaj 'verde]

46. Vegetais

legumes (m pl)	legume (f pl)	[le'gume]
verduras (f pl)	verdeaţă (f)	[ver'dʲatsə]
tomate (m)	roşie (f)	['roʃie]
pepino (m)	castravete (m)	[kastra'vete]
cenoura (f)	morcov (m)	['morkov]
batata (f)	cartof (m)	[kar'tof]
cebola (f)	ceapă (f)	['ʧapə]
alho (m)	usturoi (m)	[ustu'roj]

couve (f)	varză (f)	['varzə]
couve-flor (f)	conopidă (f)	[kono'pidə]
couve-de-bruxelas (f)	varză (f) de Bruxelles	['varzə de bruk'sel]
brócolos (m pl)	broccoli (m)	['brokoli]

beterraba (f)	sfeclă (f)	['sfeklə]
beringela (f)	pătlăgea (f) vânătă	[pətlə'dʒʲa 'vinətə]
curgete (f)	dovlecel (m)	[dovle'tʃel]
abóbora (f)	dovleac (m)	[dov'lʲak]
nabo (m)	nap (m)	[nap]

salsa (f)	pătrunjel (m)	[pətrun'ʒel]
funcho, endro (m)	mărar (m)	[mə'rar]
alface (f)	salată (f)	[sa'latə]
aipo (m)	țelină (f)	['tselinə]
espargo (m)	sparanghel (m)	[sparan'gel]
espinafre (m)	spanac (n)	[spa'nak]

ervilha (f)	mazăre (f)	['mazəre]
fava (f)	boabe (f pl)	[bo'abe]
milho (m)	porumb (m)	[po'rumb]
feijão (m)	fasole (f)	[fa'sole]

pimentão (m)	piper (m)	[pi'per]
rabanete (m)	ridiche (f)	[ri'dike]
alcachofra (f)	anghinare (f)	[angi'nare]

47. Frutos. Nozes

fruta (f)	fruct (n)	[frukt]
maçã (f)	măr (n)	[mər]
pera (f)	pară (f)	['parə]
limão (m)	lămâie (f)	[lə'mie]
laranja (f)	portocală (f)	[porto'kalə]
morango (m)	căpşună (f)	[kəp'ʃunə]

tangerina (f)	mandarină (f)	[manda'rinə]
ameixa (f)	prună (f)	['prunə]
pêssego (m)	piersică (f)	['pjersikə]
damasco (m)	caisă (f)	[ka'isə]
framboesa (f)	zmeură (f)	['zmeurə]
ananás (m)	ananas (m)	[ana'nas]

banana (f)	banană (f)	[ba'nanə]
melancia (f)	pepene (m) verde	['pepene 'verde]
uva (f)	struguri (m pl)	['strugurʲ]
ginja (f)	vişină (f)	['viʃinə]
cereja (f)	cireaşă (f)	[tʃi'rʲaʃə]
meloa (f)	pepene (m) galben	['pepene 'galben]

toranja (f)	grepfrut (n)	['grepfrut]
abacate (m)	avocado (n)	[avo'kado]
papaia (f)	papaia (f)	[pa'paja]
manga (f)	mango (n)	['mango]

romã (f)	rodie (f)	['rodie]
groselha (f) vermelha	coacăză (f) roşie	[ko'akəzə 'roʃie]
groselha (f) preta	coacăză (f) neagră	[ko'akəzə 'nʲagrə]
groselha (f) espinhosa	agrişă (f)	[a'griʃə]
mirtilo (m)	afină (f)	[a'finə]
amora silvestre (f)	mură (f)	['murə]

uvas (f pl) passas	stafidă (f)	[sta'fidə]
figo (m)	smochină (f)	[smo'kinə]
tâmara (f)	curmală (f)	[kur'malə]

amendoim (m)	arahidă (f)	[ara'hidə]
amêndoa (f)	migdală (f)	[mig'dalə]
noz (f)	nucă (f)	['nukə]
avelã (f)	alună (f) de pădure	[a'lunə de pə'dure]
coco (m)	nucă (f) de cocos	['nukə de 'kokos]
pistáchios (m pl)	fistic (m)	['fistik]

48. Pão. Bolaria

pastelaria (f)	produse (n pl) de cofetărie	[pro'duse də kofetə'rie]
pão (m)	pâine (f)	['pine]
bolacha (f)	biscuit (m)	[bisku'it]

chocolate (m)	ciocolată (f)	[ʧoko'latə]
de chocolate	de, din ciocolată	[de, din ʧoko'latə]
rebuçado (m)	bomboană (f)	[bombo'anə]
bolo (cupcake, etc.)	prăjitură (f)	[prəʒi'turə]
bolo (m) de aniversário	tort (n)	[tort]

tarte (~ de maçã)	plăcintă (f)	[plə'ʧintə]
recheio (m)	umplutură (f)	[umplu'turə]

doce (m)	dulceață (f)	[dul'ʧatsə]
geleia (f) de frutas	marmeladă (f)	[marme'ladə]
waffle (m)	napolitane (f pl)	[napoli'tane]
gelado (m)	înghețată (f)	[inge'tsatə]

49. Pratos cozinhados

prato (m)	fel (n) de mâncare	[fel de mi'nkare]
cozinha (~ portuguesa)	bucătărie (f)	[bukətə'rie]
receita (f)	rețetă (f)	[re'tsetə]
porção (f)	porție (f)	['portsie]

salada (f)	salată (f)	[sa'latə]
sopa (f)	supă (f)	['supə]

caldo (m)	supă (f) de carne	['supə de 'karne]
sandes (f)	tartină (f)	[tar'tinə]
ovos (m pl) estrelados	omletă (f)	[om'letə]
hambúrguer (m)	hamburger (m)	['hamburger]

bife (m)	biftec (n)	[bif'tek]
conduto (m)	garnitură (f)	[garni'turə]
espaguete (m)	spaghete (f pl)	[spa'gete]
puré (m) de batata	piure (n) de cartofi	[pju're de kar'tofʲ]
pizza (f)	pizza (f)	['pitsa]
papa (f)	caşă (f)	['kaʃə]
omelete (f)	omletă (f)	[om'letə]

cozido em água	fiert	[fiert]
fumado	afumat	[afu'mat]
frito	prăjit	[prə'ʒit]
seco	uscat	[us'kat]
congelado	congelat	[kondʒe'lat]
em conserva	marinat	[mari'nat]

doce (açucarado)	dulce	['dultʃe]
salgado	sărat	[sə'rat]
frio	rece	['retʃe]
quente	fierbinte	[fier'binte]
amargo	amar	[a'mar]
gostoso	gustos	[gus'tos]

cozinhar (em água a ferver)	a fierbe	[a 'fjerbe]
fazer, preparar (vt)	a găti	[a gə'ti]
fritar (vt)	a prăji	[a prə'ʒi]
aquecer (vt)	a încălzi	[a inkəl'zi]

salgar (vt)	a săra	[a sə'ra]
apimentar (vt)	a pipera	[a pipe'ra]
ralar (vt)	a da prin răzătoare	[a da prin rəzəto'are]
casca (f)	coajă (f)	[ko'aʒə]
descascar (vt)	a curăţa	[a kurə'tsa]

50. Especiarias

sal (m)	sare (f)	['sare]
salgado	sărat	[sə'rat]
salgar (vt)	a săra	[a sə'ra]

pimenta (f) preta	piper (m) negru	[pi'per 'negru]
pimenta (f) vermelha	piper (m) roşu	[pi'per 'roʃu]
mostarda (f)	muştar (m)	[muʃ'tar]
raiz-forte (f)	hrean (n)	[hrʲan]

condimento (m)	condiment (n)	[kondi'ment]
especiaria (f)	condiment (n)	[kondi'ment]
molho (m)	sos (n)	[sos]
vinagre (m)	oţet (n)	[o'tset]

anis (m)	anason (m)	[ana'son]
manjericão (m)	busuioc (n)	[busu'jok]
cravo (m)	cuişoare (f pl)	[kuiʃo'are]
gengibre (m)	ghimber (m)	[gim'ber]
coentro (m)	coriandru (m)	[kori'andru]

canela (f)	scorţişoară (f)	[skortsiʃo'arə]
sésamo (m)	susan (m)	[su'san]
folhas (f pl) de louro	foi (f) de dafin	[foj de 'dafin]
páprica (f)	paprică (f)	['paprikə]
cominho (m)	chimen (m)	[ki'men]
açafrão (m)	şofran (m)	[ʃo'fran]

51. Refeições

comida (f)	mâncare (f)	[mɨn'kare]
comer (vt)	a mânca	[a mɨn'ka]

pequeno-almoço (m)	micul dejun (n)	['mikul de'ʒun]
tomar o pequeno-almoço	a lua micul dejun	[a lu'a 'mikul de'ʒun]
almoço (m)	prânz (n)	[prɨnz]
almoçar (vi)	a lua prânzul	[a lu'a 'prɨnzul]
jantar (m)	cină (f)	['tʃinə]
jantar (vi)	a cina	[a tʃi'na]

apetite (m)	poftă (f) de mâncare	['poftə de mɨ'nkare]
Bom apetite!	Poftă bună!	['poftə 'bunə]

abrir (~ uma lata, etc.)	a deschide	[a des'kide]
derramar (vt)	a vărsa	[a vər'sa]
derramar-se (vr)	a se vărsa	[a se vər'sa]
ferver (vi)	a fierbe	[a 'fjerbe]
ferver (vt)	a fierbe	[a 'fjerbe]
fervido	fiert	[fiert]
arrefecer (vt)	a răci	[a rə'tʃi]
arrefecer-se (vr)	a se răci	[a se rə'tʃi]

sabor, gosto (m)	gust (n)	[gust]
gostinho (m)	aromă (f)	[a'romə]

fazer dieta	a slăbi	[a slə'bi]
dieta (f)	dietă (f)	[di'etə]
vitamina (f)	vitamină (f)	[vita'minə]
caloria (f)	calorie (f)	[kalo'rie]
vegetariano (m)	vegetarian (m)	[vedʒetari'an]
vegetariano	vegetarian	[vedʒetari'an]

gorduras (f pl)	grăsimi (f pl)	[grə'simʲ]
proteínas (f pl)	proteine (f pl)	[prote'ine]
carboidratos (m pl)	hidraţi (m pl) de carbon	[hi'dratsʲ de kar'bon]
fatia (~ de limão, etc.)	felie (f)	[fe'lie]
pedaço (~ de bolo)	bucată (f)	[bu'katə]
migalha (f)	firimitură (f)	[firimi'turə]

52. Por a mesa

colher (f)	lingură (f)	['lingurə]
faca (f)	cuţit (n)	[ku'tsit]

garfo (m)	**furculiţă** (f)	[furku'litsə]
chávena (f)	**ceaşcă** (f)	['ʧaʃkə]
prato (m)	**farfurie** (f)	[farfu'rie]
pires (m)	**farfurioară** (f)	[farfurio'arə]
guardanapo (m)	**şerveţel** (n)	[ʃerve'ʦel]
palito (m)	**scobitoare** (f)	[skobito'are]

53. Restaurante

restaurante (m)	**restaurant** (n)	[restau'rant]
café (m)	**cafenea** (f)	[kafe'nʲa]
bar (m), cervejaria (f)	**bar** (n)	[bar]
salão (m) de chá	**salon** (n) **de ceai**	[sa'lon de ʧaj]
empregado (m) de mesa	**chelner** (m)	['kelner]
empregada (f) de mesa	**chelneriţă** (f)	[kelne'ritsə]
barman (m)	**barman** (m)	['barman]
ementa (f)	**meniu** (n)	[me'nju]
lista (f) de vinhos	**meniu** (n) **de vinuri**	[menju de 'vinurʲ]
reservar uma mesa	**a rezerva o masă**	[a rezer'va o 'masə]
prato (m)	**mâncare** (f)	[min'kare]
pedir (vt)	**a comanda**	[a koman'da]
fazer o pedido	**a face comandă**	[a 'faʧe ko'mandə]
aperitivo (m)	**aperitiv** (n)	[aperi'tiv]
entrada (f)	**gustare** (f)	[gus'tare]
sobremesa (f)	**desert** (n)	[de'sert]
conta (f)	**notă** (f) **de plată**	['notə de 'platə]
pagar a conta	**a achita nota de plată**	[a aki'ta 'nota de 'platə]
dar o troco	**a da rest**	[a da 'rest]
gorjeta (f)	**bacşiş** (n)	[bak'ʃiʃ]

Família, parentes e amigos

54. Informação pessoal. Formulários

nome (m)	prenume (n)	[pre'nume]
apelido (m)	nume (n)	['nume]
data (f) de nascimento	data (f) naşterii	['data 'naʃterij]
local (m) de nascimento	locul (n) naşterii	['lokul 'naʃterij]
nacionalidade (f)	naţionalitate (f)	[natsionali'tate]
lugar (m) de residência	locul (n) de reşedinţă	['lokul de reʃə'dintsə]
país (m)	ţară (f)	['tsarə]
profissão (f)	profesie (f)	[pro'fesie]
sexo (m)	sex (n)	[seks]
estatura (f)	înălţime (f)	[inəl'tsime]
peso (m)	greutate (f)	[greu'tate]

55. Membros da família. Parentes

mãe (f)	mamă (f)	['mamə]
pai (m)	tată (m)	['tatə]
filho (m)	fiu (m)	['fju]
filha (f)	fiică (f)	['fiikə]
filha (f) mais nova	fiica (f) mai mică	['fiika maj 'mikə]
filho (m) mais novo	fiul (m) mai mic	['fjul maj mik]
filha (f) mais velha	fiica (f) mai mare	['fiika maj 'mare]
filho (m) mais velho	fiul (m) mai mare	['fjul maj 'mare]
irmão (m)	frate (m)	['frate]
irmã (f)	soră (f)	['sore]
primo (m)	văr (m)	[vər]
prima (f)	vară (f)	['varə]
mamã (f)	mamă (f)	['mamə]
papá (m)	tată (m)	['tatə]
pais (pl)	părinţi (m pl)	[pə'rintsʲ]
criança (f)	copil (m)	[ko'pil]
crianças (f pl)	copii (m pl)	[ko'pij]
avó (f)	bunică (f)	[bu'nikə]
avô (m)	bunic (m)	[bu'nik]
neto (m)	nepot (m)	[ne'pot]
neta (f)	nepoată (f)	[nepo'atə]
netos (pl)	nepoţi (m pl)	[ne'potsʲ]
tio (m)	unchi (m)	[unkʲ]
tia (f)	mătuşă (f)	[mə'tuʃe]

sobrinho (m)	nepot (m)	[ne'pot]
sobrinha (f)	nepoată (f)	[nepo'atə]

sogra (f)	soacră (f)	[so'akrə]
sogro (m)	socru (m)	['sokru]
genro (m)	cumnat (m)	[kum'nat]
madrasta (f)	mamă vitregă (f)	['mamə 'vitregə]
padrasto (m)	tată vitreg (m)	['tatə 'vitreg]

criança (f) de colo	sugaci (m)	[su'gatʃi]
bebé (m)	prunc (m)	[prunk]
menino (m)	pici (m)	[pitʃi]

mulher (f)	soție (f)	[so'tsie]
marido (m)	soţ (m)	[sots]
esposo (m)	soţ (m)	[sots]
esposa (f)	soție (f)	[so'tsie]

casado	căsătorit	[kəsəto'rit]
casada	căsătorită	[kəsəto'ritə]
solteiro	celibatar (m)	[tʃeliba'tar]
solteirão (m)	burlac (m)	[bur'lak]
divorciado	divorţat	[divor'tsat]
viúva (f)	văduvă (f)	[vəduvə]
viúvo (m)	văduv (m)	[vəduv]

parente (m)	rudă (f)	['rudə]
parente (m) próximo	rudă (f) apropiată	['rudə apropi'jatə]
parente (m) distante	rudă (f) îndepărtată	['rudə indeper'tatə]
parentes (m pl)	rude (f pl) de sânge	['rude de 'sindʒe]

órfão (m), órfã (f)	orfan (m)	[or'fan]
tutor (m)	tutore (m)	[tu'tore]
adotar (um filho)	a adopta	[a adop'ta]
adotar (uma filha)	a adopta	[a adop'ta]

56. Amigos. Colegas de trabalho

amigo (m)	prieten (m)	[pri'eten]
amiga (f)	prietenă (f)	[pri'etenə]
amizade (f)	prietenie (f)	[priete'nie]
ser amigos	a prieteni	[a priete'ni]

amigo (m)	amic (m)	[a'mik]
amiga (f)	amică (f)	[a'mikə]
parceiro (m)	partener (m)	[parte'ner]

chefe (m)	şef (m)	[ʃef]
superior (m)	director (m)	[di'rektor]
subordinado (m)	subordonat (m)	[subordo'nat]
colega (m)	coleg (m)	[ko'leg]

conhecido (m)	cunoscut (m)	[kunos'kut]
companheiro (m) de viagem	tovarăş (m) de drum	[to'varəʃ de drum]

colega (m) de classe	coleg (m) de clasă	[ko'leg de 'klasə]
vizinho (m)	vecin (m)	[ve'tʃin]
vizinha (f)	vecină (f)	[ve'tʃinə]
vizinhos (pl)	vecini (m pl)	[ve'tʃinʲ]

57. Homem. Mulher

mulher (f)	femeie (f)	[fe'meje]
rapariga (f)	domnişoară (f)	[domniʃo'arə]
noiva (f)	mireasă (f)	[mi'rʲasə]
bonita	frumoasă	[frumo'asə]
alta	înaltă	[i'naltə]
esbelta	zveltă	['zveltə]
de estatura média	scundă	['skundə]
loura (f)	blondă (f)	['blondə]
morena (f)	brunetă (f)	[bru'netə]
de senhora	de damă	[de 'damə]
virgem (f)	virgină (f)	[vir'dʒinə]
grávida	gravidă (f)	[gra'vidə]
homem (m)	bărbat (m)	[bər'bat]
louro (m)	blond (m)	[blond]
moreno (m)	brunet (m)	[bru'net]
alto	înalt	[i'nalt]
de estatura média	scund	[skund]
rude	grosolan	[groso'lan]
atarracado	robust	[ro'bust]
robusto	tare	['tare]
forte	puternic	[pu'ternik]
força (f)	forţă (f)	['fortsə]
gordo	gras	[gras]
moreno	negricios	[negri'tʃios]
esbelto	zvelt	[zvelt]
elegante	elegant	[ele'gant]

58. Idade

idade (f)	vârstă (f)	['virstə]
juventude (f)	tinereţe (f)	[tine'retse]
jovem	tânăr	['tinər]
mais novo	mai mic	[maj mik]
mais velho	mai mare	[maj 'mare]
jovem (m)	tânăr (m)	['tinər]
adolescente (m)	adolescent (m)	[adoles'tʃent]
rapaz (m)	flăcău (m)	[fləkəu]

velho (m)	bătrân (m)	[bə'trin]
velhota (f)	bătrână (f)	[bə'trinə]

adulto	adult (m)	[a'dult]
de meia-idade	de vârstă medie	[de 'virstə 'medie]
idoso, de idade	în vârstă	[in 'virstə]
velho	bătrân	[bə'trin]

reforma (f)	pensie (f)	['pensie]
reformar-se (vr)	a se pensiona	[a se pensio'na]
reformado (m)	pensionar (m)	[pensio'nar]

59. Crianças

criança (f)	copil (m)	[ko'pil]
crianças (f pl)	copii (m pl)	[ko'pij]
gémeos (m pl)	gemeni (m pl)	['dʒemenʲ]

berço (m)	leagăn (n)	['lʲagən]
guizo (m)	sunătoare (f)	[sunəto'are]
fralda (f)	scutec (n)	['skutek]

chupeta (f)	biberon (n)	[bibe'ron]
carrinho (m) de bebé	cărucior (n) pentru copii	[kəru'tʃʲor 'pentru ko'pij]
jardim (m) de infância	grădiniță (f) de copii	[grədi'nitsə de ko'pij]
babysitter (f)	dădacă (f)	[də'dakə]

infância (f)	copilărie (f)	[kopilə'rie]
boneca (f)	păpuşă (f)	[pə'puʃə]
brinquedo (m)	jucărie (f)	[ʒukə'rie]
jogo (m) de armar	constructor (m)	[kon'struktor]

bem-educado	bine crescut	['bine kres'kut]
mal-educado	needucat	[needu'kat]
mimado	răsfăţat	[rəsfə'tsat]

ser travesso	a face pozne	[a 'fatʃe 'pozne]
travesso, traquinas	năzbâtios	[nəzbiti'os]
travessura (f)	năzbâtie (f)	[nəz'bitie]
criança (f) travessa	ştrengar (m)	[ʃtren'gar]

obediente	ascultător	[askultə'tor]
desobediente	neascultător	[neaskultə'tor]

dócil	inteligent	[inteli'dʒent]
inteligente	deştept	[deʃ'tept]
menino (m) prodígio	copil (m) minune	[ko'pil mi'nune]

60. Casais. Vida de família

beijar (vt)	a săruta	[a səru'ta]
beijar-se (vr)	a se săruta	[a se səru'ta]

família (f)	familie (f)	[fa'milie]
familiar	de familie	[de fa'milie]
casal (m)	pereche (f)	[pe'reke]
matrimónio (m)	căsătorie (f)	[kəsəto'rie]
lar (m)	cămin (n)	[kə'min]
dinastia (f)	dinastie (f)	[dinas'tie]

encontro (m)	întâlnire (f)	[intil'nire]
beijo (m)	sărut (n)	[sə'rut]

amor (m)	iubire (f)	[ju'bire]
amar (vt)	a iubi	[a ju'bi]
amado, querido	iubit	[ju'bit]

ternura (f)	gingăşie (f)	[dʒingə'ʃie]
terno, afetuoso	tandru	['tandru]
fidelidade (f)	fidelitate (f)	[fideli'tate]
carinhoso	grijuliu	[griʒu'lju]

recém-casados (m pl)	tineri (m pl) căsătoriţi	['tineri kəsəto'rits]
lua de mel (f)	lună (f) de miere	['lunə de 'mjere]
casar-se (com um homem)	a se mărita	[a se məri'ta]
casar-se (com uma mulher)	a se căsători	[a se kəsəto'ri]

boda (f)	nuntă (f)	['nuntə]
bodas (f pl) de ouro	nuntă (f) de aur	['nuntə de 'aur]
aniversário (m)	aniversare (f)	[aniver'sare]

amante (m)	amant (m)	[a'mant]
amante (f)	amantă (f)	[a'mantə]

adultério (m)	adulter (n)	[adul'ter]
cometer adultério	a înşela	[a inʃə'la]
ciumento	gelos	[dʒe'los]
ser ciumento	a fi gelos	[a fi dʒe'los]
divórcio (m)	divorţ (n)	[di'vorts]
divorciar-se (vr)	a divorţa	[a divor'tsa]

brigar (discutir)	a se certa	[a se tʃer'ta]
fazer as pazes	a se împăca	[a se impə'ka]
juntos	împreună	[impre'unə]
sexo (m)	sex (n)	[seks]

felicidade (f)	fericire (f)	[feri'tʃire]
feliz	fericit	[feri'tʃit]
infelicidade (f)	nenorocire (f)	[nenoro'tʃire]
infeliz	nefericit	[neferi'tʃit]

Caráter. Sentimentos. Emoções

61. Sentimentos. Emoções

sentimento (m)	sentiment (n)	[senti'ment]
sentimentos (m pl)	sentimente (n pl)	[senti'mente]
fome (f)	foame (f)	[fo'ame]
ter fome	a fi foame	[a fi fo'ame]
sede (f)	sete (f)	['sete]
ter sede	a fi sete	[a fi 'sete]
sonolência (f)	somnolenţă (f)	[somno'lentsə]
estar sonolento	a fi somn	[a fi somn]
cansaço (m)	oboseală (f)	[obo'sʲalə]
cansado	obosit	[obo'sit]
ficar cansado	a obosi	[a obo'si]
humor (m)	dispoziţie (f)	[dispo'zitsie]
tédio (m)	plictiseală (f)	[plikti'sʲalə]
aborrecer-se (vr)	a se plictisi	[a se plikti'si]
isolamento (m)	singurătate (f)	[singurə'tate]
isolar-se	a se izola	[a se izo'la]
preocupar (vt)	a nelinişti	[a neliniʃ'ti]
preocupar-se (vr)	a se nelinişti	[a se neliniʃ'ti]
preocupação (f)	nelinişte (f)	[ne'liniʃte]
ansiedade (f)	nelinişte (f)	[ne'liniʃte]
preocupado	preocupat	[preoku'pat]
estar nervoso	a se enerva	[a se ener'va]
entrar em pânico	a panica	[a pani'ka]
esperança (f)	speranţă (f)	[spe'rantsə]
esperar (vt)	a spera	[a spe'ra]
certeza (f)	siguranţă (f)	[sigu'rantsə]
certo	sigur	['sigur]
indecisão (f)	nesiguranţă (f)	[nesigu'rantsə]
indeciso	nesigur	[ne'sigur]
ébrio, bêbado	beat	[bʲat]
sóbrio	treaz	[trʲaz]
fraco	slab	[slab]
feliz	norocos	[noro'kos]
assustar (vt)	a speria	[a speri'ja]
fúria (f)	turbare (f)	[tur'bare]
ira, raiva (f)	furie (f)	[fu'rie]
depressão (f)	depresie (f)	[de'presie]
desconforto (m)	disconfort (n)	[diskon'fort]

conforto (m)	confort (n)	[kon'fort]
arrepender-se (vr)	a regreta	[a regre'ta]
arrependimento (m)	regret (n)	[re'gret]
azar (m), má sorte (f)	ghinion (n)	[gini'on]
tristeza (f)	întristare (f)	[intri'stare]

vergonha (f)	ruşine (f)	[ru'ʃine]
alegria (f)	veselie (f)	[vese'lie]
entusiasmo (m)	entuziasm (n)	[entuzi'asm]
entusiasta (m)	entuziast (m)	[entuzi'ast]
mostrar entusiasmo	a arăta entuziasm	[a arə'ta entuzi'asm]

62. Caráter. Personalidade

caráter (m)	caracter (n)	[karak'ter]
falha (f) de caráter	viciu (n)	['vitʃiu]
mente (f)	minte (f)	['minte]
razão (f)	raţiune (f)	[ratsi'une]

consciência (f)	conştiinţă (f)	[konʃti'intsə]
hábito (m)	obişnuinţă (f)	[obiʃnu'intsə]
habilidade (f)	talent (n)	[ta'lent]
saber (~ nadar, etc.)	a putea	[a pu'tʲa]

paciente	răbdător	[rəbdə'tor]
impaciente	nerăbdător	[nerəbdə'tor]
curioso	curios	[kuri'os]
curiosidade (f)	curiozitate (f)	[kuriozi'tate]

modéstia (f)	modestie (f)	[modes'tie]
modesto	modest	[mo'dest]
imodesto	lipsit de modestie	[lip'sit de modes'tie]

preguiça (f)	lene (f)	['lene]
preguiçoso	leneş	['leneʃ]
preguiçoso (m)	leneş (m)	['leneʃ]

astúcia (f)	viclenie (f)	[vikle'nie]
astuto	viclean	[vik'lʲan]
desconfiança (f)	neîncredere (f)	[nein'kredere]
desconfiado	neîncrezător	[neinkrezə'tor]

generosidade (f)	generozitate (f)	[dʒenerozi'tate]
generoso	generos	[dʒene'ros]
talentoso	talentat	[talen'tat]
talento (m)	talent (n)	[ta'lent]

corajoso	îndrăzneţ	[indrəz'nets]
coragem (f)	îndrăzneală (f)	[indrəz'nʲalə]
honesto	onest	[o'nest]
honestidade (f)	onestitate (f)	[onesti'tate]

prudente	prudent	[pru'dent]
valente	curajos	[kura'ʒos]

| sério | serios | [se'rjos] |
| severo | sever | [se'ver] |

decidido	hotărât	[hotə'rit]
indeciso	nehotărât	[nehotə'rit]
tímido	sfios	[sfi'os]
timidez (f)	sfială (f)	[sfi'jalə]

confiança (f)	încredere (f)	[in'kredere]
confiar (vt)	a avea încredere	[a a'v'a in'kredere]
crédulo	credul	[kre'dul]

sinceramente	sincer	['sintʃer]
sincero	sincer	['sintʃer]
sinceridade (f)	sinceritate (f)	[sintʃeri'tate]
aberto	deschis	[des'kis]

calmo	liniştit	[liniʃ'tit]
franco	sincer	['sintʃer]
ingénuo	naiv	[na'iv]
distraído	distrat	[dis'trat]
engraçado	hazliu	[haz'lju]

ganância (f)	lăcomie (f)	[ləko'mie]
ganancioso	lacom	['lakom]
avarento	zgârcit	[zgir'tʃit]
mau	rău	['rəu]
teimoso	încăpăţânat	[inkəpətsi'nat]
desagradável	neplăcut	[neplə'kut]

egoísta (m)	egoist (m)	[ego'ist]
egoísta	egoist	[ego'ist]
cobarde (m)	laş (m)	[laʃ]
cobarde	fricos	[fri'kos]

63. O sono. Sonhos

dormir (vi)	a dormi	[a dor'mi]
sono (m)	somn (n)	[somn]
sonho (m)	vis (n)	[vis]
sonhar (vi)	a visa	[a vi'sa]
sonolento	somnoros	[somno'ros]

cama (f)	pat (n)	[pat]
colchão (m)	saltea (f)	[sal'ta]
cobertor (m)	plapumă (f)	['plapumə]
almofada (f)	pernă (f)	['pernə]
lençol (m)	cearşaf (n)	[tʃar'ʃaf]

insónia (f)	insomnie (f)	[insom'nie]
insone	fără somn	['fərə somn]
sonífero (m)	somnifer (n)	[somni'fer]
tomar um sonífero	a lua somnifere	[a lu'a somni'fere]
estar sonolento	a fi somn	[a fi somn]

bocejar (vi)	a căsca	[a kəs'ka]
ir para a cama	a merge la culcare	[a 'merʤe la kul'kare]
fazer a cama	a face patul	[a 'fatʃe 'patul]
adormecer (vi)	a adormi	[a ador'mi]

pesadelo (m)	coşmar (n)	[koʃ'mar]
ronco (m)	sforăit (n)	[sforə'it]
roncar (vi)	a sforăi	[a sforə'i]

despertador (m)	ceas (n) deşteptător	[tʃas deʃteptə'tor]
acordar, despertar (vt)	a trezi	[a tre'zi]
acordar (vi)	a se trezi	[a se tre'zi]
levantar-se (vr)	a se ridica	[a se ridi'ka]
lavar-se (vr)	a se spăla	[a se spə'la]

64. Humor. Riso. Alegria

humor (m)	umor (n)	[u'mor]
sentido (m) de humor	simţ (n)	[simts]
divertir-se (vr)	a se veseli	[a se vese'li]
alegre	vesel	['vesel]
alegria (f)	veselie (f)	[vese'lie]

sorriso (m)	zâmbet (n)	['zimbet]
sorrir (vi)	a zâmbi	[a zim'bi]
começar a rir	a izbucni în râs	[a izbuk'ni in ris]
rir (vi)	a râde	[a 'ride]
riso (m)	râs (n)	[ris]

anedota (f)	anecdotă (f)	[anek'dotə]
engraçado	hazliu	[haz'lju]
ridículo	hazliu	[haz'lju]

brincar, fazer piadas	a glumi	[a glu'mi]
piada (f)	glumă (f)	['glumə]
alegria (f)	bucurie (f)	[buku'rie]
regozijar-se (vr)	a se bucura	[a se buku'ra]
alegre	bucuros	[buku'ros]

65. Discussão, conversação. Parte 1

comunicação (f)	comunicare (f)	[komuni'kare]
comunicar-se (vr)	a comunica	[a komuni'ka]

conversa (f)	convorbire (f)	[konvor'bire]
diálogo (m)	dialog (n)	[dia'log]
discussão (f)	dezbatere (f)	[dez'batere]
debate (m)	polemică (f)	[po'lemikə]
debater (vt)	a revendica	[a revendi'ka]

interlocutor (m)	interlocutor (m)	[interloku'tor]
tema (m)	temă (f)	['temə]

ponto (m) de vista	punct (n) de vedere	[punkt de ve'dere]
opinião (f)	părere (f)	[pə'rere]
discurso (m)	discurs (n)	[dis'kurs]

discussão (f)	discuţie (f)	[dis'kuţsie]
discutir (vt)	a discuta	[a disku'ta]
conversa (f)	conversaţie (f)	[konver'satsie]
conversar (vi)	a conversa	[a konver'sa]
encontro (m)	întâlnire (f)	[intil'nire]
encontrar-se (vr)	a se întâlni	[a se intil'ni]

provérbio (m)	proverb (n)	[pro'verb]
ditado (m)	zicătoare (f)	[zikəto'are]
adivinha (f)	ghicitoare (f)	[gitʃito'are]
dizer uma adivinha	a ghici o ghicitoare	[a gi'tʃi o gitʃito'are]
senha (f)	parolă (f)	[pa'role]
segredo (m)	secret (n)	[se'kret]

juramento (m)	jurământ (n)	[ʒurə'mint]
jurar (vi)	a jura	[a ʒu'ra]
promessa (f)	promisiune (f)	[promisi'une]
prometer (vt)	a promite	[a pro'mite]

conselho (m)	sfat (n)	[sfat]
aconselhar (vt)	a sfătui	[a sfətu'i]
escutar (~ os conselhos)	a asculta	[a askul'ta]

novidade, notícia (f)	noutate (f)	[nou'tate]
sensação (f)	senzaţie (f)	[sen'zatsie]
informação (f)	informaţii (f pl)	[infor'matsij]
conclusão (f)	concluzie (f)	[kon'kluzie]
voz (f)	voce (f)	['votʃe]
elogio (m)	compliment (n)	[kompli'ment]
amável	amabil	[a'mabil]

palavra (f)	cuvânt (n)	[ku'vint]
frase (f)	frază (f)	['frazə]
resposta (f)	răspuns (n)	[rəs'puns]

verdade (f)	adevăr (n)	[ade'vər]
mentira (f)	minciună (f)	[min'tʃiunə]

pensamento (m)	gând (f)	[gind]
ideia (f)	gând (n)	[gind]
fantasia (f)	imaginaţie (f)	[imadʒi'natsie]

66. Discussão, conversação. Parte 2

estimado	stimat	[sti'mat]
respeitar (vt)	a respecta	[a respek'ta]
respeito (m)	respect (n)	[res'pekt]
Estimado ..., Caro ...	Stimate ...	[sti'mate]
apresentar (vt)	a prezenta	[a prezen'ta]
intenção (f)	intenţie (f)	[in'tentsie]

tencionar (vt)	a intenţiona	[a intentsio'na]
desejo (m)	urare (f)	[u'rare]
desejar (ex. ~ boa sorte)	a ura	[a u'ra]

surpresa (f)	mirare (f)	[mi'rare]
surpreender (vt)	a mira	[a mi'ra]
surpreender-se (vr)	a se mira	[a se mi'ra]

dar (vt)	a da	[a da]
pegar (tomar)	a lua	[a lu'a]
devolver (vt)	a restitui	[a restitu'i]
retornar (vt)	a înapoia	[a inapo'ja]

desculpar-se (vr)	a cere scuze	[a 'tʃere 'skuze]
desculpa (f)	scuză (f)	['skuzə]
perdoar (vt)	a ierta	[a er'ta]

falar (vi)	a vorbi	[a vor'bi]
escutar (vt)	a asculta	[a askul'ta]
ouvir até o fim	a asculta	[a askul'ta]
compreender (vt)	a înţelege	[a intse'ledʒe]

mostrar (vt)	a arăta	[a arə'ta]
olhar para ...	a se uita	[a se uj'ta]
chamar (dizer em voz alta o nome)	a chema	[a ke'ma]
perturbar (vt)	a deranja	[a deran'ʒa]
entregar (~ em mãos)	a transmite	[a trans'mite]

pedido (m)	rugăminte (f)	[ruge'minte]
pedir (ex. ~ ajuda)	a ruga	[a ru'ga]
exigência (f)	cerere (f)	['tʃerere]
exigir (vt)	a cere	[a 'tʃere]

chamar nomes (vt)	a tachina	[a taki'na]
zombar (vt)	a-şi bate joc	[aʃ 'bate ʒok]
zombaria (f)	derâdere (f)	[de'ridere]
alcunha (f)	poreclă (f)	[po'reklə]

insinuação (f)	aluzie (f)	[a'luzie]
insinuar (vt)	a face aluzie	[a 'fatʃe a'luzie]
subentender (vt)	a se subînţelege	[a se subintse'ledʒe]

descrição (f)	descriere (f)	[de'skriere]
descrever (vt)	a descrie	[a de'skrie]
elogio (m)	laudă (f)	['laudə]
elogiar (vt)	a lăuda	[a ləu'da]

desapontamento (m)	dezamăgire (f)	[dezamə'dʒire]
desapontar (vt)	a dezamăgi	[a dezamə'dʒi]
desapontar-se (vr)	a se dezamăgi	[a se dezamə'dʒi]

suposição (f)	presupunere (f)	[presu'punere]
supor (vt)	a presupune	[a presu'pune]
advertência (f)	avertisment (n)	[avertis'ment]
advertir (vt)	a preveni	[a preve'ni]

67. Discussão, conversação. Parte 3

| convencer (vt) | a convinge | [a kon'vindʒe] |
| acalmar (vt) | a linişti | [a liniʃ'ti] |

silêncio (o ~ é de ouro)	tăcere (f)	[tə'tʃere]
ficar em silêncio	a tăcea	[a tə'tʃa]
sussurrar (vt)	a şopti	[a ʃop'ti]
sussurro (m)	şoaptă (f)	[ʃo'aptə]

| francamente | sincer | ['sintʃer] |
| a meu ver ... | după părerea mea ... | ['dupə pə'rerʲa mʲa] |

detalhe (~ da história)	amănunt (n)	[amə'nunt]
detalhado	amănunţit	[amənun'tsit]
detalhadamente	amănunţit	[amənun'tsit]

| dica (f) | indiciu (n) | [in'ditʃiu] |
| dar uma dica | a şopti | [a ʃop'ti] |

olhar (m)	privire (f)	[pri'vire]
dar uma vista de olhos	a privi	[a pri'vi]
fixo (olhar ~)	fix	[fiks]
piscar (vi)	a clipi	[a kli'pi]
pestanejar (vt)	a clipi	[a kli'pi]
acenar (com a cabeça)	a da din cap	[a da din 'kap]

suspiro (m)	oftat (n)	[of'tat]
suspirar (vi)	a ofta	[a of'ta]
estremecer (vi)	a tresări	[a tresə'ri]
gesto (m)	gest (n)	[dʒest]
tocar (com as mãos)	a se atinge	[a se a'tindʒe]
agarrar (~ pelo braço)	a apuca	[a apu'ka]
bater de leve	a bate	[a 'bate]

Cuidado!	Atenţie!	[a'tentsie]
A sério?	Oare?	[o'are]
Tem certeza?	Eşti sigur?	[eʃtʲ 'sigur]
Boa sorte!	Succes!	[suk'tʃes]
Compreendi!	Clar!	[klar]
Que pena!	Ce păcat!	[tʃe pə'kat]

68. Acordo. Recusa

consentimento (~ mútuo)	consimţământ (n)	[konsimtsə'mint]
consentir (vi)	a fi de acord cu ...	[a fi de a'kord ku]
aprovação (f)	aprobare (f)	[apro'bare]
aprovar (vt)	a aproba	[a apro'ba]
recusa (f)	refuz (n)	[re'fuz]
negar-se (vt)	a refuza	[a refu'za]

| Está ótimo! | Perfect! | [per'fekt] |
| Muito bem! | Bine! | ['bine] |

Está bem! De acordo!	De acord!	[de a'kord]
proibido	interzis	[inter'zis]
é proibido	nu se poate	[nu se po'ate]
é impossível	imposibil	[impo'sibil]
incorreto	incorect	[inko'rekt]

rejeitar (~ um pedido)	a respinge	[a res'pindʒe]
apoiar (vt)	a susţine	[a sus'tsine]
aceitar (desculpas, etc.)	a accepta	[a aktʃep'ta]

confirmar (vt)	a confirma	[a konfir'ma]
confirmação (f)	confirmare (f)	[konfir'mare]
permissão (f)	permisiune (f)	[permisi'une]
permitir (vt)	a permite	[a per'mite]
decisão (f)	hotărâre (f)	[hotə'rire]
não dizer nada	a tăcea	[a tə'tʃa]

condição (com uma ~)	condiţie (f)	[kon'ditsie]
pretexto (m)	pretext (n)	[pre'tekst]
elogio (m)	laudă (f)	['laudə]
elogiar (vt)	a lăuda	[a ləu'da]

69. Sucesso. Boa sorte. Insucesso

êxito, sucesso (m)	reuşită (f)	[reu'ʃitə]
com êxito	reuşit	[reu'ʃit]
bem sucedido	reuşit	[reu'ʃit]

sorte (fortuna)	succes (n)	[suk'tʃes]
Boa sorte!	Succes!	[suk'tʃes]
de sorte	norocos	[noro'kos]
sortudo, felizardo	norocos	[noro'kos]
fracasso (m)	eşec (n)	[e'ʃək]
pouca sorte (f)	ghinion (n)	[gini'on]
azar (m), má sorte (f)	ghinion (n)	[gini'on]
mal sucedido	nereuşit	[nereu'ʃit]
catástrofe (f)	catastrofă (f)	[katas'trofə]

orgulho (m)	mândrie (f)	[min'drie]
orgulhoso	mândru	['mindru]
estar orgulhoso	a se mândri	[a se min'dri]
vencedor (m)	învingător (m)	[invingə'tor]
vencer (vi)	a învinge	[a in'vindʒe]
perder (vt)	a pierde	[a 'pjerde]
tentativa (f)	încercare (f)	[intʃer'kare]
tentar (vt)	a se strădui	[a se strədu'i]
chance (m)	şansă (f)	['ʃansə]

70. Conflitos. Emoções negativas

grito (m)	strigăt (n)	['strigət]
gritar (vi)	a striga	[a stri'ga]

começar a gritar	a striga	[a stri'ga]
discussão (f)	ceartă (f)	['ʧartə]
discutir (vt)	a se certa	[a se ʧer'ta]
escândalo (m)	scandal (n)	[skan'dal]
criar escândalo	a face scandal	[a 'faʧe skan'dal]
conflito (m)	conflict (n)	[kon'flikt]
mal-entendido (m)	neînțelegere (f)	[neintse'ledʒere]
insulto (m)	insultă (f)	[in'sultə]
insultar (vt)	a insulta	[a insul'ta]
insultado	ofensat	[ofen'sat]
ofensa (f)	jignire (f)	[ʒig'nire]
ofender (vt)	a jigni	[a ʒig'ni]
ofender-se (vr)	a se supăra	[a se supə'ra]
indignação (f)	indignare (f)	[indig'nare]
indignar-se (vr)	a se indigna	[a se indig'na]
queixa (f)	plângere (f)	['plindʒere]
queixar-se (vr)	a se plânge	[a se 'plindʒe]
desculpa (f)	scuză (f)	['skuzə]
desculpar-se (vr)	a cere scuze	[a 'ʧere 'skuze]
pedir perdão	a cere iertare	[a 'ʧere er'tare]
crítica (f)	critică (f)	['kritikə]
criticar (vt)	a critica	[a kriti'ka]
acusação (f)	învinuire (f)	[invinu'ire]
acusar (vt)	a învinui	[a invinu'i]
vingança (f)	răzbunare (f)	[rəzbu'nare]
vingar (vt)	a răzbuna	[a rəzbu'na]
vingar-se (vr)	a se revanşa	[a se revan'ʃa]
desprezo (m)	dispreț (n)	[dis'prets]
desprezar (vt)	a dispreţui	[a dispretsu'i]
ódio (m)	ură (f)	['urə]
odiar (vt)	a urî	[a u'ri]
nervoso	nervos	[ner'vos]
estar nervoso	a se enerva	[a se ener'va]
zangado	supărat	[supə'rat]
zangar (vt)	a supăra	[a supə'ra]
humilhação (f)	umilire (f)	[umi'lire]
humilhar (vt)	a umili	[a umi'li]
humilhar-se (vr)	a se umili	[a se umi'li]
choque (m)	şoc (n)	[ʃok]
chocar (vt)	a şoca	[a ʃo'ka]
aborrecimento (m)	neplăcere (f)	[neplə'ʧere]
desagradável	neplăcut	[neplə'kut]
medo (m)	frică (f)	['frikə]
terrível (tempestade, etc.)	năprasnic	[nə'prasnik]
assustador (ex. história ~a)	de groază	[de gro'azə]

horror (m)	groază (f)	[gro'azə]
horrível (crime, etc.)	înspăimântător	[ɨnspəjmɨntə'tor]
chorar (vi)	a plânge	[a 'plindʒe]
começar a chorar	a plânge	[a 'plindʒe]
lágrima (f)	lacrimă (f)	['lakrimə]
falta (f)	greşeală (f)	[gre'ʃalə]
culpa (f)	vină (f)	['vinə]
desonra (f)	ruşine (f)	[ru'ʃine]
protesto (m)	protest (n)	[pro'test]
stresse (m)	stres (n)	[stres]
perturbar (vt)	a deranja	[a deran'ʒa]
zangar-se com ...	a se supăra	[a se supə'ra]
zangado	supărat	[supə'rat]
terminar (vt)	a pune capăt	[a 'pune 'kapət]
praguejar	a se sfădi	[a se sfə'di]
assustar-se	a se speria	[a se speri'ja]
golpear (vt)	a lovi	[a lo'vi]
brigar (na rua, etc.)	a se bate	[a se 'bate]
resolver (o conflito)	a aplana	[a apla'na]
descontente	nemulţumit	[nemultsu'mit]
furioso	furios	[furi'os]
Não está bem!	Nu e bine!	[nu e 'bine]
É mau!	E rău!	[e rəu]

Medicina

71. Doenças

Português	Romeno	Pronúncia
doença (f)	boală (f)	[bo'alə]
estar doente	a fi bolnav	[a fi bol'nav]
saúde (f)	sănătate (f)	[sənə'tate]
nariz (m) a escorrer	guturai (n)	[gutu'raj]
amigdalite (f)	anghină (f)	[a'nginə]
constipação (f)	răceală (f)	[rə'ʧalə]
constipar-se (vr)	a răci	[a rə'ʧi]
bronquite (f)	bronşită (f)	[bron'ʃitə]
pneumonia (f)	pneumonie (f)	[pneumo'nie]
gripe (f)	gripă (f)	['gripə]
míope	miop	[mi'op]
presbita	prezbit	[prez'bit]
estrabismo (m)	strabism (n)	[stra'bism]
estrábico	saşiu	[sa'ʃiu]
catarata (f)	cataractă (f)	[kata'raktə]
glaucoma (m)	glaucom (n)	[glau'kom]
AVC (m), apoplexia (f)	congestie (f)	[kon'dʒestie]
ataque (m) cardíaco	infarct (n)	[in'farkt]
enfarte (m) do miocárdio	infarct (n) miocardic	[in'farkt mio'kardik]
paralisia (f)	paralizie (f)	[parali'zie]
paralisar (vt)	a paraliza	[a parali'za]
alergia (f)	alergie (f)	[aler'dʒie]
asma (f)	astmă (f)	['astmə]
diabetes (f)	diabet (n)	[dia'bet]
dor (f) de dentes	durere (f) de dinţi	[du'rere de dinʦ]
cárie (f)	carie (f)	['karie]
diarreia (f)	diaree (f)	[dia'ree]
prisão (f) de ventre	constipaţie (f)	[konsti'paʦie]
desarranjo (m) intestinal	deranjament (n) la stomac	[deranʒa'ment la sto'mak]
intoxicação (f) alimentar	intoxicare (f)	[intoksi'kare]
intoxicar-se	a se intoxica	[a se intoksi'ka]
artrite (f)	artrită (f)	[ar'tritə]
raquitismo (m)	rahitism (n)	[rahi'tism]
reumatismo (m)	reumatism (n)	[reuma'tism]
arteriosclerose (f)	ateroscleroză (f)	[arterioskle'rozə]
gastrite (f)	gastrită (f)	[gas'tritə]
apendicite (f)	apendicită (f)	[apendi'ʧitə]

colecistite (f)	colecistită (f)	[koletʃis'titə]
úlcera (f)	ulcer (n)	[ul'tʃer]

sarampo (m)	pojar	[po'ʒar]
rubéola (f)	rubeolă (f)	[ruʒe'olə]
iterícia (f)	icter (n)	['ikter]
hepatite (f)	hepatită (f)	[hepa'titə]

esquizofrenia (f)	schizofrenie (f)	[skizofre'nie]
raiva (f)	turbare (f)	[tur'bare]
neurose (f)	nevroză (f)	[ne'vrozə]
comoção (f) cerebral	comoție (f) cerebrală	[ko'motsie tʃerə'bralə]

cancro (m)	cancer (n)	['kantʃer]
esclerose (f)	scleroză (f)	[skle'rozə]
esclerose (f) múltipla	scleroză multiplă (f)	[skle'rozə mul'tiplə]

alcoolismo (m)	alcoolism (n)	[alkoo'lizm]
alcoólico (m)	alcoolic (m)	[alko'olik]
sífilis (f)	sifilis (n)	['sifilis]
SIDA (f)	SIDA (f)	['sida]

tumor (m)	tumoare (f)	[tumo'are]
maligno	malignă	[ma'lignə]
benigno	benignă	[be'nignə]

febre (f)	friguri (n pl)	['friguri]
malária (f)	malarie (f)	[mala'rie]
gangrena (f)	cangrenă (f)	[kan'grenə]
enjoo (m)	rău (n) de mare	[rəu de 'mare]
epilepsia (f)	epilepsie (f)	[epilep'sie]

epidemia (f)	epidemie (f)	[epide'mie]
tifo (m)	tifos (n)	['tifos]
tuberculose (f)	tuberculoză (f)	[tuberku'lozə]
cólera (f)	holeră (f)	['holerə]
peste (f)	ciumă (f)	['tʃiumə]

72. Sintomas. Tratamentos. Parte 1

sintoma (m)	simptom (n)	[simp'tom]
temperatura (f)	temperatură (f)	[tempera'turə]
febre (f)	febră (f)	['febrə]
pulso (m)	puls (n)	[puls]

vertigem (f)	amețeală (f)	[ame'tsialə]
quente (testa, etc.)	fierbinte	[fier'binte]
calafrio (m)	frisoane (n pl)	[friso'ane]
pálido	palid	['palid]

tosse (f)	tuse (f)	['tuse]
tossir (vi)	a tuşi	[a tu'ʃi]
espirrar (vi)	a strănuta	[a strənu'ta]
desmaio (m)	leşin (n)	[le'ʃin]

desmaiar (vi)	a leşina	[a leʃi'na]
nódoa (f) negra	vânătaie (f)	[vɪnə'tae]
galo (m)	cucui (n)	[ku'kuj]
magoar-se (vr)	a se lovi	[a se lo'vi]
pisadura (f)	contuzie (f)	[kon'tuzie]
aleijar-se (vr)	a se lovi	[a se lo'vi]

coxear (vi)	a şchiopăta	[a ʃkiopə'ta]
deslocação (f)	luxaţie (f)	[luk'satsie]
deslocar (vt)	a luxa	[a luk'sa]
fratura (f)	fractură (f)	[frak'turə]
fraturar (vt)	a fractura	[a fraktu'ra]

corte (m)	tăietură (f)	[təe'turə]
cortar-se (vr)	a se tăia	[a se tə'ja]
hemorragia (f)	sângerare (f)	[sɪndʒe'rare]

queimadura (f)	arsură (f)	[ar'surə]
queimar-se (vr)	a se frige	[a se 'fridʒe]

picar (vt)	a înţepa	[a ɪntse'pa]
picar-se (vr)	a se înţepa	[a s intse'pa]
lesionar (vt)	a se răni	[a se rə'ni]
lesão (m)	vătămare (f)	[vətə'mare]
ferida (f), ferimento (m)	rană (f)	['ranə]
trauma (m)	traumă (f)	['traumə]

delirar (vi)	a delira	[a deli'ra]
gaguejar (vi)	a se bâlbâi	[a se bɪlbi'i]
insolação (f)	insolaţie (f)	[inso'latsie]

73. Sintomas. Tratamentos. Parte 2

dor (f)	durere (f)	[du'rere]
farpa (no dedo)	ghimpe (m)	['gimpe]

suor (m)	transpiraţie (f)	[transpi'ratsie]
suar (vi)	a transpira	[a transpi'ra]
vómito (m)	vomă (f)	['vomə]
convulsões (f pl)	convulsii (f pl)	[kon'vulsij]

grávida	gravidă (f)	[gra'vidə]
nascer (vi)	a se naşte	[a se 'naʃte]
parto (m)	naştere (f)	['naʃtere]
dar à luz	a naşte	[a 'naʃte]
aborto (m)	avort (n)	[a'vort]

respiração (f)	respiraţie (f)	[respi'ratsie]
inspiração (f)	inspiraţie (f)	[inspi'ratsie]
expiração (f)	expiraţie (f)	[ekspi'ratsie]
expirar (vi)	a expira	[a ekspi'ra]
inspirar (vi)	a inspira	[a inspi'ra]
inválido (m)	invalid (m)	[inva'lid]
aleijado (m)	infirm (m)	[in'firm]

toxicodependente (m)	narcoman (m)	[narko'man]
surdo	surd	[surd]
mudo	mut	[mut]
surdo-mudo	surdo-mut	[surdo'mut]

louco (adj.)	nebun	[ne'bun]
louco (m)	nebun (m)	[ne'bun]
louca (f)	nebună (f)	[ne'bunə]
ficar louco	a înnebuni	[a innebu'ni]

gene (m)	genă (f)	['dʒenə]
imunidade (f)	imunitate (f)	[imuni'tate]
hereditário	ereditar	[eredi'tar]
congénito	congenital	[kondʒeni'tal]

vírus (m)	virus (m)	['virus]
micróbio (m)	microb (m)	[mi'krob]
bactéria (f)	bacterie (f)	[bak'terie]
infeção (f)	infecție (f)	[in'fektsie]

74. Sintomas. Tratamentos. Parte 3

hospital (m)	spital (n)	[spi'tal]
paciente (m)	pacient (m)	[patʃi'ent]

diagnóstico (m)	diagnostic (n)	[diag'nostik]
cura (f)	tratament (n)	[trata'ment]
curar-se (vr)	a urma tratament	[a ur'ma trata'ment]
tratar (vt)	a trata	[a tra'ta]
cuidar (pessoa)	a îngriji	[a ingri'ʒi]
cuidados (m pl)	îngrijire (f)	[ingri'ʒire]

operação (f)	operație (f)	[ope'ratsie]
enfaixar (vt)	a pansa	[a pan'sa]
enfaixamento (m)	pansare (f)	[pan'sare]

vacinação (f)	vaccin (n)	[vak'tʃin]
vacinar (vt)	a vaccina	[a vaktʃi'na]
injeção (f)	injecție (f)	[in'ʒektsie]
dar uma injeção	a face injecție	[a 'fatʃe in'ʒektsie]

amputação (f)	amputare (f)	[ampu'tare]
amputar (vt)	a amputa	[a ampu'ta]
coma (f)	comă (f)	['komə]
estar em coma	a fi în comă	[a fi in 'komə]
reanimação (f)	reanimare (f)	[reani'mare]

recuperar-se (vr)	a se vindeca	[a se vinde'ka]
estado (~ de saúde)	stare (f)	['stare]
consciência (f)	conştiinţă (f)	[konʃti'intsə]
memória (f)	memorie (f)	[me'morie]

tirar (vt)	a extrage	[a eks'tradʒe]
chumbo (m), obturação (f)	plombă (f)	['plombə]

chumbar, obturar (vt)	a plomba	[a plom'ba]
hipnose (f)	hipnoză (f)	[hip'nozə]
hipnotizar (vt)	a hipnotiza	[a hipnoti'za]

75. Médicos

médico (m)	medic (m)	['medik]
enfermeira (f)	asistentă (f) medicală	[asis'tentə medi'kalə]
médico (m) pessoal	medic (m) personal	['medik perso'nal]

dentista (m)	stomatolog (m)	[stomato'log]
oculista (m)	oculist (m)	[oku'list]
terapeuta (m)	terapeut (m)	[terape'ut]
cirurgião (m)	chirurg (m)	[ki'rurg]

psiquiatra (m)	psihiatru (m)	[psihi'atru]
pediatra (m)	pediatru (m)	[pedi'atru]
psicólogo (m)	psiholog (m)	[psiho'log]
ginecologista (m)	ginecolog (m)	[dʒineko'log]
cardiologista (m)	cardiolog (m)	[kardio'log]

76. Medicina. Drogas. Acessórios

medicamento (m)	medicament (n)	[medika'ment]
remédio (m)	remediu (n)	[re'medju]
receita (f)	reţetă (f)	[re'ʦetə]

comprimido (m)	pastilă (f)	[pas'tilə]
pomada (f)	unguent (n)	[ungu'ent]
ampola (f)	fiolă (f)	[fi'olə]
preparado (m)	mixtură (f)	[miks'turə]
xarope (m)	sirop (n)	[si'rop]
cápsula (f)	pilulă (f)	[pi'lulə]
remédio (m) em pó	praf (n)	[praf]

ligadura (f)	bandaj (n)	[ban'daʒ]
algodão (m)	vată (f)	['vatə]
iodo (m)	iod (n)	[jod]

penso (m) rápido	leucoplast (n)	[leuko'plast]
conta-gotas (m)	pipetă (f)	[pi'petə]
termómetro (m)	termometru (n)	[termo'metru]
seringa (f)	seringă (f)	[se'ringə]

| cadeira (f) de rodas | cărucior (n) pentru invalizi | [kəru'ʧior 'pentru inva'lizi] |
| muletas (f pl) | cârje (f pl) | ['kirʒe] |

analgésico (m)	anestezic (n)	[anes'tezik]
laxante (m)	laxativ (n)	[laksa'tiv]
álcool (m) etílico	spirt (n)	[spirt]
ervas (f pl) medicinais	plante (f pl) medicinale	['plante meditʃi'nale]
de ervas (chá ~)	din plante medicinale	[din 'plante meditʃi'nale]

77. Fumar. Produtos tabágicos

tabaco (m)	tutun (n)	[tu'tun]
cigarro (m)	ţigară (f)	[tsi'garə]
charuto (m)	ţigară (f) de foi	[tsi'gare de foj]
cachimbo (m)	pipă (f)	['pipə]
maço (~ de cigarros)	pachet (n)	[pa'ket]
fósforos (m pl)	chibrituri (n pl)	[ki'briturʲ]
caixa (f) de fósforos	cutie (f) de chibrituri	[ku'tie de ki'briturʲ]
isqueiro (m)	brichetă (f)	[bri'ketə]
cinzeiro (m)	scrumieră (f)	[skru'mjerə]
cigarreira (f)	tabacheră (n)	[taba'kerə]
boquilha (f)	muştiuc (n)	[muʃ'tjuk]
filtro (m)	filtru (n)	['filtru]
fumar (vi, vt)	a fuma	[a fu'ma]
acender um cigarro	a începe să fumeze	[a ɨn'tʃepe sə fu'meze]
tabagismo (m)	fumat (n)	[fu'mat]
fumador (m)	fumător (m)	[fumə'tor]
beata (f)	muc (n) de ţigară	[muk de tsi'garə]
fumo (m)	fum (n)	[fum]
cinza (f)	scrum (n)	[skrum]

HABITAT HUMANO

Cidade

78. Cidade. Vida na cidade

cidade (f)	oraş (n)	[o'raʃ]
capital (f)	capitală (f)	[kapi'talə]
aldeia (f)	sat (n)	[sat]
mapa (m) da cidade	planul (n) oraşului	['planul o'raʃuluj]
centro (m) da cidade	centrul (n) oraşului	['tʃentrul o'raʃuluj]
subúrbio (m)	suburbie (f)	[subur'bie]
suburbano	din suburbie	[din subur'bie]
periferia (f)	margine (f)	['mardʒine]
arredores (m pl)	împrejurimi (f pl)	[impreʒu'rimʲ]
quarteirão (m)	cartier (n)	[kar'tjer]
quarteirão (m) residencial	cartier (n) locativ	[ka'rtjer loka'tiv]
tráfego (m)	circulaţie (f)	[tʃirku'latsie]
semáforo (m)	semafor (n)	[sema'for]
transporte (m) público	transport (n) urban	[trans'port ur'ban]
cruzamento (m)	intersecţie (f)	[inter'sektsie]
passadeira (f)	trecere (f)	['tretʃere]
passagem (f) subterrânea	trecere (f) subterană	['tretʃere subte'ranə]
cruzar, atravessar (vt)	a traversa	[a traver'sa]
peão (m)	pieton (m)	[pie'ton]
passeio (m)	trotuar (n)	[trotu'ar]
ponte (f)	pod (n)	[pod]
margem (f) do rio	faleză (f)	[fa'lezə]
fonte (f)	havuz (n)	[ha'vuz]
alameda (f)	alee (f)	[a'lee]
parque (m)	parc (n)	[park]
bulevar (m)	bulevard (n)	[bule'vard]
praça (f)	piaţă (f)	['pjatsə]
avenida (f)	prospect (n)	[pros'pekt]
rua (f)	stradă (f)	['stradə]
travessa (f)	stradelă (f)	[stra'delə]
beco (m) sem saída	fundătură (f)	[fundə'turə]
casa (f)	casă (f)	['kasə]
edifício, prédio (m)	clădire (f)	[klə'dire]
arranha-céus (m)	zgârie-nori (m)	['zgɨrie norʲ]
fachada (f)	faţadă (f)	[fa'tsadə]
telhado (m)	acoperiş (n)	[akope'riʃ]

janela (f)	fereastră (f)	[fe'rʲastrə]
arco (m)	arc (n)	[ark]
coluna (f)	coloană (f)	[kolo'anə]
esquina (f)	colţ (n)	[kolts]

montra (f)	vitrină (f)	[vi'trinə]
letreiro (m)	firmă (f)	['firmə]
cartaz (m)	afiş (n)	[a'fiʃ]
cartaz (m) publicitário	afişaj (n)	[afi'ʃaʒ]
painel (m) publicitário	panou (n) publicitar	[pa'nu publitʃi'tar]

lixo (m)	gunoi (n)	[gu'noj]
cesta (f) do lixo	coş (n) de gunoi	[koʃ de gu'noj]
jogar lixo na rua	a face murdărie	[a 'fatʃe murdə'rie]
aterro (m) sanitário	groapă (f) de gunoi	[gro'apə de gu'noj]

cabine (f) telefónica	cabină (f) telefonică	[ka'binə tele'fonikə]
candeeiro (m) de rua	stâlp (m) de felinar	[stɨlp de feli'nar]
banco (m)	bancă (f)	['bankə]

polícia (m)	poliţist (m)	[poli'tsist]
polícia (instituição)	poliţie (f)	[po'litsie]
mendigo (m)	cerşetor (m)	[tʃerʃe'tor]
sem-abrigo (m)	vagabond (m)	[vaga'bond]

79. Instituições urbanas

loja (f)	magazin (n)	[maga'zin]
farmácia (f)	farmacie (f)	[farma'tʃie]
ótica (f)	optică (f)	['optikə]
centro (m) comercial	centru (n) comercial	['tʃentru komertʃi'al]
supermercado (m)	supermarket (n)	[super'market]

padaria (f)	brutărie (f)	[brutə'rie]
padeiro (m)	brutar (m)	[bru'tar]
pastelaria (f)	cofetărie (f)	[kofetə'rie]
mercearia (f)	băcănie (f)	[bəkə'nie]
talho (m)	hală (f) de carne	['halə de 'karne]

| loja (f) de legumes | magazin (m) de legume | [maga'zin de le'gume] |
| mercado (m) | piaţă (f) | ['pjatsə] |

café (m)	cafenea (f)	[kafe'nʲa]
restaurante (m)	restaurant (n)	[restau'rant]
bar (m), cervejaria (f)	berărie (f)	[berə'rie]
pizzaria (f)	pizzerie (f)	[pitse'rie]

salão (m) de cabeleireiro	frizerie (f)	[frize'rie]
correios (m pl)	poştă (f)	['poʃtə]
lavandaria (f)	curăţătorie (f) chimică	[kurətsəto'rie 'kimikə]
estúdio (m) fotográfico	atelier (n) foto	[ate'lʲer 'foto]

| sapataria (f) | magazin (n) de încălţăminte | [maga'zin de ɨnkəltsə'minte] |
| livraria (f) | librărie (f) | [librə'rie] |

loja (f) de artigos de desporto	magazin (n) sportiv	[maga'zin spor'tiv]
reparação (f) de roupa	croitorie (f)	[kroito'rie]
aluguer (m) de roupa	închiriere (f) de haine	[inki'rjere de 'hajne]
aluguer (m) de filmes	închiriere (f) de filme	[inki'rjere de 'filme]

circo (m)	circ (n)	[tʃirk]
jardim (m) zoológico	grădină (f) zoologică	[grə'dinə zoo'lodʒikə]
cinema (m)	cinematograf (n)	[tʃinemato'graf]
museu (m)	muzeu (n)	[mu'zeu]
biblioteca (f)	bibliotecă (f)	[biblio'tekə]

teatro (m)	teatru (n)	[te'atru]
ópera (f)	operă (f)	['operə]
clube (m) noturno	club (n) de noapte	['klub de no'apte]
casino (m)	cazinou (n)	[kazi'nou]

mesquita (f)	moschee (f)	[mos'kee]
sinagoga (f)	sinagogă (f)	[sina'gogə]
catedral (f)	catedrală (f)	[kate'dralə]
templo (m)	templu (n)	['templu]
igreja (f)	biserică (f)	[bi'serikə]

instituto (m)	institut (n)	[insti'tut]
universidade (f)	universitate (f)	[universi'tate]
escola (f)	şcoală (f)	[ʃko'alə]

prefeitura (f)	prefectură (f)	[prefek'turə]
câmara (f) municipal	primărie (f)	[primə'rie]
hotel (m)	hotel (n)	[ho'tel]
banco (m)	bancă (f)	['bankə]

embaixada (f)	ambasadă (f)	[amba'sadə]
agência (f) de viagens	agenţie (f) de turism	[adʒen'tsie de tu'rism]
agência (f) de informações	birou (n) de informaţii	[bi'rou de infor'matsij]
casa (f) de câmbio	schimb (n) valutar	[skimb valu'tar]

| metro (m) | metrou (n) | [me'trou] |
| hospital (m) | spital (n) | [spi'tal] |

| posto (m) de gasolina | benzinărie (f) | [benzinə'rie] |
| parque (m) de estacionamento | parcare (f) | [par'kare] |

80. Sinais

letreiro (m)	firmă (f)	['firmə]
inscrição (f)	inscripţie (f)	[in'skriptsie]
cartaz, póster (m)	afiş (n)	[a'fiʃ]
sinal (m) informativo	semn (n)	[semn]
seta (f)	indicator (n)	[indika'tor]

aviso (advertência)	avertisment (n)	[avertis'ment]
sinal (m) de aviso	avertisment (n)	[avertis'ment]
avisar, advertir (vt)	a avertiza	[a averti'za]
dia (m) de folga	zi (f) de odihnă	[zi de o'dihnə]

horário (m)	orar (n)	[o'rar]
horário (m) de funcionamento	ore (f pl) de lucru	['ore de 'lukru]

BEM-VINDOS!	BINE AȚI VENIT!	['bine 'atsi ve'nit]
ENTRADA	INTRARE	[in'trare]
SAÍDA	IEȘIRE	[je'ʃire]

EMPURRE	ÎMPINGE	[im'pindʒe]
PUXE	TRAGE	['tradʒe]
ABERTO	DESCHIS	[des'kis]
FECHADO	ÎNCHIS	[in'kis]

| MULHER | PENTRU FEMEI | ['pentru fe'mej] |
| HOMEM | PENTRU BĂRBAȚI | ['pentru bər'batsi] |

DESCONTOS	REDUCERI	[re'dutʃeri]
SALDOS	LICHIDARE DE STOC	[liki'dare de stok]
NOVIDADE!	NOU	['nou]
GRÁTIS	GRATUIT	[gratu'it]

ATENÇÃO!	ATENȚIE!	[a'tentsie]
NÃO HÁ VAGAS	NU SUNT LOCURI	[nu 'sunt 'lokuri]
RESERVADO	REZERVAT	[rezer'vat]

| ADMINISTRAÇÃO | ADMINISTRAȚIE | [adminis'tratsie] |
| SOMENTE PESSOAL AUTORIZADO | NUMAI PENTRU ANGAJAȚI | ['numaj 'pentru anga'ʒats] |

CUIDADO CÃO FEROZ	CÂINE RĂU	['kine 'rəu]
PROIBIDO FUMAR!	NU FUMAȚI!	[nu fu'mats]
NÃO TOCAR	NU ATINGEȚI!	[nu a'tindʒets]

PERIGOSO	PERICULOS	[periku'los]
PERIGO	PERICOL	[pe'rikol]
ALTA TENSÃO	TENSIUNE ÎNALTĂ	[tensi'une i'naltə]
PROIBIDO NADAR	SCĂLDATUL INTERZIS!	[skəl'datul inter'zis]
AVARIADO	NU FUNCȚIONEAZĂ	[nu funktsio'niazə]

INFLAMÁVEL	INFLAMABIL	[infla'mabil]
PROIBIDO	INTERZIS	[inter'zis]
ENTRADA PROIBIDA	TRECEREA INTERZISĂ	['tretʃeria inter'zisə]
CUIDADO TINTA FRESCA	PROASPĂT VOPSIT	[pro'aspət vop'sit]

81. Transportes urbanos

autocarro (m)	autobuz (n)	[auto'buz]
elétrico (m)	tramvai (n)	[tram'vaj]
troleicarro (m)	troleibuz (n)	[trolej'buz]
itinerário (m)	rută (f)	['rutə]
número (m)	număr (n)	['numər]

ir de … (carro, etc.)	a merge cu …	[a 'merdʒe ku]
entrar (~ no autocarro)	a se urca	[a se ur'ka]
descer de …	a coborî	[a kobo'ri]

paragem (f)	stație (f)	['statsie]
próxima paragem (f)	stația (f) următoare	['statsija urməto'are]
ponto (m) final	ultima stație (f)	['ultima 'statsie]
horário (m)	orar (n)	[o'rar]
esperar (vt)	a aştepta	[a aʃtep'ta]

bilhete (m)	bilet (n)	[bi'let]
custo (m) do bilhete	costul (n) biletului	['kostul bi'letuluj]

bilheteiro (m)	casier (m)	[ka'sjer]
controlo (m) dos bilhetes	control (n)	[kon'trol]
revisor (m)	controlor (m)	[kontro'lor]

atrasar-se (vr)	a întârzia	[a intir'zija]
perder (o autocarro, etc.)	a pierde ...	[a 'pjerdə]
estar com pressa	a se grăbi	[a se grə'bi]

táxi (m)	taxi (n)	[ta'ksi]
taxista (m)	taximetrist (m)	[taksime'trist]
de táxi (ir ~)	cu taxiul	[ku ta'ksjul]
praça (f) de táxis	stație (f) de taxiuri	['statsie de ta'ksjurⁱ]
chamar um táxi	a chema un taxi	[a ke'ma un ta'ksi]
apanhar um táxi	a lua un taxi	[a lu'a un ta'ksi]

tráfego (m)	circulație (f) pe stradă	[tʃirku'latsie pe 'stradə]
engarrafamento (m)	ambuteiaj (n)	[ambute'jaʒ]
horas (f pl) de ponta	oră (f) de vârf	[orə de virf]
estacionar (vi)	a se parca	[a se par'ka]
estacionar (vt)	a parca	[a par'ka]
parque (m) de estacionamento	parcare (f)	[par'kare]

metro (m)	metrou (n)	[me'trou]
estação (f)	stație (f)	['statsie]
ir de metro	a merge cu metroul	[a 'merdʒe ku me'troul]
comboio (m)	tren (n)	[tren]
estação (f)	gară (f)	['garə]

82. Turismo

monumento (m)	monument (n)	[monu'ment]
fortaleza (f)	cetate (f)	[tʃe'tate]
palácio (m)	palat (n)	[pa'lat]
castelo (m)	castel (n)	[kas'tel]
torre (f)	turn (n)	[turn]
mausoléu (m)	mausoleu (n)	[mawzo'leu]

arquitetura (f)	arhitectură (f)	[arhitek'turə]
medieval	medieval	[medie'val]
antigo	vechi	[vekⁱ]
nacional	național	[natsio'nal]
conhecido	cunoscut	[kunos'kut]

turista (m)	turist (m)	[tu'rist]
guia (pessoa)	ghid (m)	[gid]

excursão (f)	excursie (f)	[eks'kursie]
mostrar (vt)	a arăta	[a arə'ta]
contar (vt)	a povesti	[a poves'ti]

encontrar (vt)	a găsi	[a gə'si]
perder-se (vr)	a se pierde	[a se 'pjerde]
mapa (~ do metrô)	schemă (f)	['skemə]
mapa (~ da cidade)	plan (m)	[plan]

lembrança (f), presente (m)	suvenir (n)	[suve'nir]
loja (f) de presentes	magazin (n) de suveniruri	[maga'zin de suve'nirurⁱ]
fotografar (vt)	a fotografia	[a fotografi'ja]
fotografar-se	a se fotografia	[a se fotografi'ja]

83. Compras

comprar (vt)	a cumpăra	[a kumpə'ra]
compra (f)	cumpărătură (f)	[kumpərə'turə]
fazer compras	a face cumpărături	[a 'fatʃe kumpərə'turⁱ]
compras (f pl)	shopping (n)	['ʃopiŋg]

estar aberta (loja, etc.)	a fi deschis	[a fi des'kis]
estar fechada	a se închide	[a se in'kide]

calçado (m)	încălțăminte (f)	[inkəltsə'minte]
roupa (f)	haine (f pl)	['hajne]
cosméticos (m pl)	cosmetică (f)	[kos'metikə]
alimentos (m pl)	produse (n pl)	[pro'duse]
presente (m)	cadou (n)	[ka'dou]

vendedor (m)	vânzător (m)	[vinzə'tor]
vendedora (f)	vânzătoare (f)	[vinzəto'are]

caixa (f)	casă (f)	['kasə]
espelho (m)	oglindă (f)	[og'lində]
balcão (m)	tejghea (f)	[teʒ'gʲa]
cabine (f) de provas	cabină (f) de probă	[ka'binə de 'probə]

provar (vt)	a proba	[a pro'ba]
servir (vi)	a veni	[a ve'ni]
gostar (apreciar)	a plăcea	[a plə'tʃa]

preço (m)	preț (n)	[prets]
etiqueta (f) de preço	indicator (n) de prețuri	[indika'tor de 'pretsurⁱ]
custar (vt)	a costa	[a kos'ta]
Quanto?	Cât?	[kit]
desconto (m)	reducere (f)	[re'dutʃere]

não caro	ieftin	['jeftin]
barato	ieftin	['jeftin]
caro	scump	[skump]
É caro	E scump	[e skump]
aluguer (m)	închiriere (f)	[inkiri'ere]
alugar (vestidos, etc.)	a lua în chirie	[a lu'a in ki'rie]

| crédito (m) | credit (n) | ['kredit] |
| a crédito | în credit | [in 'kredit] |

84. Dinheiro

dinheiro (m)	bani (m pl)	[bani]
câmbio (m)	schimb (n)	[skimb]
taxa (f) de câmbio	curs (n)	[kurs]
Caixa Multibanco (m)	bancomat (n)	[banko'mat]
moeda (f)	monedă (f)	[mo'nedə]

| dólar (m) | dolar (m) | [do'lar] |
| euro (m) | euro (m) | ['euro] |

lira (f)	liră (f)	['lirə]
marco (m)	marcă (f)	['markə]
franco (m)	franc (m)	[frank]
libra (f) esterlina	liră (f) sterlină	['lirə ster'linə]
iene (m)	yen (f)	['jen]

dívida (f)	datorie (f)	[dato'rie]
devedor (m)	datornic (m)	[da'tornik]
emprestar (vt)	a da cu împrumut	[a da ku impru'mut]
pedir emprestado	a lua cu împrumut	[a lu'a ku impru'mut]

banco (m)	bancă (f)	['bankə]
conta (f)	cont (n)	[kont]
depositar na conta	a pune în cont	[a 'pune in 'kont]
levantar (vt)	a scoate din cont	[a sko'ate din kont]

cartão (m) de crédito	carte (f) de credit	['karte de 'kredit]
dinheiro (m) vivo	numerar (n)	[nume'rar]
cheque (m)	cec (n)	[tʃek]
passar um cheque	a scrie un cec	[a 'skrie un tʃek]
livro (m) de cheques	carte (f) de cecuri	['karte de 'tʃekuri]

carteira (f)	portvizit (n)	[portvi'zit]
porta-moedas (m)	portofel (n)	[porto'fel]
cofre (m)	seif (n)	['sejf]

herdeiro (m)	moştenitor (m)	[moʃteni'tor]
herança (f)	moştenire (f)	[moʃte'nire]
fortuna (riqueza)	avere (f)	[a'vere]

arrendamento (m)	arendă (f)	[a'rendə]
renda (f) de casa	chirie (f)	[ki'rie]
alugar (vt)	a închiria	[a inkiri'ja]

preço (m)	preţ (n)	[prets]
custo (m)	valoare (f)	[valo'are]
soma (f)	sumă (f)	['sumə]

| gastar (vt) | a cheltui | [a keltu'i] |
| gastos (m pl) | cheltuieli (f pl) | [keltu'eli] |

economizar (vi)	a economisi	[a ekonomi'si]
económico	econom	[eko'nom]

pagar (vt)	a plăti	[a plə'ti]
pagamento (m)	plată (f)	['platə]
troco (m)	rest (n)	[rest]

imposto (m)	impozit (n)	[im'pozit]
multa (f)	amendă (f)	[a'mendə]
multar (vt)	a amenda	[a amen'da]

85. Correios. Serviço postal

correios (m pl)	poştă (f)	['poʃtə]
correio (m)	corespondenţă (f)	[korespon'dentsə]
carteiro (m)	poştaş (m)	[poʃ'taʃ]
horário (m)	ore (f pl) de lucru	['ore de 'lukru]

carta (f)	scrisoare (f)	[skriso'are]
carta (f) registada	scrisoare (f) recomandată	[skriso'are rekoman'datə]
postal (m)	carte (f) poştală	['karte poʃ'talə]
telegrama (m)	telegramă (f)	[tele'gramə]
encomenda (f) postal	colet (n)	[ko'let]
remessa (f) de dinheiro	mandat (n) poştal	[man'dat poʃ'tal]

receber (vt)	a primi	[a pri'mi]
enviar (vt)	a expedia	[a ekspedi'ja]
envio (m)	expediere (f)	[ekspe'djere]

endereço (m)	adresă (f)	[a'dresə]
código (m) postal	cod (n) poştal	[kod poʃ'tal]
remetente (m)	expeditor (m)	[ekspedi'tor]
destinatário (m)	destinatar (m)	[destina'tar]

nome (m)	prenume (n)	[pre'nume]
apelido (m)	nume (n)	['nume]

tarifa (f)	tarif (n)	[ta'rif]
ordinário	normal	[nor'mal]
económico	econom	[eko'nom]

peso (m)	greutate (f)	[greu'tate]
pesar (estabelecer o peso)	a cântări	[a kɨntə'ri]
envelope (m)	plic (n)	[plik]
selo (m)	timbru (n)	['timbru]
colar o selo	a lipi timbrul	[a li'pi 'timbrul]

Moradia. Casa. Lar

86. Casa. Habitação

casa (f)	casă (f)	['kasə]
em casa	acasă	[a'kasə]
pátio (m)	curte (f)	['kurte]
cerca (f)	gard (n)	[gard]

tijolo (m)	cărămidă (f)	[kərə'midə]
de tijolos	de, din cărămidă	[de, din kərə'midə]
pedra (f)	piatră (f)	['pjatrə]
de pedra	de, din piatră	[de, din 'pjatrə]
betão (m)	beton (n)	[be'ton]
de betão	de, din beton	[de, din be'ton]

novo	nou	['nou]
velho	vechi	[vekʲ]
decrépito	vechi	[vekʲ]
moderno	contemporan	[kontempo'ran]
de muitos andares	cu multe etaje	[ku 'multe e'taʒe]
alto	înalt	[i'nalt]

| andar (m) | etaj (n) | [e'taʒ] |
| de um andar | cu un singur etaj | [ku un 'singur e'taʒ] |

| andar (m) de baixo | etajul (n) de jos | [e'taʒul de ʒos] |
| andar (m) de cima | etajul (n) de sus | [e'taʒul de sus] |

| telhado (m) | acoperiş (n) | [akope'riʃ] |
| chaminé (f) | tub (n) | [tub] |

telha (f)	ţiglă (f)	['tsiglə]
de telha	de, din ţiglă	[de, din 'tsiglə]
sótão (m)	mansardă (f)	[man'sardə]

| janela (f) | fereastră (f) | [fe'rʲastrə] |
| vidro (m) | sticlă (f) | ['stiklə] |

| parapeito (m) | pervaz (n) | [per'vaz] |
| portadas (f pl) | oblon (n) la fereastră | [o'blon la fe'rʲastrə] |

parede (f)	perete (m)	[pe'rete]
varanda (f)	balcon (n)	[bal'kon]
tubo (m) de queda	burlan (n)	[bur'lan]

em cima	deasupra	[dʲa'supra]
subir (~ as escadas)	a urca	[a ur'ka]
descer (vi)	a coborî	[a kobo'ri]
mudar-se (vr)	a se muta	[a se mu'ta]

87. Casa. Entrada. Elevador

entrada (f)	intrare (f)	[in'trare]
escada (f)	scară (f)	['skarə]
degraus (m pl)	trepte (f pl)	['trepte]
corrimão (m)	balustradă (f)	[balu'stradə]
hall (m) de entrada	hol (n)	[hol]
caixa (f) de correio	cutie (f) poştală	[ku'tie poʃ'talə]
caixote (m) do lixo	ladă (f) de gunoi	['ladə de gu'noj]
conduta (f) do lixo	conductă (f) de gunoi	[kon'duktə de gu'noj]
elevador (m)	lift (n)	[lift]
elevador (m) de carga	ascensor (n) de marfă	[astʃen'sor de 'marfə]
cabine (f)	cabină (f)	[ka'binə]
pegar o elevador	a merge cu liftul	[a 'merdʒe ku 'liftul]
apartamento (m)	apartament (n)	[aparta'ment]
moradores (m pl)	locatari (m pl)	[loka'tarʲ]
vizinho (m)	vecin (m)	[ve'tʃin]
vizinha (f)	vecină (f)	[ve'tʃinə]
vizinhos (pl)	vecini (m pl)	[ve'tʃinʲ]

88. Casa. Eletricidade

eletricidade (f)	electricitate (f)	[elektritʃi'tate]
lâmpada (f)	bec (n)	[bek]
interruptor (m)	întrerupător (n)	[intrerupə'tor]
fusível (m)	siguranţă (f)	[sigu'rantsə]
fio, cabo (m)	cablu (n)	['kablu]
instalação (f) elétrica	instalaţie (f) electrică	[insta'latsie e'lektrikə]
contador (m) de eletricidade	contor (n)	[kon'tor]
indicação (f), registo (m)	indicaţie (f)	[indi'katsie]

89. Casa. Portas. Fechaduras

porta (f)	uşă (f)	['uʃə]
portão (m)	poartă (f)	[po'artə]
maçaneta (f)	clanţă (f)	['klantsə]
destrancar (vt)	a descuia	[a desku'ja]
abrir (vt)	a deschide	[a des'kide]
fechar (vt)	a închide	[a i'nkide]
chave (f)	cheie (f)	['kee]
molho (m)	legătură (f) de chei	[ləgə'turə de 'kej]
ranger (vi)	a scârţâi	[a skɨrtsɨ'i]
rangido (m)	scârţâit (n)	[skɨrtsɨ'it]
dobradiça (f)	balama (f)	[bala'ma]
tapete (m) de entrada	covoraş (n)	[kovo'raʃ]
fechadura (f)	încuietoare (f)	[inkueto'are]

buraco (m) da fechadura	gaura (f) cheii	['gaura 'keij]
ferrolho (m)	zăvor (n)	[zə'vor]
fecho (ferrolho pequeno)	zăvor (n)	[zə'vor]
cadeado (m)	lacăt (n)	['lakət]

tocar (vt)	a suna	[a su'na]
toque (m)	sunet (n)	['sunet]
campainha (f)	sonerie (f)	[sone'rie]
botão (m)	buton (n)	[bu'ton]
batida (f)	bătaie (f)	[bə'tae]
bater (vi)	a bate	[a 'bate]

código (m)	cod (n)	[kod]
fechadura (f) de código	lacăt (n) cu cod	['lakət ku kod]
telefone (m) de porta	interfon (n)	[inter'fon]
número (m)	număr (n)	['numər]
placa (f) de porta	placă (f)	['plakə]
vigia (f), olho (m) mágico	vizor (f)	[vi'zor]

90. Casa de campo

aldeia (f)	sat (n)	[sat]
horta (f)	grădină (f) de zarzavat	[grə'dinə de zarza'vat]
cerca (f)	gard (n)	[gard]
paliçada (f)	îngrăditură (f)	[ingrədi'turə]
cancela (f) do jardim	portiță (f)	[por'titsə]

celeiro (m)	hambar (n)	[ham'bar]
adega (f)	beci (n)	[betʃi]
galpão, barracão (m)	magazie (f)	[maga'zie]
poço (m)	fântână (f)	[fin'tinə]

fogão (m)	sobă (f)	['sobə]
atiçar o fogo	a face focul	[a 'fatʃe 'fokul]
lenha (carvão ou ~)	lemne (n pl)	['lemne]
acha (lenha)	bucată (f) de lemn	[bu'katə de lemn]

varanda (f)	verandă (f)	[ve'randə]
alpendre (m)	terasă (f)	[te'rasə]
degraus (m pl) de entrada	verandă (f)	[ve'randə]
balouço (m)	scrânciob (n)	['skrintʃiob]

91. Moradia. Mansão

casa (f) de campo	casă (f) în afara localității	['kasə in a'fara lokali'tətsij]
vila (f)	vilă (f)	['vilə]
ala (~ do edifício)	aripă (f)	[a'ripə]

jardim (m)	grădină (f)	[grə'dinə]
parque (m)	parc (n)	[park]
estufa (f)	seră (f)	['serə]
cuidar de ...	a îngriji	[a ingri'ʒi]

piscina (f)	**bazin** (n)	[ba'zin]
ginásio (m)	**sală** (f) **de sport**	['salə de sport]
campo (m) de ténis	**teren** (n) **de tenis**	[te'ren de 'tenis]
cinema (m)	**cinematograf** (n)	[tʃinemato'graf]
garagem (f)	**garaj** (n)	[ga'raʒ]
propriedade (f) privada	**proprietate** (f) **privată**	[proprie'tate pri'vatə]
terreno (m) privado	**proprietate** (f) **privată**	[proprie'tate pri'vatə]
advertência (f)	**avertizare** (f)	[averti'zare]
sinal (m) de aviso	**avertisment** (n)	[avertis'ment]
guarda (f)	**pază** (f)	['pazə]
guarda (m)	**paznic** (m)	['paznik]
alarme (m)	**alarmă** (f)	[a'larmə]

92. Castelo. Palácio

castelo (m)	**castel** (n)	[kas'tel]
palácio (m)	**palat** (n)	[pa'lat]
fortaleza (f)	**cetate** (f)	[tʃe'tate]
muralha (f)	**zid** (n)	[zid]
torre (f)	**turn** (n)	[turn]
calabouço (m)	**turnul** (n) **principal**	['turnul printʃi'pal]
grade (f) levadiça	**porţi** (f pl) **rulante**	['portsʲ ru'lante]
passagem (f) subterrânea	**subsol** (n)	[sub'sol]
fosso (m)	**şanţ** (n)	[ʃants]
corrente, cadeia (f)	**lanţ** (n)	[lants]
seteira (f)	**meterez** (n)	[mete'rez]
magnífico	**măreţ**	[mə'rets]
majestoso	**maiestuos**	[maestu'os]
inexpugnável	**de necucerit**	[de nekutʃe'rit]
medieval	**medieval**	[medie'val]

93. Apartamento

apartamento (m)	**apartament** (n)	[aparta'ment]
quarto (m)	**cameră** (f)	['kamerə]
quarto (m) de dormir	**dormitor** (n)	[dormi'tor]
sala (f) de jantar	**sufragerie** (f)	[sufradʒe'rie]
sala (f) de estar	**salon** (n)	[sa'lon]
escritório (m)	**cabinet** (n)	[kabi'net]
antessala (f)	**antreu** (n)	[an'treu]
quarto (m) de banho	**baie** (f)	['bae]
toilette (lavabo)	**toaletă** (f)	[toa'letə]
teto (m)	**pod** (n)	[pod]
chão, soalho (m)	**podea** (f)	[po'dʲa]
canto (m)	**colţ** (n)	[kolts]

94. Apartamento. Limpeza

arrumar, limpar (vt)	a face ordine	[a 'fatʃe 'ordine]
guardar (no armário, etc.)	a strânge	[a 'strindʒe]
pó (m)	praf (n)	[praf]
empoeirado	prăfuit	[prəfu'it]
limpar o pó	a şterge praful	[a 'ʃterdʒe 'praful]
aspirador (m)	aspirator (n)	[aspira'tor]
aspirar (vt)	a da cu aspiratorul	[a da ku aspira'torul]

varrer (vt)	a mătura	[a mətu'ra]
sujeira (f)	gunoi (n)	[gu'noj]
arrumação (f), ordem (f)	ordine (f)	['ordine]
desordem (f)	dezordine (f)	[de'zordine]

esfregão (m)	teu (n)	['teu]
pano (m), trapo (m)	cârpă (f)	['kirpə]
vassoura (f)	mătură (f)	['məturə]
pá (f) de lixo	făraş (n)	[fə'raʃ]

95. Mobiliário. Interior

mobiliário (m)	mobilă (f)	['mobilə]
mesa (f)	masă (f)	['masə]
cadeira (f)	scaun (n)	['skaun]
cama (f)	pat (n)	[pat]
divã (m)	divan (n)	[di'van]
cadeirão (m)	fotoliu (n)	[fo'tolju]

estante (f)	dulap (n) de cărţi	[du'lap de kərts]
prateleira (f)	raft (n)	[raft]

guarda-vestidos (m)	dulap (n) de haine	[du'lap de 'hajne]
cabide (m) de parede	cuier (n) perete	[ku'jer pe'rete]
cabide (m) de pé	cuier (n) pom	[ku'jer pom]

cómoda (f)	comodă (f)	[ko'modə]
mesinha (f) de centro	măsuţă (f)	[mə'sutsə]

espelho (m)	oglindă (f)	[og'lində]
tapete (m)	covor (n)	[ko'vor]
tapete (m) pequeno	carpetă (f)	[kar'petə]

lareira (f)	şemineu (n)	[ʃəmi'neu]
vela (f)	lumânare (f)	[lumi'nare]
castiçal (m)	sfeşnic (n)	['sfeʃnik]

cortinas (f pl)	draperii (f pl)	[drape'rij]
papel (m) de parede	tapet (n)	[ta'pet]
estores (f pl)	jaluzele (f pl)	[ʒalu'zele]

candeeiro (m) de mesa	lampă (f) de birou	['lampə de bi'rou]
candeeiro (m) de parede	lampă (f)	['lampə]

| candeeiro (m) de pé | lampă (f) cu picior | ['lampə ku pi'ʧior] |
| lustre (m) | lustră (f) | ['lustrə] |

pé (de mesa, etc.)	picior (n)	[pi'ʧior]
braço (m)	braţ (n) la fotoliu	['brats la fo'tolju]
costas (f pl)	spătar (n)	[spə'tar]
gaveta (f)	sertar (n)	[ser'tar]

96. Quarto de dormir

roupa (f) de cama	lenjerie (f)	[lenʒe'rie]
almofada (f)	pernă (f)	['pernə]
fronha (f)	faţă (f) de pernă	['fatsə de 'pernə]
cobertor (m)	plapumă (f)	['plapumə]
lençol (m)	cearşaf (n)	[ʧar'ʃaf]
colcha (f)	pătură (f)	[pəturə]

97. Cozinha

cozinha (f)	bucătărie (f)	[bukətə'rie]
gás (m)	gaz (n)	[gaz]
fogão (m) a gás	aragaz (n)	[ara'gaz]
fogão (m) elétrico	plită (f) electrică	['plitə e'lektrikə]
forno (m)	cuptor (n)	[kup'tor]
forno (m) de micro-ondas	cuptor (n) cu microunde	[kup'tor ku mikro'unde]

frigorífico (m)	frigider (n)	[fridʒi'der]
congelador (m)	congelator (n)	[kondʒela'tor]
máquina (f) de lavar louça	maşină (f) de spălat vase	[ma'ʃinə de spə'lat 'vase]

moedor (m) de carne	maşină (f) de tocat carne	[ma'ʃinə de to'kat 'karne]
espremedor (m)	storcător (n)	[storkə'tor]
torradeira (f)	prăjitor (n) de pâine	[prəʒi'tor de 'pine]
batedeira (f)	mixer (n)	['mikser]

máquina (f) de café	fierbător (n) de cafea	[fierbə'tor de ka'fʲa]
cafeteira (f)	ibric (n)	[i'brik]
moinho (m) de café	râşniţă (f) de cafea	['riʃnitsə de ka'fʲa]

chaleira (f)	ceainic (n)	['ʧajnik]
bule (m)	ceainic (n)	['ʧajnik]
tampa (f)	capac (n)	[ka'pak]
coador (m) de chá	strecurătoare (f)	[strekurəto'are]

colher (f)	lingură (f)	['lingurə]
colher (f) de chá	linguriţă (f) de ceai	[lingu'ritsə de ʧaj]
colher (f) de sopa	lingură (f)	['lingurə]
garfo (m)	furculiţă (f)	[furku'litsə]
faca (f)	cuţit (n)	[ku'tsit]

| louça (f) | vase (n pl) | ['vase] |
| prato (m) | farfurie (f) | [farfu'rie] |

pires (m)	farfurioară (f)	[farfurio'arə]
cálice (m)	păhărel (n)	[pəhə'rel]
copo (m)	pahar (n)	[pa'har]
chávena (f)	ceaşcă (f)	['tʃaʃkə]

açucareiro (m)	zaharniţă (f)	[za'harnitsə]
saleiro (m)	solniţă (f)	['solnitsə]
pimenteiro (m)	piperniţă (f)	[pi'pernitsə]
manteigueira (f)	untieră (f)	[un'tjerə]

panela, caçarola (f)	cratiţă (f)	['kratitsə]
frigideira (f)	tigaie (f)	[ti'gae]
concha (f)	polonic (n)	[polo'nik]
passador (m)	strecurătoare (f)	[strekurəto'are]
bandeja (f)	tavă (f)	['tavə]

garrafa (f)	sticlă (f)	['stiklə]
boião (m) de vidro	borcan (n)	[bor'kan]
lata (f)	cutie (f)	[ku'tie]

abre-garrafas (m)	deschizător (n) de sticle	[deskizə'tor de 'stikle]
abre-latas (m)	deschizător (n) de conserve	[deskizə'tor de kon'serve]
saca-rolhas (m)	tirbuşon (n)	[tirbu'ʃon]
filtro (m)	filtru (n)	['filtru]
filtrar (vt)	a filtra	[a fil'tra]

lixo (m)	gunoi (n)	[gu'noj]
balde (m) do lixo	coş (n) de gunoi	[koʃ de gu'noj]

98. Casa de banho

quarto (m) de banho	baie (f)	['bae]
água (f)	apă (f)	['apə]
torneira (f)	robinet (n)	[robi'net]
água (f) quente	apă (f) fierbinte	['apə fjer'binte]
água (f) fria	apă (f) rece	['apə 'retʃe]

pasta (f) de dentes	pastă (f) de dinţi	['pastə de dintsʲ]
escovar os dentes	a se spăla pe dinţi	[a se spə'la pe dintsʲ]

barbear-se (vr)	a se bărbieri	[a se bərbie'ri]
espuma (f) de barbear	spumă (f) de ras	['spume de 'ras]
máquina (f) de barbear	brici (n)	['britʃi]

lavar (vt)	a spăla	[a spə'la]
lavar-se (vr)	a se spăla	[a se spə'la]
duche (m)	duş (n)	[duʃ]
tomar um duche	a face duş	[a 'fatʃe duʃ]

banheira (f)	cadă (f)	['kadə]
sanita (f)	closet (n)	[klo'set]
lavatório (m)	chiuvetă (f)	[kju'vetə]
sabonete (m)	săpun (n)	[sə'pun]
saboneteira (f)	săpunieră (f)	[səpu'njerə]

esponja (f)	burete (n)	[bu'rete]
champô (m)	şampon (n)	[ʃam'pon]
toalha (f)	prosop (n)	[pro'sop]
roupão (m) de banho	halat (n)	[ha'lat]

lavagem (f)	spălat (n)	[spə'lat]
máquina (f) de lavar	maşină (f) de spălat	[ma'ʃinə de spə'lat]
lavar a roupa	a spăla haine	[a spə'la 'hajne]
detergente (m)	detergent (n)	[deter'dʒent]

99. Eletrodomésticos

televisor (m)	televizor (n)	[televi'zor]
gravador (m)	casetofon (n)	[kaseto'fon]
videogravador (m)	videomagnetofon (n)	[videomagneto'fon]
rádio (m)	aparat (n) de radio	[apa'rat de 'radio]
leitor (m)	CD player (n)	[si'di 'pleer]

projetor (m)	proiector (n) video	[proek'tor 'video]
cinema (m) em casa	sistem (n) home cinema	[sis'tem 'houm 'sinema]
leitor (m) de DVD	DVD-player (n)	[divi'di 'pleer]
amplificador (m)	amplificator (n)	[amplifi'kator]
console (f) de jogos	consolă (f) de jocuri	[kon'solə de 'ʒokurʲ]

câmara (f) de vídeo	cameră (f) video	['kamerə 'video]
máquina (f) fotográfica	aparat (n) foto	[apa'rat 'foto]
câmara (f) digital	aparat (n) foto digital	[apa'rat 'foto didʒi'tal]

aspirador (m)	aspirator (n)	[aspira'tor]
ferro (m) de engomar	fier (n) de călcat	[fier de kəl'kat]
tábua (f) de engomar	masă (f) de călcat	['masə de kəl'kat]

telefone (m)	telefon (n)	[tele'fon]
telemóvel (m)	telefon (n) mobil	[tele'fon mo'bil]
máquina (f) de escrever	maşină (f) de scris	[ma'ʃinə de skris]
máquina (f) de costura	maşină (f) de cusut	[ma'ʃine de ku'sut]

microfone (m)	microfon (n)	[mikro'fon]
auscultadores (m pl)	căşti (f pl)	[kəʃtʲ]
controlo remoto (m)	telecomandă (f)	[teleko'mandə]

CD (m)	CD (n)	[si'di]
cassete (f)	casetă (f)	[ka'setə]
disco (m) de vinil	placă (f)	['plakə]

100. Reparações. Renovação

renovação (f)	reparaţie (f)	[repa'ratsie]
renovar (vt), fazer obras	a face reparaţie	[a 'fatʃe repa'ratsie]
reparar (vt)	a repara	[a repa'ra]
consertar (vt)	a pune în ordine	[a 'pune in 'ordine]
refazer (vt)	a reface	[a re'fatʃe]

tinta (f)	vopsea (f)	[vop'sʲa]
pintar (vt)	a vopsi	[a vop'si]
pintor (m)	zugrav (m)	[zu'grav]
pincel (m)	pensulă (f)	['pensulə]

cal (f)	var (n)	[var]
caiar (vt)	a vărui	[a vəru'i]

papel (m) de parede	tapet (n)	[ta'pet]
colocar papel de parede	a tapeta	[a tape'ta]
verniz (m)	lac (n)	[lak]
envernizar (vt)	a lăcui	[a ləku'i]

101. Canalizações

água (f)	apă (f)	['apə]
água (f) quente	apă (f) fierbinte	['apə fjer'binte]
água (f) fria	apă (f) rece	['apə 'retʃe]
torneira (f)	robinet (n)	[robi'net]

gota (f)	picătură (f)	[pikə'turə]
gotejar (vi)	a picura	[a piku'ra]
vazar (vt)	a curge	[a 'kurdʒe]
vazamento (m)	scurgere (f)	['skurdʒere]
poça (f)	baltă (f)	['baltə]

tubo (m)	ţeavă (f)	['tsʲavə]
válvula (f)	ventil (n)	[ven'til]
entupir-se (vr)	a se înfunda	[a se infun'da]

ferramentas (f pl)	instrumente (n pl)	[instru'mente]
chave (f) inglesa	cheie (f) reglabilă	['kee re'glabilə]
desenroscar (vt)	a deşuruba	[a deʃuru'ba]
enroscar (vt)	a înşuruba	[a inʃuru'ba]

desentupir (vt)	a curăţa	[a kurə'tsa]
canalizador (m)	instalator (m)	[instala'tor]
cave (f)	subsol (n)	[sub'sol]
sistema (m) de esgotos	canalizare (f)	[kanali'zare]

102. Fogo. Deflagração

incêndio (m)	foc (n)	[fok]
chama (f)	flacără (f)	['flakərə]
faísca (f)	scânteie (f)	[skin'tee]
fumo (m)	fum (n)	[fum]
tocha (f)	făclie (f)	[fək'lie]
fogueira (f)	foc (n)	[fok]

gasolina (f)	benzină (f)	[ben'zinə]
querosene (m)	petrol (n)	[pe'trol]
inflamável	inflamabil	[infla'mabil]

explosivo	**explozibil**	[eksplo'zibil]
PROIBIDO FUMAR!	**NU FUMAŢI!**	[nu fu'maʦ]
segurança (f)	**siguranţă** (f)	[sigu'ranʦə]
perigo (m)	**pericol** (n)	[pe'rikol]
perigoso	**periculos**	[periku'los]
incendiar-se (vr)	**a lua foc**	[a lu'a 'fok]
explosão (f)	**explozie** (f)	[eks'plozie]
incendiar (vt)	**a incendia**	[a inʧendi'a]
incendiário (m)	**incendiator** (m)	[inʧendia'tor]
incêndio (m) criminoso	**incendiere** (f)	[inʧen'djere]
arder (vi)	**a arde cu flăcări mari**	[a 'arde ku fləkə'ri 'marʲ]
queimar (vi)	**a arde**	[a 'arde]
queimar tudo (vi)	**a arde din temelie**	[a 'arde din teme'lie]
bombeiro (m)	**pompier** (m)	[pom'pjer]
carro (m) de bombeiros	**maşină** (f) **de pompieri**	[ma'ʃinə de pom'pjerʲ]
corpo (m) de bombeiros	**echipă** (f) **de pompieri**	[ekipə de pom'pjerʲ]
escada (f) extensível	**scară** (f) **de incendiu**	['skarə de in'ʧendju]
mangueira (f)	**furtun** (n)	[fur'tun]
extintor (m)	**stingător** (n)	[stingə'tor]
capacete (m)	**cască** (f)	['kaskə]
sirene (f)	**sirenă** (f)	[si'renə]
gritar (vi)	**a striga**	[a stri'ga]
chamar por socorro	**a chema în ajutor**	[a ke'ma in aʒu'tor]
salvador (m)	**salvator** (m)	[salva'tor]
salvar, resgatar (vt)	**a salva**	[a sal'va]
chegar (vi)	**a veni**	[a ve'ni]
apagar (vt)	**a stinge**	[a 'stindʒe]
água (f)	**apă** (f)	['apə]
areia (f)	**nisip** (n)	[ni'sip]
ruínas (f pl)	**ruine** (f pl)	[ru'ine]
ruir (vi)	**a se prăbuşi**	[a se prəbu'ʃi]
desmoronar (vi)	**a se dărâma**	[a se dəri'ma]
desabar (vi)	**a se surpa**	[a se sur'pa]
fragmento (m)	**dărâmătură** (f)	[dərəmə'turə]
cinza (f)	**scrum** (n)	[skrum]
sufocar (vi)	**a se sufoca**	[a se sufo'ka]
perecer (vi)	**a deceda**	[a deʧe'da]

ATIVIDADES HUMANAS

Emprego. Negócios. Parte 1

103. Escritório. O trabalho no escritório

escritório (~ de advogados)	**oficiu** (n)	[o'fiʧiu]
escritório (do diretor, etc.)	**cabinet** (n)	[kabi'net]
receção (f)	**recepție** (f)	[re'ʧepʦie]
secretário (m)	**secretar** (m)	[sekre'tar]
diretor (m)	**director** (m)	[di'rektor]
gerente (m)	**manager** (m)	['menedʒə]
contabilista (m)	**contabil** (f)	[kon'tabil]
empregado (m)	**colaborator** (m)	[kolabora'tor]
mobiliário (m)	**mobilă** (f)	['mobilə]
mesa (f)	**masă** (f)	['masə]
cadeira (f)	**fotoliu** (n)	[fo'tolju]
bloco (m) de gavetas	**noptieră** (f)	[nop'tjerə]
cabide (m) de pé	**cuier** (n) **pom**	[ku'jer pom]
computador (m)	**calculator** (n)	[kalkula'tor]
impressora (f)	**imprimantă** (f)	[impri'mantə]
fax (m)	**fax** (n)	[faks]
fotocopiadora (f)	**copiator** (n)	[kopia'tor]
papel (m)	**hârtie** (f)	[hɨr'tie]
artigos (m pl) de escritório	**rechizite** (n pl) **de birou**	[reki'zite de bi'rou]
tapete (m) de rato	**pad** (n)	[pad], [pəd]
folha (f) de papel	**foaie** (f)	[fo'ae]
pasta (f)	**mapă** (f)	['mapə]
catálogo (m)	**catalog** (n)	[kata'log]
diretório (f) telefónico	**îndrumar** (n)	[ɨndru'mar]
documentação (f)	**documentație** (f)	[dokumen'taʦie]
brochura (f)	**broșură** (f)	[bro'ʃurə]
flyer (m)	**foaie** (f)	[fo'ae]
amostra (f)	**model** (n)	[mo'del]
formação (f)	**trening** (n)	['trening]
reunião (f)	**ședință** (f)	[ʃe'dinʦe]
hora (f) de almoço	**pauză** (f) **de prânz**	['pauze de 'prinz]
fazer uma cópia	**a face copie**	[a 'faʧe 'kopie]
tirar cópias	**a multiplica**	[a multipli'ka]
receber um fax	**a primi fax**	[a pri'mi 'faks]
enviar um fax	**a trimite fax**	[a tri'mite 'faks]
fazer uma chamada	**a suna**	[a su'na]

responder (vt)	a răspunde	[a rəs'punde]
passar (vt)	a face legătura	[a 'fatʃe legə'tura]

marcar (vt)	a stabili	[a stabi'li]
demonstrar (vt)	a demonstra	[a demonst'ra]
estar ausente	a lipsi	[a lip'si]
ausência (f)	lipsă (f)	['lipsə]

104. Processos negociais. Parte 1

ocupação (f)	ocupație (f)	[oku'patsie]
firma, empresa (f)	firmă (f)	['firmə]
companhia (f)	companie (f)	[kompa'nie]
corporação (f)	corporație (f)	[korpo'ratsie]
empresa (f)	întreprindere (f)	[intre'prindere]
agência (f)	agenție (f)	[adʒen'tsie]

acordo (documento)	acord (n)	[a'kord]
contrato (m)	contract (n)	[kon'trakt]
acordo (transação)	afacere (f)	[a'fatʃere]
encomenda (f)	comandă (f)	[ko'mandə]
cláusulas (f pl), termos (m pl)	condiție (f)	[kon'ditsie]

por grosso (adv)	en-gros	[an'gro]
por grosso (adj)	en-gros	[an'gro]
venda (f) por grosso	vânzare (f) en-gros	[vin'zare an'gro]
a retalho	cu bucata	[ku bu'kata]
venda (f) a retalho	vânzare (f) cu bucata	[vin'zare ku bu'kata]

concorrente (m)	concurent (m)	[konku'rent]
concorrência (f)	concurență (f)	[konku'rentsə]
competir (vi)	a concura	[a konku'ra]

sócio (m)	partener (m)	[parte'ner]
parceria (f)	parteneriat (n)	[parteneri'at]

crise (f)	criză (f)	['krizə]
bancarrota (f)	faliment (n)	[fali'ment]
entrar em falência	a da faliment	[a da fali'ment]
dificuldade (f)	dificultate (f)	[difikul'tate]
problema (m)	problemă (f)	[pro'blemə]
catástrofe (f)	catastrofă (f)	[katas'trofə]

economia (f)	economie (f)	[ekono'mie]
económico	economic	[eko'nomik]
recessão (f) económica	scădere (f) economică	[skə'dere eko'nomikə]

objetivo (m)	scop (n)	[skop]
tarefa (f)	obiectiv (n)	[objek'tiv]

comerciar (vi, vt)	a face comerț	[a 'fatʃe ko'merts]
rede (de distribuição)	rețea (f)	[re'tsʲa]
estoque (m)	depozit (n)	[de'pozit]
sortimento (m)	sortiment (n)	[sorti'ment]

líder (m)	lider (m)	['lider]
grande (~ empresa)	mare	['mare]
monopólio (m)	monopol (n)	[mono'pol]

teoria (f)	teorie (f)	[teo'rie]
prática (f)	practică (f)	['praktikə]
experiência (falar por ~)	experiență (f)	[ekspe'rjentsə]
tendência (f)	tendință (f)	[ten'dintsə]
desenvolvimento (m)	dezvoltare (f)	[dezvol'tare]

105. Processos negociais. Parte 2

| rentabilidade (f) | profit (n) | [pro'fit] |
| rentável | profitabil | [profi'tabil] |

delegação (f)	delegație (f)	[dele'gatsie]
salário, ordenado (m)	salariu (n)	[sa'larju]
corrigir (um erro)	a corecta	[a korek'ta]
viagem (f) de negócios	deplasare (f)	[depla'sare]
comissão (f)	comisie (f)	[ko'misie]

controlar (vt)	a controla	[a kontro'la]
conferência (f)	conferință (f)	[konfe'rintsə]
licença (f)	licență (f)	[li'tʃentsə]
confiável	de încredere	[de in'kredere]

empreendimento (m)	început (n)	[intʃe'put]
norma (f)	normă (f)	['normə]
circunstância (f)	circumstanță (f)	[tʃirkum'stantsə]
dever (m)	obligație (f)	[obli'gatsie]

empresa (f)	organizație (f)	[organi'zatsie]
organização (f)	organizare (f)	[organi'zare]
organizado	organizat	[organi'zat]
anulação (f)	contramandare (f)	[kontraman'dare]
anular, cancelar (vt)	a anula	[a anu'la]
relatório (m)	raport (n)	[ra'port]

patente (f)	brevet (f)	[bre'vet]
patentear (vt)	a breveta	[a breve'ta]
planear (vt)	a planifica	[a planifi'ka]

prémio (m)	primă (f)	['primə]
profissional	profesional	[profesio'nal]
procedimento (m)	procedură (f)	[protʃe'durə]

examinar (a questão)	a examina	[a ekzami'na]
cálculo (m)	calcul (n)	['kalkul]
reputação (f)	reputație (f)	[repu'tatsie]
risco (m)	risc (n)	[risk]

dirigir (~ uma empresa)	a conduce	[a kon'dutʃe]
informação (f)	informații (f pl)	[infor'matsij]
propriedade (f)	proprietate (f)	[proprie'tate]

união (f)	aliança (f)	[ali'antsə]
seguro (m) de vida	asigurare (f) de viaţă	[asigu'rare de 'vjatsə]
fazer um seguro	a asigura	[a asigu'ra]
seguro (m)	asigurare (f)	[asigu'rare]

leilão (m)	licitaţie (f)	[litʃi'tatsie]
notificar (vt)	a înştiinţa	[a inʃtiin'tsa]
gestão (f)	conducere (f)	[kon'dutʃere]
serviço (indústria de ~s)	serviciu (n)	[ser'vitʃiu]

fórum (m)	for (n)	[for]
funcionar (vi)	a funcţiona	[a funktsio'na]
estágio (m)	etapă (f)	[e'tapə]
jurídico	juridic	[ʒu'ridik]
jurista (m)	jurist (m)	[ʒu'rist]

106. Produção. Trabalhos

usina (f)	uzină (f)	[u'zinə]
fábrica (f)	fabrică (f)	['fabrikə]
oficina (f)	atelier (n)	[ate'ljer]
local (m) de produção	fabricaţie (f)	[fabri'katsie]

indústria (f)	industrie (f)	[in'dustrie]
industrial	industrial	[industri'al]
indústria (f) pesada	industrie (f) grea	[in'dustrie grʲa]
indústria (f) ligeira	industrie (f) uşoară	[in'dustrie uʃo'arə]

produção (f)	producţie (f)	[pro'duktsie]
produzir (vt)	a produce	[a pro'dutʃe]
matérias-primas (f pl)	materie (f) primă	[ma'terie 'primə]

chefe (m) de brigada	şef (m) de brigadă	[ʃef de bri'gadə]
brigada (f)	brigadă (f)	[bri'gadə]
operário (m)	muncitor (m)	[muntʃi'tor]

dia (m) de trabalho	zi (f) lucrătoare	['zi lukrəto'are]
pausa (f)	pauză (f)	['pauzə]
reunião (f)	adunare (f)	[adu'nare]
discutir (vt)	a discuta	[a disku'ta]

plano (m)	plan (n)	[plan]
cumprir o plano	a îndeplini planul	[a indepli'ni 'planul]
taxa (f) de produção	normă (f)	['norme]
qualidade (f)	calitate (f)	[kali'tate]
controlo (m)	control (n)	[kon'trol]
controlo (m) da qualidade	controlul (n) calităţii	[kon'trolul kali'tətsij]

segurança (f) no trabalho	protecţia (f) muncii	[pro'tektsija 'muntʃij]
disciplina (f)	disciplină (f)	[distʃi'plinə]
infração (f)	încălcare (f)	[inkəl'kare]
violar (as regras)	a încălca	[a inkəl'ka]
greve (f)	grevă (f)	['grevə]
grevista (m)	grevist (m)	[gre'vist]

estar em greve	a face grevă	[a 'faʧe 'grevə]
sindicato (m)	sindicat (n)	[sindi'kat]
inventar (vt)	a inventa	[a inven'ta]
invenção (f)	invenţie (f)	[in'ventsie]
pesquisa (f)	cercetare (f)	[ʧerʧe'tare]
melhorar (vt)	a îmbunătăţi	[a imbunətə'tsi]
tecnologia (f)	tehnologie (f)	[tehnolo'dʒie]
desenho (m) técnico	plan (n)	[plan]
carga (f)	încărcătură (f)	[inkərkə'turə]
carregador (m)	hamal (m)	[ha'mal]
carregar (vt)	a încărca	[a inkər'ka]
carregamento (m)	încărcătură (f)	[inkərkə'turə]
descarregar (vt)	a descărca	[a deskər'ka]
descarga (f)	descărcare (f)	[deskər'kare]
transporte (m)	transport (n)	[trans'port]
companhia (f) de transporte	companie (f) de transport	[kompa'nie de trans'port]
transportar (vt)	a transporta	[a transpor'ta]
vagão (m) de carga	vagon (n) marfar	[va'gon mar'far]
cisterna (f)	cisternă (f)	[ʧis'ternə]
camião (m)	autocamion (n)	[autoka'mjon]
máquina-ferramenta (f)	maşină-unealtă (f)	[ma'ʃinə u'nʲaltə]
mecanismo (m)	mecanism (n)	[meka'nizm]
resíduos (m pl) industriais	deşeuri (n pl)	[de'ʃeurʲ]
embalagem (f)	ambalare (f)	[amba'lare]
embalar (vt)	a ambala	[a amba'la]

107. Contrato. Acordo

contrato (m)	contract (n)	[kon'trakt]
acordo (m)	contract (f)	[kon'trakt]
adenda (f), anexo (m)	anexă (f)	[a'neksə]
assinar o contrato	a încheia un contract	[a inke'ja un kon'trakt]
assinatura (f)	semnătură (f)	[semnə'turə]
assinar (vt)	a semna	[a sem'na]
carimbo (m)	ştampilă (f)	[ʃtam'pilə]
objeto (m) do contrato	obiectul (n) contractului	[o'bjektul kon'traktuluj]
cláusula (f)	paragraf (n)	[para'graf]
partes (f pl)	părţi (f pl)	[pərtsʲ]
morada (f) jurídica	adresă (f) juridică	[a'dresə ʒu'ridikə]
violar o contrato	a încălca contractul	[a inkəl'ka kon'traktul]
obrigação (f)	obligaţie (f)	[obli'gatsie]
responsabilidade (f)	răspundere (f)	[rəs'pundere]
força (f) maior	forţe (f pl) majore	['fortse ma'ʒore]
litígio (m), disputa (f)	dispută (f)	[dis'putə]
multas (f pl)	sancţiuni (f pl)	[sanktsi'unʲ]

108. Importação & Exportação

importação (f)	import (n)	[im'port]
importador (m)	importator (m)	[importa'tor]
importar (vt)	a importa	[a impor'ta]
de importação	din import	[din im'port]
exportador (m)	exportator (m)	[eksporta'tor]
exportar (vt)	a exporta	[a ekspor'ta]
mercadoria (f)	marfă (f)	['marfə]
lote (de mercadorias)	lot (n)	[lot]
peso (m)	greutate (f)	[greu'tate]
volume (m)	volum (n)	[vo'lum]
metro (m) cúbico	metru (m) cub	['metru 'kub]
produtor (m)	producător (m)	[produkə'tor]
companhia (f) de transporte	companie (f) de transport	[kompa'nie de trans'port]
contentor (m)	container (m)	[kon'tajner]
fronteira (f)	graniță (f)	['granitsə]
alfândega (f)	vamă (f)	['vamə]
taxa (f) alfandegária	taxă (f) vamală	['taksə va'malə]
funcionário (m) da alfândega	vameş (m)	['vameʃ]
contrabando (atividade)	contrabandă (f)	[kontra'bandə]
contrabando (produtos)	contrabandă (f)	[kontra'bandə]

109. Finanças

ação (f)	acţiune (f)	[aktsi'une]
obrigação (f)	obligaţie (f)	[obli'gatsie]
nota (f) promissória	poliţă (f)	['politsə]
bolsa (f)	bursă (f)	['bursə]
cotação (m) das ações	cursul (n) acţiunii	['kursul aktsi'unij]
tornar-se mais barato	a se ieftini	[a se efti'ni]
tornar-se mais caro	a se scumpi	[a se skum'pi]
participação (f) maioritária	pachet (n) de control	[pa'ket de kon'trol]
investimento (m)	investiţii (f pl)	[inves'titsij]
investir (vt)	a investi	[a inves'ti]
percentagem (f)	procent (n)	[pro'ʧent]
juros (m pl)	dobândă (f)	[do'bɨndə]
lucro (m)	profit (n)	[pro'fit]
lucrativo	profitabil	[profi'tabil]
imposto (m)	impozit (n)	[im'pozit]
divisa (f)	valută (f)	[va'lutə]
nacional	naţional	[natsio'nal]
câmbio (m)	schimb (n)	[skimb]

| contabilista (m) | contabil (m) | [kon'tabil] |
| contabilidade (f) | contabilitate (f) | [kontabili'tate] |

bancarrota (f)	faliment (n)	[fali'ment]
falência (f)	faliment (n)	[fali'ment]
ruína (f)	faliment (n)	[fali'ment]
arruinar-se (vr)	a falimenta	[a falimen'ta]
inflação (f)	inflaţie (f)	[in'flatsie]
desvalorização (f)	devalorizare (f)	[devalori'zare]

capital (m)	capital (n)	[kapi'tal]
rendimento (m)	venit (n)	[ve'nit]
volume (m) de negócios	rotaţie (f)	[ro'tatsie]
recursos (m pl)	resurse (f pl)	[re'surse]
recursos (m pl) financeiros	mijloace (n pl) băneşti	[miʒlo'atʃe bə'neʃtʲ]
reduzir (vt)	a reduce	[a re'dutʃe]

110. Marketing

marketing (m)	marketing (n)	['marketing]
mercado (m)	piaţă (f)	['pjatsə]
segmento (m) do mercado	segment (n) de piaţă	[seg'ment de 'pjatsə]
produto (m)	produs (n)	[pro'dus]
mercadoria (f)	marfă (f)	['marfə]

marca (f)	marcă (f)	['markə]
marca (f) comercial	marcă (f) comercială	['markə komertʃi'alə]
logotipo (m)	logotip (n)	[logo'tip]
logo (m)	logo (m)	['logo]

demanda (f)	cerere (f)	['tʃerere]
oferta (f)	ofertă (f)	[o'fertə]
necessidade (f)	necesitate (f)	[netʃesi'tate]
consumidor (m)	consumator (m)	[konsu'mator]

análise (f)	analiză (f)	[ana'lizə]
analisar (vt)	a analiza	[a anali'za]
posicionamento (m)	poziţionare (f)	[pozitsio'nare]
posicionar (vt)	a poziţiona	[a pozitsio'na]

preço (m)	preţ (n)	[prets]
política (f) de preços	politica (f) preţurilor	[po'litika 'pretsurilor]
formação (f) de preços	stabilirea (f) preţurilor	[stabi'lirʲa 'pretsurilor]

111. Publicidade

publicidade (f)	reclamă (f)	[re'klamə]
publicitar (vt)	a face reclamă	[a 'fatʃe re'klamə]
orçamento (m)	buget (n)	[bu'dʒet]

| anúncio (m) publicitário | reclamă (f) | [re'klamə] |
| publicidade (f) televisiva | publicitate (f) TV | [publitʃi'tate te've] |

| publicidade (f) na rádio | publicitate (f) radio | [publitʃi'tate 'radio] |
| publicidade (f) exterior | reclamă (f) exterioară | [re'klamə eksterio'arə] |

comunicação (f) de massa	mass-media (f)	['mas 'media]
periódico (m)	ediție (f) periodică	[e'ditsie peri'odikə]
imagem (f)	imagine (f)	[i'madʒine]

| slogan (m) | lozincă (f) | [lo'zinkə] |
| mote (m), divisa (f) | deviză (f) | [de'vizə] |

campanha (f)	campanie (f)	[kam'panie]
companha (f) publicitária	campanie (f) publicitară	[kam'panie publitʃi'tarə]
grupo (m) alvo	grup (m) țintă	[grup 'tsintə]

cartão (m) de visita	carte (f) de vizită	['karte de 'vizitə]
flyer (m)	foaie (f)	[fo'ae]
brochura (f)	broşură (f)	[bro'ʃurə]
folheto (m)	pliant (n)	[pli'ant]
boletim (~ informativo)	buletin (n)	[bule'tin]

letreiro (m)	firmă (f)	['firmə]
cartaz, póster (m)	afiş (n)	[a'fiʃ]
painel (m) publicitário	panou (n)	[pa'nou]

112. Banca

| banco (m) | bancă (f) | ['bankə] |
| sucursal, balcão (f) | sucursală (f) | [sukur'salə] |

| consultor (m) | consultant (m) | [konsul'tant] |
| gerente (m) | director (m) | [di'rektor] |

conta (f)	cont (n)	[kont]
número (m) da conta	numărul (n) contului	['numərul 'kontuluj]
conta (f) corrente	cont (n) curent	[kont ku'rent]
conta (f) poupança	cont (n) de acumulare	[kont de akumu'lare]

abrir uma conta	a deschide un cont	[a des'kide un kont]
fechar uma conta	a închide contul	[a i'nkide 'kontul]
depositar na conta	a pune în cont	[a 'pune in 'kont]
levantar (vt)	a extrage din cont	[a eks'tradʒe din kont]

depósito (m)	depozit (n)	[de'pozit]
fazer um depósito	a depune	[a de'pune]
transferência (f) bancária	transfer (n)	[trans'fer]
transferir (vt)	a transfera	[a transfe'ra]

| soma (f) | sumă (f) | ['sumə] |
| Quanto? | Cât? | [kit] |

assinatura (f)	semnătură (f)	[semnə'turə]
assinar (vt)	a semna	[a sem'na]
cartão (m) de crédito	carte (f) de credit	['karte de 'kredit]
código (m)	cod (n)	[kod]

número (m) do cartão de crédito	numărul (n) cărții de credit	['numərul kərtsij de 'kredit]
Caixa Multibanco (m)	bancomat (n)	[banko'mat]

cheque (m)	cec (n)	[tʃek]
passar um cheque	a scrie un cec	[a 'skrie un tʃek]
livro (m) de cheques	carte (f) de cecuri	['karte de 'tʃekurʲ]

empréstimo (m)	credit (n)	['kredit]
pedir um empréstimo	a solicita un credit	[a solitʃi'ta pe 'kredit]
obter um empréstimo	a lua pe credit	[a lu'a pe 'kredit]
conceder um empréstimo	a acorda credit	[a akor'da 'kredit]
garantia (f)	garanție (f)	[garan'tsie]

113. Telefone. Conversação telefónica

telefone (m)	telefon (n)	[tele'fon]
telemóvel (m)	telefon (n) mobil	[tele'fon mo'bil]
secretária (f) electrónica	răspuns (n) automat	[rəs'puns auto'mat]

fazer uma chamada	a suna, a telefona	[a su'na], [a tele'fona]
chamada (f)	apel (n), convorbire (f)	[a'pel], [konvor'bire]

marcar um número	a forma un număr	[a for'ma un 'numər]
Alô!	Alo!	[a'lo]
perguntar (vt)	a întreba	[a intre'ba]
responder (vt)	a răspunde	[a rəs'punde]

ouvir (vt)	a auzi	[a au'zi]
bem	bine	['bine]
mal	rău	['rəu]
ruído (m)	bruiaj (n)	[bru'jaʒ]
auscultador (m)	receptor (n)	[retʃep'tor]
pegar o telefone	a lua receptorul	[a lu'a retʃep'torul]
desligar (vi)	a pune receptorul	[a 'pune retʃep'torul]

ocupado	ocupat	[oku'pat]
tocar (vi)	a suna	[a su'na]
lista (f) telefónica	carte (f) de telefon	['karte de tele'fon]

local	local	[lo'kal]
chamada (f) local	apel (n) local	[a'pel lo'kal]
de longa distância	interurban	[interur'ban]
chamada (f) de longa distância	apel (n) interurban	[a'pel interur'ban]
internacional	internațional	[internatsio'nal]
chamada (f) internacional	apel (n) interna ional	[a'pel internatsio'nal]

114. Telefone móvel

telemóvel (m)	telefon (n) mobil	[tele'fon mo'bil]
ecrã (m)	ecran (n)	[e'kran]

| botão (m) | buton (n) | [bu'ton] |
| cartão SIM (m) | cartelă (f) SIM | [kar'telə 'sim] |

bateria (f)	baterie (f)	[bate'rie]
descarregar-se	a se descărca	[a se deskər'ka]
carregador (m)	încărcător (m)	[inkərkə'tor]

menu (m)	meniu (n)	[me'nju]
definições (f pl)	setări (f)	[se'tərʲ]
melodia (f)	melodie (f)	[melo'die]
escolher (vt)	a selecta	[a selek'ta]

calculadora (f)	calculator (n)	[kalkula'tor]
correio (m) de voz	răspuns (n) automat	[rəs'puns auto'mat]
despertador (m)	ceas (n) deşteptător	[ʧas deʃteptə'tor]
contatos (m pl)	carte (f) de telefoane	['karte de telefo'ane]

| mensagem (f) de texto | SMS (n) | [ese'mes] |
| assinante (m) | abonat (m) | [abo'nat] |

115. Estacionário

| caneta (f) | stilou (n) | [sti'lou] |
| caneta (f) tinteiro | condei (n) | [kon'dej] |

lápis (m)	creion (n)	[kre'jon]
marcador (m)	marcher (n)	['marker]
caneta (f) de feltro	cariocă (f)	[kari'okə]

| bloco (m) de notas | carneţel (n) | [karnə'ʦəl] |
| agenda (f) | agendă (f) | [a'ʤendə] |

régua (f)	riglă (f)	['riglə]
calculadora (f)	calculator (f)	[kalkula'tor]
borracha (f)	radieră (f)	[radi'erə]
pionés (m)	piuneză (f)	[pju'nezə]
clipe (m)	clamă (f)	['klamə]

cola (f)	lipici (n)	[li'piʧi]
agrafador (m)	capsator (n)	[kapsa'tor]
furador (m)	perforator (n)	[perfo'rator]
afia-lápis (m)	ascuţitoare (f)	[askuʦito'are]

116. Vários tipos de documentos

relatório (m)	raport (n)	[ra'port]
acordo (m)	contract (f)	[kon'trakt]
ficha (f) de inscrição	cerere (f)	['ʧerere]
autêntico	autentic	[au'tentik]
crachá (m)	ecuson (n)	[eku'son]
cartão (m) de visita	carte (f) de vizită	['karte de 'vizitə]
certificado (m)	certificat (n)	[ʧertifi'kat]

cheque (m)	cec (n)	[ʧek]
conta (f)	notă (f) de plată	['notə de 'platə]
constituição (f)	constituţie (f)	[konsti'tuʦie]

contrato (m)	acord (n)	[a'kord]
cópia (f)	copie (f)	['kopie]
exemplar (m)	exemplar (n)	[egzem'plar]

declaração (f) alfandegária	declaraţie (f)	[dekla'raʦie]
documento (m)	act (n)	[akt]
carta (f) de condução	permis (n) de conducere	[per'mis de kon'duʧere]
adenda (ao contrato)	anexă (f)	[a'neksə]
questionário (m)	anchetă (f)	[an'ketə]

bilhete (m) de identidade	legalizare (f)	[legali'zare]
inquérito (m)	solicitare (f)	[soliʧi'tare]
convite (m)	invitaţie (f)	[invi'taʦie]
fatura (f)	factură (f)	[fak'turə]

lei (f)	lege (f)	['ledʒe]
carta (correio)	scrisoare (f)	[skriso'are]
papel (m) timbrado	formular (n)	[formu'lar]
lista (f)	listă (f)	['listə]
manuscrito (m)	manuscris (n)	[manu'skris]
boletim (~ informativo)	buletin (n)	[bule'tin]
bilhete (mensagem breve)	notă (f)	['notə]

passe (m)	autorizaţie (f)	[autori'zaʦie]
passaporte (m)	paşaport (n)	[paʃa'port]
permissão (f)	permis (n)	[per'mis]
CV, currículo (m)	CV (n)	[si'vi]
vale (nota promissória)	recipisă (f)	[reʧi'pisə]
recibo (m)	chitanţă (f)	[ki'tanʦə]
talão (f)	cec (n)	[ʧek]
relatório (m)	raport (n)	[ra'port]

mostrar (vt)	a prezenta	[a prezen'ta]
assinar (vt)	a semna	[a sem'na]
assinatura (f)	semnătură (f)	[semnə'turə]
carimbo (m)	ştampilă (f)	[ʃtam'pilə]
texto (m)	text (n)	[tekst]
bilhete (m)	bilet (n)	[bi'let]

riscar (vt)	a tăia	[a tə'ja]
preencher (vt)	a completa	[a komple'ta]

guia (f) de remessa	foaie (f) de însoţire	[fo'ae de inso'ʦire]
testamento (m)	testament (n)	[testa'ment]

117. Tipos de negócios

serviços (m pl) de contabilidade	servicii (n pl) de contabilitate	[ser'viʧij de kontabili'tate]
publicidade (f)	reclamă (f)	[re'klamə]

agência (f) de publicidade	agenție (f) de reclamă	[adʒen'tsie de re'klamə]
ar (m) condicionado	ventilator (n)	[ventila'tor]
companhia (f) aérea	companie (f) aeriană	[kompa'nie aeri'anə]

bebidas (f pl) alcoólicas	băuturi (f pl) alcoolice	[bəu'turʲ alko'olitʃe]
comércio (m) de antiguidades	anticariat (n)	[antikari'at]
galeria (f) de arte	galerie (f)	[gale'rie]
serviços (m pl) de auditoria	servicii (n pl) de audit	[ser'vitʃij de au'dit]

negócios (m pl) bancários	afacere (f) bancară	[a'fatʃere ba'nkarə]
bar (m)	bar (n)	[bar]
salão (m) de beleza	salon (n) de frumusețe	[sa'lon de frumu'setse]
livraria (f)	librărie (f)	[librə'rie]
cervejaria (f)	fabricarea (f) berii	[fabri'karʲa 'berij]
centro (m) de escritórios	centru (n) de afaceri	['tʃentru de a'fatʃerʲ]
escola (f) de negócios	şcoală (f) de afaceri	[ʃko'alə de a'fatʃerʲ]

casino (m)	cazinou (n)	[kazi'nou]
construção (f)	construcție (f)	[kon'struktsie]
serviços (m pl) de consultoria	consulting (n)	[kon'salting]

estomatologia (f)	stomatologie (f)	[stomatolo'dʒie]
design (m)	design (n)	[di'zajn]
farmácia (f)	farmacie (f)	[farma'tʃie]
lavandaria (f)	curăţătorie (f) chimică	[kurətsəto'rie 'kimikə]
agência (f) de emprego	agenție (f) de cadre	[adʒen'tsie de 'kadre]

serviços (m pl) financeiros	servicii (n pl) financiare	[ser'vitʃij finantʃi'are]
alimentos (m pl)	produse (n pl) alimentare	[pro'duse alimen'tare]
agência (f) funerária	pompe (f pl) funebre	['pompe fu'nebre]
mobiliário (m)	mobilă (f)	['mobilə]
roupa (f)	haine (f pl)	['hajne]
hotel (m)	hotel (n)	[ho'tel]

gelado (m)	îngheţată (f)	[inge'tsatə]
indústria (f)	industrie (f)	[in'dustrie]
seguro (m)	asigurare (f) medicală	[asigu'rare medi'kalə]
internet (f)	internet (n)	[inter'net]
investimento (m)	investiţii (f pl)	[inves'titsij]

joalheiro (m)	bijutier (m)	[biʒu'tjer]
joias (f pl)	bijuterii (f pl)	[biʒute'rij]
lavandaria (f)	spălătorie (f)	[spələto'rie]
serviços (m pl) jurídicos	servicii (n pl) juridice	[ser'vitʃij ʒu'riditʃe]
indústria (f) ligeira	industrie (f) uşoară	[in'dustrie uʃo'arə]

revista (f)	revistă (f)	[re'vistə]
vendas (f pl) por catálogo	vânzare (f) după catalog	[vin'zare 'dupə kata'log]
medicina (f)	medicină (f)	[medi'tʃinə]
cinema (m)	cinematograf (n)	[tʃinemato'graf]
museu (m)	muzeu (n)	[mu'zeu]

agência (f) de notícias	birou (n) de informaţii	[bi'rou de infor'matsij]
jornal (m)	ziar (n)	[zjar]
clube (m) noturno	club (n) de noapte	['klub de no'apte]
petróleo (m)	petrol (n)	[pe'trol]

serviço (m) de encomendas	curierat (n)	[kurie'rat]
indústria (f) farmacêutica	farmaceutică (f)	[farmatʃe'utikə]
poligrafia (f)	poligrafie (f)	[poligra'fie]
editora (f)	editură (f)	[edi'turə]

rádio (m)	radio (n)	['radio]
imobiliário (m)	bunuri (n pl) imobiliare	['bunurĭ imobili'are]
restaurante (m)	restaurant (n)	[restau'rant]

empresa (f) de segurança	agenție (f) de pază	[adʒen'ţsie de 'pazə]
desporto (m)	sport (n)	[sport]
bolsa (f)	bursă (f)	['bursə]
loja (f)	magazin (n)	[maga'zin]
supermercado (m)	supermarket (n)	[super'market]
piscina (f)	bazin (n)	[ba'zin]

alfaiataria (f)	atelier (n)	[ate'ljer]
televisão (f)	televiziune (f)	[televizi'une]
teatro (m)	teatru (n)	[te'atru]
comércio (atividade)	comerţ (n)	[ko'merţs]
serviços (m pl) de transporte	transporturi (n)	[trans'porturĭ]
viagens (f pl)	turism (n)	[tu'rism]

veterinário (m)	veterinar (m)	[veteri'nar]
armazém (m)	depozit (n)	[de'pozit]
recolha (f) do lixo	transportarea (f) deşeurilor	[transpor'tarĭa de'ʃeurilor]

Emprego. Negócios. Parte 2

118. Espetáculo. Feira

feira (f)	expoziție (f)	[ekspo'zitsie]
feira (f) comercial	expoziție (f) de comerț	[ekspo'zitsie de ko'merts]
participação (f)	participare (f)	[partitʃi'pare]
participar (vi)	a participa	[a partitʃi'pa]
participante (m)	participant (m)	[partitʃi'pant]
diretor (m)	director (m)	[di'rektor]
direção (f)	direcție (f)	[di'rektsie]
organizador (m)	organizator (m)	[organiza'tor]
organizar (vt)	a organiza	[a organi'za]
ficha (f) de inscrição	cerere (f) de participare	['tʃerere de partitʃi'pare]
preencher (vt)	a completa	[a komple'ta]
detalhes (m pl)	detalii (n pl)	[de'talij]
informação (f)	informație (f)	[infor'matsie]
preço (m)	preț (n)	[prets]
incluindo	inclusiv	[inklu'siv]
incluir (vt)	a include	[a in'klude]
pagar (vt)	a plăti	[a plə'ti]
taxa (f) de inscrição	tarif (n) de înregistrare	[tarif de inredʒis'trare]
entrada (f)	intrare (f)	[in'trare]
pavilhão (m)	pavilion (n)	[pavili'on]
inscrever (vt)	a înscrie	[a ɨn'skrie]
crachá (m)	ecuson (n)	[eku'son]
stand (m)	stand (n)	[stand]
reservar (vt)	a rezerva	[a rezer'va]
vitrina (f)	vitrină (f)	[vi'trinə]
foco, spot (m)	corp (n) de iluminat	['korp de ilumi'nat]
design (m)	design (n)	[di'zajn]
pôr, colocar (vt)	a instala	[a insta'la]
distribuidor (m)	distribuitor (m)	[distribui'tor]
fornecedor (m)	furnizor (m)	[furni'zor]
país (m)	țară (f)	['tsarə]
estrangeiro	străin	[strə'in]
produto (m)	produs (n)	[pro'dus]
associação (f)	asociație (f)	[asotʃi'atsie]
sala (f) de conferências	sală (f) de conferințe	['sale de konfe'rintse]
congresso (m)	congres (n)	[kon'gres]

concurso (m)	concurs (n)	[ko'nkurs]
visitante (m)	vizitator (m)	[vizita'tor]
visitar (vt)	a vizita	[a vizi'ta]
cliente (m)	client (m)	[kli'ent]

119. Media

jornal (m)	ziar (n)	[zjar]
revista (f)	revistă (f)	[re'vistə]
imprensa (f)	presă (f)	['presə]
rádio (m)	radio (n)	['radio]
estação (f) de rádio	post (n) de radio	[post de 'radio]
televisão (f)	televiziune (f)	[televizi'une]

apresentador (m)	prezentator (m)	[prezenta'tor]
locutor (m)	prezentator (m)	[prezenta'tor]
comentador (m)	comentator (m)	[komenta'tor]

jornalista (m)	jurnalist (m)	[ʒurna'list]
correspondente (m)	corespondent (m)	[korespon'dent]
repórter (m) fotográfico	foto-reporter (m)	['foto re'porter]
repórter (m)	reporter (m)	[re'porter]

redator (m)	redactor (m)	[re'daktor]
redator-chefe (m)	redactor-şef (m)	[re'daktor 'ʃef]
assinar a ...	a se abona	[a se abo'na]
assinatura (f)	abonare (f)	[abo'nare]
assinante (m)	abonat (m)	[abo'nat]
ler (vt)	a citi	[a tʃi'ti]
leitor (m)	cititor (m)	[tʃiti'tor]

tiragem (f)	tiraj (n)	[ti'raʒ]
mensal	lunar	[lu'nar]
semanal	săptămânal	[səptəmi'nal]
número (jornal, revista)	număr (n)	['numər]
recente	nou	['nou]

manchete (f)	titlu (n)	['titlu]
pequeno artigo (m)	notă (f)	['notə]
coluna (~ semanal)	rubrică (f)	['rubrikə]
artigo (m)	articol (n)	[ar'tikol]
página (f)	pagină (f)	['padʒinə]

reportagem (f)	reportaj (n)	[repor'taʒ]
evento (m)	eveniment (n)	[eveni'ment]
sensação (f)	senzaţie (f)	[sen'zatsie]
escândalo (m)	scandal (n)	[skan'dal]
escandaloso	scandalos	[skanda'los]
grande	zgomotos	[zgomo'tos]

programa (m) de TV	emisiune (f)	[emisi'une]
entrevista (f)	interviu (n)	[inter'vju]
transmissão (f) em direto	în direct (m)	[in di'rekt]
canal (m)	post (n)	[post]

120. Agricultura

agricultura (f)	agricultură (f)	[agrikul'turə]
camponês (m)	ţăran (m)	[tsə'ran]
camponesa (f)	ţărancă (f)	[tsə'rankə]
agricultor (m)	fermier (m)	[fer'mjer]
trator (m)	tractor (n)	[trak'tor]
ceifeira-debulhadora (f)	combină (f)	[kom'binə]
arado (m)	plug (n)	[plug]
arar (vt)	a ara	[a a'ra]
campo (m) lavrado	ogor (n)	[o'gor]
rego (m)	brazdă (f)	['brazdə]
semear (vt)	a semăna	[a semə'na]
semeadora (f)	semănătoare (f)	[semənəto'are]
semeadura (f)	semănare (f)	[semə'nare]
gadanha (f)	coasă (f)	[ko'asə]
gadanhar (vt)	a cosi	[a ko'si]
pá (f)	hârleţ (n)	[hir'lets]
cavar (vt)	a săpa	[a sə'pa]
enxada (f)	sapă (f)	['sape]
carpir (vt)	a plivi	[a pli'vi]
erva (f) daninha	buruiană (f)	[buru'janə]
regador (m)	stropitoare (f)	[stropito'are]
regar (vt)	a uda	[a u'da]
rega (f)	irigare (f)	[iri'gare]
forquilha (f)	furcă (f)	['furkə]
ancinho (m)	greblă (f)	['greblə]
fertilizante (m)	îngrăşământ (n)	[ingreʃə'mint]
fertilizar (vt)	a îngrăşa	[a ingrə'ʃa]
estrume (m)	gunoi (n) de grajd	[gu'noj de graʒd]
campo (m)	câmp (n)	[kimp]
prado (m)	luncă (f)	['lunkə]
horta (f)	grădină (f) de zarzavat	[grə'dinə de zarza'vat]
pomar (m)	grădină (f)	[grə'dinə]
pastar (vt)	a paşte	[a 'paʃte]
pastor (m)	păstor (m)	[pəs'tor]
pastagem (f)	păşune (f)	[pə'ʃune]
pecuária (f)	zootehnie (f)	[zooteh'nie]
criação (f) de ovelhas	ovicultură (f)	[ovikul'turə]
plantação (f)	plantaţie (f)	[plan'tatsie]
canteiro (m)	strat (n)	[strat]
invernadouro (m)	răsadniţă (f)	[rə'sadnitsə]

seca (f)	**secetă** (f)	['setʃetə]
seco (verão ~)	**secetos**	[setʃe'tos]
cereais (m pl)	**cereale** (f pl)	[tʃere'ale]
colher (vt)	**a strânge**	[a 'strindʒe]
moleiro (m)	**morar** (m)	[mo'rar]
moinho (m)	**moară** (f)	[mo'arə]
moer (vt)	**a măcina grăunțe**	[a mətʃi'na grə'untse]
farinha (f)	**făină** (f)	[fə'inə]
palha (f)	**paie** (n pl)	['pae]

121. Construção. Processo de construção

canteiro (m) de obras	**şantier** (n)	[ʃan'tjer]
construir (vt)	**a construi**	[a konstru'i]
construtor (m)	**constructor** (m)	[kon'struktor]
projeto (m)	**proiect** (n)	[pro'ekt]
arquiteto (m)	**arhitect** (m)	[arhi'tekt]
operário (m)	**muncitor** (m)	[muntʃi'tor]
fundação (f)	**fundament** (n)	[funda'ment]
telhado (m)	**acoperiş** (n)	[akope'riʃ]
estaca (f)	**pilon** (m)	[pi'lon]
parede (f)	**perete** (m)	[pe'rete]
varões (m pl) para betão	**armătură** (f)	[armə'turə]
andaime (m)	**schele** (f)	['skele]
betão (m)	**beton** (n)	[be'ton]
granito (m)	**granit** (n)	[gra'nit]
pedra (f)	**piatră** (f)	['pjatrə]
tijolo (m)	**cărămidă** (f)	[kərə'midə]
areia (f)	**nisip** (n)	[ni'sip]
cimento (m)	**ciment** (n)	[tʃi'ment]
emboço (m)	**tencuială** (f)	[tenku'jalə]
emboçar (vt)	**a tencui**	[a tenku'i]
tinta (f)	**vopsea** (f)	[vop'sʲa]
pintar (vt)	**a vopsi**	[a vop'si]
barril (m)	**butoi** (n)	[bu'toj]
grua (f), guindaste (m)	**macara** (f)	[maka'ra]
erguer (vt)	**a ridica**	[a ridi'ka]
baixar (vt)	**a coborî**	[a kobo'ri]
buldózer (m)	**buldozer** (n)	[bul'dozer]
escavadora (f)	**excavator** (n)	[ekskava'tor]
caçamba (f)	**căuş** (n)	[kə'uʃ]
escavar (vt)	**a săpa**	[a sə'pa]
capacete (m) de proteção	**cască** (f)	['kaskə]

122. Ciência. Investigação. Cientistas

ciência (f)	ştiinţă (f)	[ʃti'intsə]
científico	ştiinţific	[ʃtiin'tsifik]
cientista (m)	savant (m)	[sa'vant]
teoria (f)	teorie (f)	[teo'rie]
axioma (m)	axiomă (f)	[aksi'omə]
análise (f)	analiză (f)	[ana'lizə]
analisar (vt)	a analiza	[a anali'za]
argumento (m)	argument (n)	[argu'ment]
substância (f)	substanţă (f)	[sub'stantsə]
hipótese (f)	ipoteză (f)	[ipo'tezə]
dilema (m)	dilemă (f)	[di'lemə]
tese (f)	disertaţie (f)	[diser'tatsie]
dogma (m)	dogmă (f)	['dogmə]
doutrina (f)	doctrină (f)	[dok'trinə]
pesquisa (f)	cercetare (f)	[tʃertʃe'tare]
pesquisar (vt)	a cerceta	[a tʃertʃe'ta]
teste (m)	verificare (f)	[verifi'kare]
laboratório (m)	laborator (n)	[labora'tor]
método (m)	metodă (f)	[me'todə]
molécula (f)	moleculă (f)	[mole'kulə]
monitoramento (m)	monitorizare (n)	[monitori'zare]
descoberta (f)	descoperire (f)	[deskope'rire]
postulado (m)	postulat (n)	[postu'lat]
princípio (m)	principiu (n)	[prin'tʃipju]
prognóstico (previsão)	prognoză (f)	[prog'nozə]
prognosticar (vt)	a prognoza	[a progno'za]
síntese (f)	sinteză (f)	[sin'tezə]
tendência (f)	tendinţă (f)	[ten'dintsə]
teorema (m)	teoremă (f)	[teo'remə]
ensinamentos (m pl)	învăţătură (f)	[ɨnvətsə'turə]
facto (m)	fapt (n)	[fapt]
expedição (f)	expediţie (f)	[ekspe'ditsie]
experiência (f)	experiment (n)	[eksperi'ment]
académico (m)	academician (m)	[akdemi'tʃian]
bacharel (m)	bacalaureat (n)	[bakalaure'at]
doutor (m)	doctor (m)	['doktor]
docente (m)	docent (m)	[do'tʃent]
mestre (m)	magistru (m)	[ma'dʒistru]
professor (m) catedrático	profesor (m)	[pro'fesor]

Profissões e ocupações

123. Procura de emprego. Demissão

trabalho (m)	serviciu (n)	[ser'vitʃiu]
equipa (f)	cadre (n pl)	['kadre]
carreira (f)	carieră (f)	[ka'rjerə]
perspetivas (f pl)	perspectivă (f)	[perspek'tivə]
mestria (f)	îndemânare (f)	[indemi'nare]
seleção (f)	alegere (f)	[a'ledʒere]
agência (f) de emprego	agenţie (f) de cadre	[adʒen'tsie de 'kadre]
CV, currículo (m)	CV (n)	[si'vi]
entrevista (f) de emprego	interviu (n)	[inter'vju]
vaga (f)	post (n) vacant	['post va'kant]
salário (m)	salariu (n)	[sa'larju]
salário (m) fixo	salariu (n)	[sa'larju]
pagamento (m)	plată (f)	['platə]
posto (m)	funcţie (f)	['funktsie]
dever (do empregado)	obligaţie (f)	[obli'gatsie]
gama (f) de deveres	domeniu (n)	[do'menju]
ocupado	ocupat	[oku'pat]
despedir, demitir (vt)	a concedia	[a kontʃedi'a]
demissão (f)	concediere (f)	[kontʃe'djere]
desemprego (m)	şomaj (n)	[ʃo'maʒ]
desempregado (m)	şomer (m)	[ʃo'mer]
reforma (f)	pensie (f)	['pensie]
reformar-se	a se pensiona	[a se pensio'na]

124. Gente de negócios

diretor (m)	director (m)	[di'rektor]
gerente (m)	administrator (m)	[adminis'trator]
patrão, chefe (m)	conducător (m)	[konduke'tor]
superior (m)	şef (m)	[ʃef]
superiores (m pl)	conducere (f)	[kon'dutʃere]
presidente (m)	preşedinte (m)	[preʃe'dinte]
presidente (m) de direção	preşedinte (m)	[preʃe'dinte]
substituto (m)	adjunct (m)	[a'dʒunkt]
assistente (m)	asistent (m)	[asis'tent]
secretário (m)	secretar (m)	[sekre'tar]

secretário (m) pessoal · secretar (m) personal · [sekre'tar perso'nal]
homem (m) de negócios · om (m) de afaceri · [om de a'fatʃerⁱ]
empresário (m) · întreprinzător (m) · [întreprinze'tor]
fundador (m) · fondator (m) · [fonda'tor]
fundar (vt) · a fonda · [a fon'da]

fundador, sócio (m) · fondator (m) · [fonda'tor]
parceiro, sócio (m) · partener (m) · [parte'ner]
acionista (m) · acționar (m) · [aktsio'nar]

milionário (m) · milionar (m) · [milio'nar]
bilionário (m) · miliardar (n) · [miliar'dar]
proprietário (m) · proprietar (m) · [proprie'tar]
proprietário (m) de terras · proprietar (m) funciar · [proprie'tar funtʃi'ar]

cliente (m) · client (m) · [kli'ent]
cliente (m) habitual · client (m) fidel · [kli'ent fi'del]
comprador (m) · cumpărător (m) · [kumpərə'tor]
visitante (m) · vizitator (m) · [vizita'tor]

profissional (m) · profesionist (m) · [profesio'nist]
perito (m) · expert (m) · [eks'pert]
especialista (m) · specialist (m) · [spetʃia'list]

banqueiro (m) · bancher (m) · [ban'ker]
corretor (m) · broker (m) · ['broker]

caixa (m, f) · casier (m) · [ka'sjer]
contabilista (m) · contabil (f) · [kon'tabil]
guarda (m) · paznic (m) · ['paznik]

investidor (m) · investitor (m) · [investi'tor]
devedor (m) · datornic (m) · [da'tornik]
credor (m) · creditor (m) · [kredi'tor]
mutuário (m) · datornic (m) · [da'tornik]

importador (m) · importator (m) · [importa'tor]
exportador (m) · exportator (m) · [eksporta'tor]

produtor (m) · producător (m) · [produke'tor]
distribuidor (m) · distribuitor (m) · [distribui'tor]
intermediário (m) · intermediar (m) · [intermedi'ar]

consultor (m) · consultant (m) · [konsul'tant]
representante (m) · reprezentant (m) · [reprezen'tant]
agente (m) · agent (m) · [a'dʒent]
agente (m) de seguros · agent (m) de asigurare · [a'dʒent de asigu'rare]

125. Profissões de serviços

cozinheiro (m) · bucătar (m) · [buke'tar]
cozinheiro chefe (m) · bucătar-șef (m) · [buke'tar 'ʃef]
padeiro (m) · brutar (m) · [bru'tar]
barman (m) · barman (m) · ['barman]

empregado (m) de mesa	**chelner** (m)	['kelner]
empregada (f) de mesa	**chelneriță** (f)	[kelne'ritsə]
advogado (m)	**avocat** (m)	[avo'kat]
jurista (m)	**jurist** (m)	[ʒu'rist]
notário (m)	**notar** (m)	[no'tar]
eletricista (m)	**electrician** (m)	[elektritʃi'an]
canalizador (m)	**instalator** (m)	[instala'tor]
carpinteiro (m)	**dulgher** (m)	[dul'ger]
massagista (m)	**masor** (m)	[ma'sor]
massagista (f)	**maseză** (f)	[ma'sezə]
médico (m)	**medic** (m)	['medik]
taxista (m)	**taximetrist** (m)	[taksime'trist]
condutor (automobilista)	**şofer** (m)	[ʃo'fer]
entregador (m)	**curier** (m)	[ku'rjer]
camareira (f)	**femeie** (f) **de serviciu**	[fe'mee de ser'vitʃiu]
guarda (m)	**paznic** (m)	['paznik]
hospedeira (f) de bordo	**stewardesă** (f)	[stjuar'desə]
professor (m)	**profesor** (m)	[pro'fesor]
bibliotecário (m)	**bibliotecar** (m)	[bibliote'kar]
tradutor (m)	**traducător** (m)	[tradukə'tor]
intérprete (m)	**interpret** (m)	[inter'pret]
guia (pessoa)	**ghid** (m)	[gid]
cabeleireiro (m)	**frizer** (m)	[fri'zer]
carteiro (m)	**poştaş** (m)	[poʃ'taʃ]
vendedor (m)	**vânzător** (m)	[vɨnzə'tor]
jardineiro (m)	**grădinar** (m)	[grədi'nar]
criado (m)	**servitor** (m)	[servi'tor]
criada (f)	**servitoare** (f)	[servito'are]
empregada (f) de limpeza	**femeie** (f) **de serviciu**	[fe'mee de ser'vitʃiu]

126. Profissões militares e postos

soldado (m) raso	**soldat** (m)	[sol'dat]
sargento (m)	**sergent** (m)	[ser'dʒent]
tenente (m)	**locotenent** (m)	[lokote'nent]
capitão (m)	**căpitan** (m)	[kəpi'tan]
major (m)	**maior** (m)	[ma'jor]
coronel (m)	**colonel** (m)	[kolo'nel]
general (m)	**general** (m)	[dʒene'ral]
marechal (m)	**mareşal** (m)	[mare'ʃal]
almirante (m)	**amiral** (m)	[ami'ral]
militar (m)	**militar** (m)	[mili'tar]
soldado (m)	**soldat** (m)	[sol'dat]
oficial (m)	**ofiţer** (m)	[ofi'tser]

comandante (m)	**comandant** (m)	[koman'dant]
guarda (m) fronteiriço	**grănicer** (m)	[grəni'ʧer]
operador (m) de rádio	**radist** (m)	[ra'dist]
explorador (m)	**cercetaş** (m)	[ʧerʧe'taʃ]
sapador (m)	**genist** (m)	[dʒe'nist]
atirador (m)	**trăgător** (m)	[trəgə'tor]
navegador (m)	**navigator** (m)	[naviga'tor]

127. Oficiais. Padres

rei (m)	**rege** (m)	['redʒe]
rainha (f)	**regină** (f)	[re'dʒinə]
príncipe (m)	**prinţ** (m)	[prinʦ]
princesa (f)	**prinţesă** (f)	[prin'ʦesə]
czar (m)	**ţar** (m)	[ʦar]
czarina (f)	**ţarină** (f)	[ʦa'rinə]
presidente (m)	**preşedinte** (m)	[preʃə'dinte]
ministro (m)	**ministru** (m)	[mi'nistru]
primeiro-ministro (m)	**prim-ministru** (m)	['prim mi'nistru]
senador (m)	**senator** (m)	[sena'tor]
diplomata (m)	**diplomat** (m)	[diplo'mat]
cônsul (m)	**consul** (m)	['konsul]
embaixador (m)	**ambasador** (m)	[ambasa'dor]
conselheiro (m)	**consilier** (m)	[konsi'ljer]
funcionário (m)	**funcţionar** (m)	[funkʦio'nar]
prefeito (m)	**prefect** (m)	[pre'fekt]
Presidente (m) da Câmara	**primar** (m)	[pri'mar]
juiz (m)	**judecător** (m)	[ʒudekə'tor]
procurador (m)	**procuror** (m)	[proku'ror]
missionário (m)	**misionar** (m)	[misio'nar]
monge (m)	**călugăr** (m)	[kə'lugər]
abade (m)	**abate** (m)	[a'bate]
rabino (m)	**rabin** (m)	[ra'bin]
vizir (m)	**vizir** (m)	[vi'zir]
xá (m)	**şah** (m)	[ʃah]
xeque (m)	**şeic** (m)	['ʃejk]

128. Profissões agrícolas

apicultor (m)	**apicultor** (m)	[apikul'tor]
pastor (m)	**păstor** (m)	[pəs'tor]
agrónomo (m)	**agronom** (m)	[agro'nom]
criador (m) de gado	**zootehnician** (m)	[zootehniʧi'an]
veterinário (m)	**veterinar** (m)	[veteri'nar]

agricultor (m)	fermier (m)	[fer'mjer]
vinicultor (m)	vinificator (m)	[vinifika'tor]
zoólogo (m)	zoolog (m)	[zoo'log]
cowboy (m)	cowboy (m)	['kauboj]

129. Profissões artísticas

| ator (m) | actor (m) | [ak'tor] |
| atriz (f) | actriţă (f) | [ak'tritsə] |

| cantor (m) | cântăreţ (m) | [kɨntə'rets] |
| cantora (f) | cântăreaţă (f) | [kɨntə'rⁱatsə] |

| bailarino (m) | dansator (m) | [dansa'tor] |
| bailarina (f) | dansatoare (f) | [dansato'are] |

| artista (m) | artist (m) | [ar'tist] |
| artista (f) | artistă (f) | [ar'tistə] |

músico (m)	muzician (m)	[muzitʃi'an]
pianista (m)	pianist (m)	[pia'nist]
guitarrista (m)	chitarist (m)	[kita'rist]

maestro (m)	dirijor (m)	[diri'ʒor]
compositor (m)	compozitor (m)	[kompo'zitor]
empresário (m)	impresar (m)	[impre'sar]

realizador (m)	regizor (m)	[re'dʒizor]
produtor (m)	producător (m)	[produkə'tor]
argumentista (m)	scenarist (m)	[stʃena'rist]
crítico (m)	critic (m)	['kritik]

escritor (m)	scriitor (m)	[skrii'tor]
poeta (m)	poet (m)	[po'et]
escultor (m)	sculptor (m)	['skulptor]
pintor (m)	pictor (m)	['piktor]

malabarista (m)	jongler (m)	[ʒon'gler]
palhaço (m)	clovn (m)	[klovn]
acrobata (m)	acrobat (m)	[akro'bat]
mágico (m)	magician (m)	[madʒitʃi'an]

130. Várias profissões

médico (m)	medic (m)	['medik]
enfermeira (f)	asistentă (f) medicală	[asis'tentə medi'kalə]
psiquiatra (m)	psihiatru (m)	[psihi'atru]
estomatologista (m)	stomatolog (m)	[stomato'log]
cirurgião (m)	chirurg (m)	[ki'rurg]

| astronauta (m) | astronaut (m) | [astrona'ut] |
| astrónomo (m) | astronom (m) | [astro'nom] |

piloto (m)	**pilot** (m)	[pi'lot]
motorista (m)	**şofer** (m)	[ʃo'fer]
maquinista (m)	**maşinist** (m)	[maʃi'nist]
mecânico (m)	**mecanic** (m)	[me'kanik]
mineiro (m)	**miner** (m)	[mi'ner]
operário (m)	**muncitor** (m)	[muntʃi'tor]
serralheiro (m)	**lăcătuş** (m)	[ləkə'tuʃ]
marceneiro (m)	**tâmplar** (m)	[ʦim'plar]
torneiro (m)	**strungar** (m)	[strun'gar]
construtor (m)	**constructor** (m)	[kon'struktor]
soldador (m)	**sudor** (m)	[su'dor]
professor (m) catedrático	**profesor** (m)	[pro'fesor]
arquiteto (m)	**arhitect** (m)	[arhi'tekt]
historiador (m)	**istoric** (m)	[is'torik]
cientista (m)	**savant** (m)	[sa'vant]
físico (m)	**fizician** (m)	[fiziʧi'an]
químico (m)	**chimist** (m)	[ki'mist]
arqueólogo (m)	**arheolog** (m)	[arheo'log]
geólogo (m)	**geolog** (m)	[ʤeo'log]
pesquisador (cientista)	**cercetător** (m)	[ʧerʧetə'tor]
babysitter (f)	**dădacă** (f)	[də'dakə]
professor (m)	**pedagog** (m)	[peda'gog]
redator (m)	**redactor** (m)	[re'daktor]
redator-chefe (m)	**redactor-şef** (m)	[re'daktor 'ʃef]
correspondente (m)	**corespondent** (m)	[korespon'dent]
datilógrafa (f)	**dactilografă** (f)	[daktilo'grafə]
designer (m)	**designer** (m)	[di'zajner]
especialista (m) em informática	**operator** (m)	[opera'tor]
programador (m)	**programator** (m)	[programa'tor]
engenheiro (m)	**inginer** (m)	[inʤi'ner]
marujo (m)	**marinar** (m)	[mari'nar]
marinheiro (m)	**marinar** (m)	[mari'nar]
salvador (m)	**salvator** (m)	[salva'tor]
bombeiro (m)	**pompier** (m)	[pom'pjer]
polícia (m)	**poliţist** (m)	[poli'ʦist]
guarda-noturno (m)	**paznic** (m)	['paznik]
detetive (m)	**detectiv** (m)	[detek'tiv]
funcionário (m) da alfândega	**vameş** (m)	['vameʃ]
guarda-costas (m)	**gardă** (f) **de corp**	['gardə de 'korp]
guarda (m) prisional	**supraveghetor** (m)	[supravege'tor]
inspetor (m)	**inspector** (m)	[in'spektor]
desportista (m)	**sportiv** (m)	[spor'tiv]
treinador (m)	**antrenor** (m)	[antre'nor]
talhante (m)	**măcelar** (m)	[məʧe'lar]
sapateiro (m)	**cizmar** (m)	[ʧiz'mar]

comerciante (m)	**comerciant** (m)	[komertʃi'ant]
carregador (m)	**hamal** (m)	[ha'mal]

estilista (m)	**modelier** (n)	[mode'ljer]
modelo (f)	**model** (n)	[mo'del]

131. Ocupações. Estatuto social

aluno, escolar (m)	**elev** (m)	[e'lev]
estudante (~ universitária)	**student** (m)	[stu'dent]

filósofo (m)	**filozof** (m)	[filo'zof]
economista (m)	**economist** (m)	[ekono'mist]
inventor (m)	**inventator** (m)	[inventa'tor]

desempregado (m)	**şomer** (m)	[ʃo'mer]
reformado (m)	**pensionar** (m)	[pensio'nar]
espião (m)	**spion** (m)	[spi'on]

preso (m)	**arestat** (m)	[ares'tat]
grevista (m)	**grevist** (m)	[gre'vist]
burocrata (m)	**birocrat** (m)	[biro'krat]
viajante (m)	**călător** (m)	[kələ'tor]

homossexual (m)	**homosexual** (m)	[homoseksu'al]
hacker (m)	**hacker** (m)	['haker]

bandido (m)	**bandit** (m)	[ban'dit]
assassino (m) a soldo	**asasin** (m) **plătit**	[asa'sin plə'tit]
toxicodependente (m)	**narcoman** (m)	[narko'man]
traficante (m)	**vânzător** (m) **de droguri**	[vinze'tor de 'droguri]
prostituta (f)	**prostituată** (f)	[prostitu'atə]
chulo (m)	**proxenet** (m)	[prokse'net]

bruxo (m)	**vrăjitor** (m)	[vrəʒi'tor]
bruxa (f)	**vrăjitoare** (f)	[vrəʒito'are]
pirata (m)	**pirat** (m)	[pi'rat]
escravo (m)	**rob** (m)	[rob]
samurai (m)	**samurai** (m)	[samu'raj]
selvagem (m)	**sălbatic** (m)	[səl'batik]

Desportos

132. Tipos de desportos. Desportistas

desportista (m)	sportiv (m)	[spor'tiv]
tipo (m) de desporto	gen (n) de sport	['dʒen de 'sport]
basquetebol (m)	baschet (n)	['basket]
jogador (m) de basquetebol	baschetbalist (m)	[basketba'list]
beisebol (m)	base-ball (n)	['bejsbol]
jogador (m) de beisebol	jucător (m) de base-ball	[ʒukə'tor de 'bejsbol]
futebol (m)	fotbal (n)	['fotbal]
futebolista (m)	fotbalist (m)	[fotba'list]
guarda-redes (m)	portar (m)	[por'tar]
hóquei (m)	hochei (n)	['hokej]
jogador (m) de hóquei	hocheist (m)	[hoke'ist]
voleibol (m)	volei (n)	['volej]
jogador (m) de voleibol	voleibalist (m)	[volejba'list]
boxe (m)	box (n)	[boks]
boxeador, pugilista (m)	boxer (m)	[bok'ser]
luta (f)	luptă (f)	['luptə]
lutador (m)	luptător (m)	[luptə'tor]
karaté (m)	carate (n)	[ka'rate]
karateca (m)	karatist (m)	[kara'tist]
judo (m)	judo (n)	['dʒudo]
judoca (m)	judocan (m)	[dʒudo'kan]
ténis (m)	tenis (n)	['tenis]
tenista (m)	tenisman (m)	[tenis'man]
natação (f)	înot (n)	[i'not]
nadador (m)	înotător (m)	[ɨnotə'tor]
esgrima (f)	scrimă (f)	['skrimə]
esgrimista (m)	jucător (m) de scrimă	[ʒukə'tor de 'skrimə]
xadrez (m)	şah (n)	[ʃah]
xadrezista (m)	şahist (m)	[ʃa'hist]
alpinismo (m)	alpinism (n)	[alpi'nizm]
alpinista (m)	alpinist (m)	[alpi'nist]
corrida (f)	alergare (f)	[aler'gare]

corredor (m)	alergător (m)	[alergə'tor]
atletismo (m)	atletism (n)	[atle'tizm]
atleta (m)	atlet (m)	[at'let]

| hipismo (m) | hipism (n) | [hi'pism] |
| cavaleiro (m) | călăreț (m) | [kələ'reʦ] |

patinagem (f) artística	patinaj (n) artistic	[pati'naʒ ar'tistik]
patinador (m)	patinator (m) artistic	[patina'tor ar'tistik]
patinadora (f)	patinatore (f) artistică	[patinato'are ar'tistikə]

| halterofilismo (m) | atletică (f) grea | [at'letikə grʲa] |
| halterofilista (m) | halterofil (m) | [haltero'fil] |

| corrida (f) de carros | raliu (n) | [ra'liu] |
| piloto (m) | pilot (m) de curse | [pi'lot de 'kurse] |

| ciclismo (m) | ciclism (n) | [ʧi'klizm] |
| ciclista (m) | ciclist (m) | [ʧi'klist] |

salto (m) em comprimento	sărituri (f pl) în lungime	[səri'turʲ ɨn lun'dʒime]
salto (m) à vara	săritură (f) cu prăjina	[səri'turə ku prə'ʒina]
atleta (m) de saltos	săritor (m)	[səri'tor]

133. Tipos de desportos. Diversos

futebol (m) americano	fotbal (n) american	['fotbal ameri'kan]
badminton (m)	badminton (n)	[bedmin'ton]
biatlo (m)	biatlon (n)	[biat'lon]
bilhar (m)	biliard (n)	[bi'ljard]

bobsled (m)	bob (n)	[bob]
musculação (f)	culturism (n)	[kultu'rism]
polo (m) aquático	polo (n) pe apă	['polo pe 'apə]
andebol (m)	handbal (n)	['handbal]
golfe (m)	golf (n)	[golf]

remo (m)	canotaj (n)	[kano'taʒ]
mergulho (m)	scufundare (f)	[skufun'dare]
corrida (f) de esqui	concurs (n) de schi	[ko'nkurs de 'ski]
ténis (m) de mesa	tenis (n) de masă	['tenis de 'masə]

vela (f)	iahting (n)	['jahting]
rali (m)	raliu (n)	[ra'liu]
râguebi (m)	rugby (n)	['regbi]
snowboard (m)	snowboard (n)	[snou'bord]
tiro (m) com arco	tragere (f) cu arcul	['tradʒere 'ku 'arkul]

134. Ginásio

| barra (f) | halteră (f) | [hal'terə] |
| halteres (m pl) | haltere (f pl) | ['haltere] |

aparelho (m) de musculação	dispozitiv (n) pentru antrenament	[dispozi'tiv 'pentru antrena'ment]
bicicleta (f) ergométrica	bicicletă (f)	[bitʃi'kletə]
passadeira (f) de corrida	pistă (f) de alergare	['pistə de aler'gare]

barra (f) fixa	bară (f)	['barə]
barras (f) paralelas	bare (f pl)	['bare]
cavalo (m)	cal (m) de gimnastică	['kal de dʒim'nastikə]
tapete (m) de ginástica	saltea (f)	[sal'tʲa]

aeróbica (f)	aerobică (f)	[ae'robikə]
ioga (f)	yoga (f)	['joga]

135. Hóquei

hóquei (m)	hochei (n)	['hokej]
jogador (m) de hóquei	hocheist (m)	[hoke'ist]
jogar hóquei	a juca hochei	[a ʒu'ka 'hokej]
gelo (m)	gheață (f)	['gʲatsə]

disco (m)	puc (n)	[puk]
taco (m) de hóquei	crosă (f)	['krosə]
patins (m pl) de gelo	patine (f pl)	[pa'tine]

muro (m)	bandă (f)	['bandə]
tiro (m)	lovitură (f)	[lovi'turə]

guarda-redes (m)	portar (m)	[por'tar]
golo (m)	gol (n)	[gol]
marcar um golo	a marca un gol	[a mar'ka un gol]

tempo (m)	repriză (f)	[re'prizə]
banco (m) de reservas	bancă (f) de rezervă	['bankə de re'zervə]

136. Futebol

futebol (m)	fotbal (n)	['fotbal]
futebolista (m)	fotbalist (m)	[fotba'list]
jogar futebol	a juca fotbal	[a ʒu'ka 'fotbal]

Liga Principal (f)	ligă (f) superioară	['ligə superio'arə]
clube (m) de futebol	club (n) de fotbal	['klub de 'fotbal]
treinador (m)	antrenor (m)	[antre'nor]
proprietário (m)	proprietar (m)	[proprie'tar]

equipa (f)	echipă (f)	[e'kipə]
capitão (m) da equipa	căpitanul (m) echipei	[kəpi'tanul e'kipej]
jogador (m)	jucător (m)	[ʒukə'tor]
jogador (m) de reserva	jucător (m) de rezervă	[ʒukə'tor de re'zervə]

atacante (m)	atacant (m)	[ata'kant]
avançado (m) centro	atacant (m) la centru	[ata'kant la 'tʃentru]

marcador (m)	golgheter (m)	[gol'geter]
defesa (m)	apărător (m)	[apərə'tor]
médio (m)	mijlocaş (m)	[miʒlo'kaʃ]
jogo (desafio)	meci (n)	['metʃi]
encontrar-se (vr)	a se întâlni	[a se intil'ni]
final (m)	finală (f)	[fi'nalə]
meia-final (f)	semifinală (f)	[semifi'nalə]
campeonato (m)	campionat (n)	[kampio'nat]
tempo (m)	repriză (f)	[re'prizə]
primeiro tempo (m)	prima repriză (f)	['prima re'prizə]
intervalo (m)	pauză (f)	['pauzə]
baliza (f)	poartă (f)	[po'artə]
guarda-redes (m)	portar (m)	[por'tar]
trave (f)	bară (f)	['barə]
barra (f) transversal	bară (f) transversală	['barə transver'salə]
rede (f)	plasă (f)	['plasə]
sofrer um golo	a rata gol	[a rə'ta gol]
bola (f)	minge (f)	['mindʒe]
passe (m)	pasă (f)	['pasə]
chute (m)	lovitură (f)	[lovi'turə]
chutar (vt)	a da o lovitură	[a da o lovi'turə]
tiro (m) livre	lovitură (f) de pedeapsă	[lovi'turə de pe'dʲapsə]
canto (m)	lovitură (f) de colţ	[lovi'turə de 'kolts]
ataque (m)	atac (n)	[a'tak]
contra-ataque (m)	contraatac (n)	[kontraa'tak]
combinação (f)	combinaţie (f)	[kombi'natsie]
árbitro (m)	arbitru (m)	[ar'bitru]
apitar (vi)	a fluiera	[a flue'ra]
apito (m)	fluier (n)	['flujer]
falta (f)	încălcare (f)	[inkəl'kare]
cometer a falta	a încălca	[a inkəl'ka]
expulsar (vt)	a elimina de pe teren	[a elimi'na de pe te'ren]
cartão (m) amarelo	cartonaş (n) galben	[karto'naʃ 'galben]
cartão (m) vermelho	cartonaş (n) roşu	[karto'naʃ 'roʃu]
desqualificação (f)	descalificare (f)	[deskalifi'kare]
desqualificar (vt)	a descalifica	[a deskalifi'ka]
penálti (m)	penalti (n)	[pe'nalti]
barreira (f)	perete (m)	[pe'rete]
marcar (vt)	a marca	[a mar'ka]
golo (m)	gol (n)	[gol]
marcar um golo	a marca un gol	[a mar'ka un gol]
substituição (f)	înlocuire (f)	[inloku'ire]
substituir (vt)	a înlocui	[a inloku'i]
regras (f pl)	reguli (f pl)	['regulʲ]
tática (f)	tactică (f)	['taktikə]
estádio (m)	stadion (n)	[stadi'on]
bancadas (f pl)	tribună (f)	[tri'bunə]

| fã, adepto (m) | suporter (m) | [su'porter] |
| gritar (vi) | a striga | [a stri'ga] |

| marcador (m) | tablă (f) | ['tablə] |
| resultado (m) | scor (n) | [skor] |

derrota (f)	înfrângere (f)	[in'frindʒere]
perder (vt)	a pierde	[a 'pjerde]
empate (m)	egalitate (f)	[egali'tate]
empatar (vi)	a juca la egalitate	[a ʒu'ka la egali'tate]

| vitória (f) | victorie (f) | [vik'torie] |
| ganhar, vencer (vi, vt) | a învinge | [a in'vindʒe] |

campeão (m)	campion (m)	[kampi'on]
melhor	cel mai bun	[ʧel maj bun]
felicitar (vt)	a felicita	[a feliʧi'ta]

comentador (m)	comentator (m)	[komenta'tor]
comentar (vt)	a comenta	[a komen'ta]
transmissão (f)	transmisiune (f)	[trans'misjune]

137. Esqui alpino

esqui (m)	schiuri (n)	['skjuri]
esquiar (vi)	a schia	[a ski'a]
estância (f) de esqui	stațiune (f) de schi montan	[staʦi'une de ski mon'tan]
teleférico (m)	ascensor (m)	[asʧen'sor]

bastões (m pl) de esqui	bețe (n pl)	['beʦe]
declive (m)	pantă (f)	['pantə]
slalom (m)	slalom (n)	['slalom]

138. Ténis. Golfe

golfe (m)	golf (n)	[golf]
clube (m) de golfe	club (n) de golf	['klub de 'golf]
jogador (m) de golfe	jucător (m) de golf	[ʒukə'tor de 'golf]

buraco (m)	gaură (f)	['gaurə]
taco (m)	crosă (f)	['krosə]
trolley (m)	cărucior (n) pentru crose	[kəru'ʧior 'pentru 'krose]

| ténis (m) | tenis (n) | ['tenis] |
| quadra (f) de ténis | teren (n) de tenis | [te'ren de 'tenis] |

| saque (m) | serviciu (n) | [ser'viʧiu] |
| sacar (vi) | a servi | [a ser'vi] |

raquete (f)	paletă (f)	[pa'letə]
rede (f)	plasă (f)	['plasə]
bola (f)	minge (f)	['mindʒe]

139. Xadrez

xadrez (m)	şah (n)	[ʃah]
peças (f pl) de xadrez	piese (f pl)	['pjese]
xadrezista (m)	şahist (m)	[ʃa'hist]
tabuleiro (m) de xadrez	tablă (f) de şah	['tablə de ʃah]
peça (f) de xadrez	piesă (f)	['pjesə]
brancas (f pl)	piese (f pl) albe	['pjese 'albe]
pretas (f pl)	piese (f pl) negre	['pjese 'negre]
peão (m)	pion (m)	[pi'on]
bispo (m)	nebun (m)	[ne'bun]
cavalo (m)	cal (m)	[kal]
torre (f)	turn (n)	[turn]
dama (f)	regină (f)	[re'dʒinə]
rei (m)	rege (m)	['redʒe]
vez (m)	mutare (f)	[mu'tare]
mover (vt)	a muta	[a mu'ta]
sacrificar (vt)	a sacrifica	[a sakrifi'ka]
roque (m)	rocadă (f)	[ro'kadə]
xeque (m)	şah (n)	[ʃah]
xeque-mate (m)	mat (n)	[mat]
torneio (m) de xadrez	turneu (n) de şah	[tur'neu de ʃah]
grão-mestre (m)	mare maestru (m)	['mare ma'estru]
combinação (f)	combinaţie (f)	[kombi'natsie]
partida (f)	partidă (f)	[par'tidə]
jogo (m) de damas	joc (n) de dame	[ʒok de 'dame]

140. Boxe

boxe (m)	box (n)	[boks]
combate (m)	luptă (f)	['luptə]
duelo (m)	duel (n)	[du'el]
round (m)	rundă (f)	['rundə]
ringue (m)	ring (n)	[ring]
gongo (m)	gong (n)	[gong]
murro, soco (m)	lovitură (f)	[lovi'turə]
knockdown (m)	cnocdaun (n)	['knokdaun]
nocaute (m)	cnocaut (n)	['knokaut]
nocautear (vt)	a face cnocaut	[a 'fatʃe 'knokaut]
luva (f) de boxe	mănuşă (f) de box	[mə'nuʃe de 'boks]
árbitro (m)	arbitru (m)	[ar'bitru]
peso-leve (m)	categorie (f) uşoară	[katego'rie uʃo'arə]
peso-médio (m)	categorie (f) mijlocie	[katego'rie miʒlo'tʃie]
peso-pesado (m)	categorie (f) grea	[katego'rie gr'a]

141. Desportos. Diversos

Português	Romeno	Pronúncia
Jogos (m pl) Olímpicos	Jocuri (n pl) Olimpice	['ʒokurʲ o'limpitʃe]
vencedor (m)	învingător (m)	[invingə'tor]
vencer (vi)	a învinge	[a in'vindʒe]
vencer, ganhar (vi)	a câştiga	[a kiʃti'ga]
líder (m)	lider (m)	['lider]
liderar (vt)	a fi în fruntea	[a fi in 'fruntʲa]
primeiro lugar (m)	primul loc (n)	['primul lok]
segundo lugar (m)	al doilea loc (n)	[al 'dojlʲa lok]
terceiro lugar (m)	al treilea loc (n)	[al 'trejlʲa lok]
medalha (f)	medalie (f)	[me'dalie]
troféu (m)	trofeu (n)	[tro'feu]
taça (f)	cupă (f)	['kupə]
prémio (m)	premiu (n)	['premju]
prémio (m) principal	premiul (n) principal	['premjul printʃi'pal]
recorde (m)	record (n)	[re'kord]
estabelecer um recorde	a bate recordul	[a 'bate re'kordul]
final (m)	finală (f)	[fi'nalə]
final	final	[fi'nal]
campeão (m)	campion (m)	[kampi'on]
campeonato (m)	campionat (n)	[kampio'nat]
estádio (m)	stadion (n)	[stadi'on]
bancadas (f pl)	tribună (f)	[tri'bunə]
fã, adepto (m)	suporter (m)	[su'porter]
adversário (m)	adversar (m)	[adver'sar]
partida (f)	start (n)	[start]
chegada, meta (f)	finiş (n)	['finiʃ]
derrota (f)	înfrângere (f)	[in'frindʒere]
perder (vt)	a pierde	[a 'pjerde]
árbitro (m)	arbitru (m)	[ar'bitru]
júri (m)	juriu (n)	['ʒurju]
resultado (m)	scor (n)	[skor]
empate (m)	egalitate (f)	[egali'tate]
empatar (vi)	a juca la egalitate	[a ʒu'ka la egali'tate]
ponto (m)	punct (n)	[punkt]
resultado (m) final	rezultat (n)	[rezul'tat]
intervalo (m)	pauză (f)	['pauzə]
doping (m)	dopaj (n)	[do'paʒ]
penalizar (vt)	a penaliza	[a penali'za]
desqualificar (vt)	a descalifica	[a deskalifi'ka]
aparelho (m)	aparat (n)	[apa'rat]
dardo (m)	suliţă (f)	['sulitsə]

peso (m)	**greutate** (f)	[greu'tate]
bola (f)	**bilă** (f)	['bilə]

alvo, objetivo (m)	**ţintă** (f)	['tsintə]
alvo (~ de papel)	**ţintă** (f)	['tsintə]
atirar, disparar (vi)	**a trage**	[a 'tradʒə]
preciso (tiro ~)	**exact**	[e'gzakt]

treinador (m)	**antrenor** (m)	[antre'nor]
treinar (vt)	**a antrena**	[a antre'na]
treinar-se (vr)	**a se antrena**	[a se antre'na]
treino (m)	**antrenament** (n)	[antrena'ment]

ginásio (m)	**sală** (f) **de sport**	['salə de sport]
exercício (m)	**exerciţiu** (n)	[egzer'tʃitsju]
aquecimento (m)	**încălzire** (f)	[ɨnkəl'zire]

Educação

142. Escola

escola (f)	şcoală (f)	[ʃko'alə]
diretor (m) de escola	director (m)	[di'rektor]
aluno (m)	elev (m)	[e'lev]
aluna (f)	elevă (f)	[e'levə]
escolar (m)	elev (m)	[e'lev]
escolar (f)	elevă (f)	[e'levə]
ensinar (vt)	a învăţa	[a invə'tsa]
aprender (vt)	a învăţa	[a invə'tsa]
aprender de cor	a învăţa pe de rost	[a invə'tsa pe de rost]
estudar (vi)	a învăţa	[a invə'tsa]
andar na escola	a merge la şcoală	[a 'merdʒe la ʃko'alə]
ir à escola	a merge la şcoală	[a 'merdʒe la ʃko'alə]
alfabeto (m)	alfabet (n)	[alfa'bet]
disciplina (f)	disciplină (f)	[distʃi'plinə]
sala (f) de aula	clasă (f)	['klasə]
lição (f)	lecţie (f)	['lektsie]
recreio (m)	recreaţie (f)	[rekre'atsie]
toque (m)	sunet (n)	['sunet]
carteira (f)	bancă (f)	['bankə]
quadro (m) negro	tablă (f)	['tablə]
nota (f)	notă (f)	['notə]
boa nota (f)	notă (f) bună	['notə 'bunə]
nota (f) baixa	notă (f) rea	['notə rʲa]
dar uma nota	a pune notă	[a 'pune 'notə]
erro (m)	greşeală (f)	[gre'ʃalə]
fazer erros	a greşi	[a gre'ʃi]
corrigir (vt)	a corecta	[a korek'ta]
cábula (f)	fiţuică (f)	[fi'tsujkə]
dever (m) de casa	temă (f) pentru acasă	['temə 'pentru a'kasə]
exercício (m)	exerciţiu (n)	[egzer'tʃitsju]
estar presente	a fi prezent	[a fi pre'zent]
estar ausente	a lipsi	[a lip'si]
punir (vt)	a pedepsi	[a pedep'si]
punição (f)	pedeapsă (f)	[pe'dʲapsə]
comportamento (m)	comportament (n)	[komporta'ment]

boletim (m) escolar	agendă (f)	[a'dʒendə]
lápis (m)	creion (n)	[kre'jon]
borracha (f)	radieră (f)	[radi'erə]
giz (m)	cretă (f)	['kretə]
estojo (m)	penar (n)	[pe'nar]
pasta (f) escolar	ghiozdan (n)	[goz'dan]
caneta (f)	pix (n)	[piks]
caderno (m)	caiet (n)	[ka'et]
manual (m) escolar	manual (n)	[manu'al]
compasso (m)	compas (n)	[kom'pas]
traçar (vt)	a schiţa	[a ski'tsa]
desenho (m) técnico	plan (n)	[plan]
poesia (f)	poezie (f)	[poe'zie]
de cor	pe de rost	[pe de rost]
aprender de cor	a învăţa pe de rost	[a invə'tsa pe de rost]
férias (f pl)	vacanţă (f)	[va'kantsə]
estar de férias	a fi în vacanţă	[a fi in va'kantsə]
teste (m)	lucrare (f) de control	[lu'krare de kon'trol]
composição, redação (f)	compunere (f)	[kom'punere]
ditado (m)	dictare (f)	[dik'tare]
exame (m)	examen (n)	[e'gzamen]
fazer exame	a da examene	[a da e'gzamene]
experiência (~ química)	experiment (f)	[eksperi'ment]

143. Colégio. Universidade

academia (f)	academie (f)	[akade'mie]
universidade (f)	universitate (f)	[universi'tate]
faculdade (f)	facultate (f)	[fakul'tate]
estudante (m)	student (m)	[stu'dent]
estudante (f)	studentă (f)	[stu'dentə]
professor (m)	profesor (m)	[pro'fesor]
sala (f) de palestras	aulă (f)	[a'ulə]
graduado (m)	absolvent (m)	[absol'vent]
diploma (m)	diplomă (f)	['diplomə]
tese (f)	disertaţie (f)	[diser'tatsie]
estudo (obra)	cercetare (f)	[tʃertʃe'tare]
laboratório (m)	laborator (n)	[labora'tor]
palestra (f)	prelegere (f)	[pre'ledʒere]
colega (m) de curso	coleg (m) de an	[ko'leg de an]
bolsa (f) de estudos	bursă (f)	['bursə]
grau (m) académico	titlu (n) ştiinţific	['titlu ʃtiin'tsifik]

144. Ciências. Disciplinas

matemática (f)	matematică (f)	[mate'matikə]
álgebra (f)	algebră (f)	[al'dʒebrə]
geometria (f)	geometrie (f)	[dʒeome'trie]

astronomia (f)	astronomie (f)	[astrono'mie]
biologia (f)	biologie (f)	[biolo'dʒie]
geografia (f)	geografie (f)	[dʒeogra'fie]
geologia (f)	geologie (f)	[dʒeolo'dʒie]
história (f)	istorie (f)	[is'torie]

medicina (f)	medicină (f)	[medi'tʃinə]
pedagogia (f)	pedagogie (f)	[pedago'dʒie]
direito (m)	drept (n)	[drept]

física (f)	fizică (f)	['fizikə]
química (f)	chimie (f)	[ki'mie]
filosofia (f)	filozofie (f)	[filozo'fie]
psicologia (f)	psihologie (f)	[psiholo'dʒie]

145. Sistema de escrita. Ortografia

gramática (f)	gramatică (f)	[gra'matikə]
vocabulário (m)	lexic (n)	['leksik]
fonética (f)	fonetică (f)	[fo'netikə]

substantivo (m)	substantiv (n)	[substan'tiv]
adjetivo (m)	adjectiv (n)	[adʒek'tiv]
verbo (m)	verb (n)	[verb]
advérbio (m)	adverb (n)	[ad'verb]

pronome (m)	pronume (n)	[pro'nume]
interjeição (f)	interjecție (f)	[inter'ʒektsie]
preposição (f)	prepoziție (f)	[prepo'zitsie]

raiz (f) da palavra	rădăcina (f) cuvântului	[rədə'tʃina ku'vintuluj]
terminação (f)	terminație (f)	[termi'natsie]
prefixo (m)	prefix (n)	[pre'fiks]
sílaba (f)	silabă (f)	[si'labə]
sufixo (m)	sufix (n)	[su'fiks]

| acento (m) | accent (n) | [ak'tʃent] |
| apóstrofo (m) | apostrof (n) | [apo'strof] |

ponto (m)	punct (n)	[punkt]
vírgula (f)	virgulă (f)	['virgulə]
ponto e vírgula (m)	punct (n) şi virgulă	[punkt ʃi 'virgulə]
dois pontos (m pl)	două puncte (n pl)	['dowə 'punkte]
reticências (f pl)	puncte-puncte (n pl)	['punkte 'punkte]

| ponto (m) de interrogação | semn (n) de întrebare | [semn de intre'bare] |
| ponto (m) de exclamação | semn (n) de exclamare | [semn de ekskla'mare] |

aspas (f pl)	ghilimele (f pl)	[gili'mele]
entre aspas	în ghilimele	[in gili'mele]
parênteses (m pl)	paranteze (f pl)	[paran'teze]
entre parênteses	în paranteze	[in paran'teze]

hífen (m)	cratimă (f)	['kratimə]
travessão (m)	cratimă (f)	['kratimə]
espaço (m)	spaţiu (n) liber	['spatsju 'liber]

letra (f)	literă (f)	['literə]
letra (f) maiúscula	majusculă (f)	[ma'ʒuskulʲa]

vogal (f)	vocală (f)	[vo'kalə]
consoante (f)	consoană (f)	[konso'anə]

frase (f)	prepoziţie (f)	[prepo'zitsie]
sujeito (m)	subiect (n)	[su'bjekt]
predicado (m)	predicat (n)	[predi'kat]

linha (f)	rând (n)	[rind]
em uma nova linha	alineat	[aline'at]
parágrafo (m)	paragraf (n)	[para'graf]

palavra (f)	cuvânt (n)	[ku'vint]
grupo (m) de palavras	îmbinare (f) de cuvinte	[imbi'nare de ku'vinte]
expressão (f)	expresie (f)	[eks'presie]
sinónimo (m)	sinonim (n)	[sino'nim]
antónimo (m)	antonim (n)	[anto'nim]

regra (f)	regulă (f)	['regulə]
exceção (f)	excepţie (f)	[eks'tʃeptsie]
correto	corect	[ko'rekt]

conjugação (f)	conjugare (f)	[konʒu'gare]
declinação (f)	declinare (f)	[dekli'nare]
caso (m)	caz (n)	[kaz]
pergunta (f)	întrebare (f)	[intre'bare]
sublinhar (vt)	a sublinia	[a sublini'a]
linha (f) pontilhada	linie (f) punctată	['linie punk'tatə]

146. Línguas estrangeiras

língua (f)	limbă (f)	['limbə]
estrangeiro	străin	[strə'in]
estudar (vt)	a studia	[a studi'a]
aprender (vt)	a învăţa	[a invə'tsa]

ler (vt)	a citi	[a tʃi'ti]
falar (vi)	a vorbi	[a vor'bi]
compreender (vt)	a înţelege	[a intse'ledʒe]
escrever (vt)	a scrie	[a 'skrie]

rapidamente	repede	['repede]
devagar	încet	[in'tʃet]

fluentemente	liber	['liber]
regras (f pl)	reguli (f pl)	['reguli]
gramática (f)	gramatică (f)	[gra'matikə]
vocabulário (m)	lexic (n)	['leksik]
fonética (f)	fonetică (f)	[fo'netikə]

manual (m) escolar	manual (n)	[manu'al]
dicionário (m)	dicţionar (n)	[diktsio'nar]
manual (m) de autoaprendizagem	manual (n) autodidactic	[manu'al autodi'daktik]
guia (m) de conversação	ghid (n) de conversaţie	[gid de konver'satsie]

cassete (f)	casetă (f)	[ka'setə]
vídeo cassete (m)	casetă (f) video	[ka'setə 'video]
CD (m)	CD (n)	[si'di]
DVD (m)	DVD (n)	[divi'di]

alfabeto (m)	alfabet (n)	[alfa'bet]
soletrar (vt)	a spune pe litere	[a vor'bi pe 'litere]
pronúncia (f)	pronunţie (f)	[pro'nuntsie]

sotaque (m)	accent (n)	[ak'tʃent]
com sotaque	cu accent	['ku ak'tʃent]
sem sotaque	fără accent	['fərə ak'tʃent]

palavra (f)	cuvânt (n)	[ku'vint]
sentido (m)	sens (n)	[sens]

cursos (m pl)	cursuri (n)	['kursuri]
inscrever-se (vr)	a se înscrie	[a se in'skrie]
professor (m)	profesor (m)	[pro'fesor]

tradução (processo)	traducere (f)	[tra'dutʃere]
tradução (texto)	traducere (f)	[tra'dutʃere]
tradutor (m)	traducător (m)	[tradukə'tor]
intérprete (m)	translator (m)	[trans'lator]

poliglota (m)	poliglot (m)	[poli'glot]
memória (f)	memorie (f)	[me'morie]

147. Personagens de contos de fadas

Pai (m) Natal	Santa Claus (m)	['santa 'klaus]
sereia (f)	sirenă (f)	[si'renə]

mago (m)	vrăjitor (m)	[vrəʒi'tor]
fada (f)	vrăjitoare (f)	[vrəʒito'are]
mágico	miraculos	[miraku'los]
varinha (f) mágica	baghetă (f) magică	[ba'getə 'madʒikə]

conto (m) de fadas	poveste (f)	[po'veste]
milagre (m)	minune (f)	[mi'nune]
anão (m)	gnom (m)	[gnom]
transformar-se em ...	a se preface în ...	[a se pre'fatʃe in]

fantasma (m)	**fantomă** (f)	[fan'tomə]
espetro (m)	**stafie** (f)	[sta'fie]
monstro (m)	**monstru** (m)	['monstru]
dragão (m)	**dragon** (m)	[dra'gon]
gigante (m)	**uriaş** (m)	[uri'aʃ]

148. Signos do Zodíaco

Carneiro	**Berbec** (m)	[ber'bek]
Touro	**Taur** (m)	['taur]
Gémeos	**Gemeni** (m pl)	['dʒemenʲ]
Caranguejo	**Rac** (m)	[rak]
Leão	**Leu** (m)	['leu]
Virgem (f)	**Fecioară** (f)	[fetʃio'arə]

Balança	**Balanţă** (f)	[ba'lantsə]
Escorpião	**Scorpion** (m)	[skorpi'on]
Sagitário	**Săgetător** (m)	[sədʒetə'tor]
Capricórnio	**Capricorn** (m)	[kapri'korn]
Aquário	**Vărsător** (m)	[vərsə'tor]
Peixes	**Peşti** (m pl)	[peʃtʲ]

caráter (m)	**caracter** (m)	[karak'ter]
traços (m pl) do caráter	**trăsături** (f pl) **de caracter**	[trəsə'turʲ de karak'ter]
comportamento (m)	**comportament** (n)	[komporta'ment]
predizer (vt)	**a prezice**	[a pre'zitʃe]
adivinha (f)	**prezicătoare** (f)	[prezikəto'are]
horóscopo (m)	**horoscop** (n)	[horo'skop]

Artes

149. Teatro

teatro (m)	teatru (n)	[te'atru]
ópera (f)	operă (f)	['operə]
opereta (f)	operetă (f)	[ope'retə]
balé (m)	balet (n)	[ba'let]
cartaz (m)	afiş (n)	[a'fiʃ]
companhia (f) teatral	trupă (f)	['trupə]
turné (digressão)	turneu (n)	[tur'neu]
estar em turné	a juca în turneu	[a ʒu'ka in tur'neu]
ensaiar (vt)	a repeta	[a repe'ta]
ensaio (m)	repetiţie (f)	[repe'tiʦie]
repertório (m)	repertoriu (n)	[reper'torju]
apresentação (f)	reprezentaţie (f)	[rəprəzən'tatje]
espetáculo (m)	spectacol (n)	[spekta'kol]
peça (f)	piesă (f) de teatru	['pjesə de te'atru]
bilhete (m)	bilet (n)	[bi'let]
bilheteira (f)	casă (f) de bilete	['kasə de bi'lete]
hall (m)	hol (n)	[hol]
guarda-roupa (m)	garderobă (f)	[garde'robə]
senha (f) numerada	număr (n)	['numər]
binóculo (m)	binoclu (n)	[bi'noklu]
lanterninha (m)	controlor (m)	[kontro'lor]
plateia (f)	parter (n)	[par'ter]
balcão (m)	balcon (n)	[bal'kon]
primeiro balcão (m)	mezanin (n)	[meza'nin]
camarote (m)	lojă (f)	['loʒə]
fila (f)	rând (n)	[rind]
assento (m)	loc (n)	[lok]
público (m)	public (n)	['publik]
espetador (m)	spectator (m)	[spekta'tor]
aplaudir (vt)	a aplauda	[a aplau'da]
aplausos (m pl)	aplauze (f pl)	[ap'lauze]
ovação (f)	ovaţii (f pl)	[o'vaʦij]
palco (m)	scenă (f)	['sʧenə]
pano (m) de boca	cortină (f)	[kor'tinə]
cenário (m)	decor (n)	[de'kor]
bastidores (m pl)	culise (f)	[ku'lise]
cena (f)	scenă (f)	['sʧenə]
ato (m)	act (n)	[akt]
entreato (m)	antract (n)	[an'trakt]

150. Cinema

ator (m)	**actor** (m)	[ak'tor]
atriz (f)	**actriţă** (f)	[ak'tritsə]
cinema (m)	**cinema** (n)	[ʧine'ma]
filme (m)	**film** (n)	[film]
episódio (m)	**serie** (f)	['serie]
filme (m) policial	**detectiv** (n)	[detek'tiv]
filme (m) de ação	**film** (n) **de acţiune**	['film de aktsi'une]
filme (m) de aventuras	**film** (n) **de aventură**	['film de aven'turə]
filme (m) de ficção científica	**film** (n) **fantastic**	['film fan'tastik]
filme (m) de terror	**film** (m) **de groază**	['film de gro'azə]
comédia (f)	**comedie** (f)	[kome'die]
melodrama (m)	**melodramă** (f)	[melo'dramə]
drama (m)	**dramă** (f)	['dramə]
filme (m) ficcional	**film** (n) **artistic**	[film ar'tistik]
documentário (m)	**film** (n) **documentar**	[film dokumen'tar]
desenho (m) animado	**desene** (n) **animate**	[de'sene ani'mate]
cinema (m) mudo	**film** (n) **mut**	[film mut]
papel (m)	**rol** (n)	[rol]
papel (m) principal	**rolul** (n) **principal**	['rolul prinʧi'pal]
representar (vt)	**a juca**	[a ʒu'ka]
estrela (f) de cinema	**stea** (f) **de cinema**	[st'a de ʧine'ma]
conhecido	**cunoscut**	[kunos'kut]
famoso	**vestit**	[ves'tit]
popular	**popular**	[popu'lar]
argumento (m)	**scenariu** (n)	[sʧe'narju]
argumentista (m)	**scenarist** (m)	[sʧena'rist]
realizador (m)	**regizor** (m)	[re'dʒizor]
produtor (m)	**producător** (m)	[produkə'tor]
assistente (m)	**asistent** (m)	[asis'tent]
diretor (m) de fotografia	**operator** (m)	[opera'tor]
duplo (m)	**cascador** (m)	[kaska'dor]
filmar (vt)	**a turna un film**	[a tur'na un film]
audição (f)	**probe** (f pl)	['probe]
filmagem (f)	**filmări** (f pl)	[filmərʲ]
equipe (f) de filmagem	**echipă** (f) **de filmare**	[e'kipə de fil'mare]
set (m) de filmagem	**teren** (n) **de filmare**	[te'ren de fil'mare]
câmara (f)	**cameră** (f) **de luat vederi**	['kamerə de lu'at ve'derʲ]
cinema (m)	**cinematograf** (n)	[ʧinemato'graf]
ecrã (m), tela (f)	**ecran** (n)	[e'kran]
exibir um filme	**a prezenta un film**	[a prezen'ta 'un 'film]
pista (f) sonora	**linie** (f) **sonoră**	['linie so'norə]
efeitos (m pl) especiais	**efecte** (n pl) **speciale**	[e'fekte speʧi'ale]
legendas (f pl)	**subtitluri** (n pl)	[sub'titlurʲ]

| crédito (m) | titrări (f pl) | [tit'rər'] |
| tradução (f) | traducere (f) | [tra'dutʃere] |

151. Pintura

arte (f)	artă (f)	['arte]
belas-artes (f pl)	arte (f pl) frumoase	['arte frumo'ase]
galeria (f) de arte	galerie (f)	[gale'rie]
exposição (f) de arte	expoziţie (f) de tablouri	[ekspo'zitsie de tab'lour']

pintura (f)	pictură (f)	[pik'ture]
arte (f) gráfica	grafică (f)	['grafike]
arte (f) abstrata	abstracţionism (n)	[abstraktsio'nism]
impressionismo (m)	impresionism (n)	[impresio'nism]

pintura (f), quadro (m)	tablou (n)	[tab'lou]
desenho (m)	desen (n)	[de'sen]
cartaz, póster (m)	afiş (n)	[a'fiʃ]

ilustração (f)	ilustraţie (f)	[ilus'tratsie]
miniatura (f)	miniatură (f)	[minia'ture]
cópia (f)	copie (f)	['kopie]
reprodução (f)	reproducere (f)	[repro'dutʃere]

mosaico (m)	mozaic (n)	[moza'ik]
vitral (m)	vitraliu (n)	[vi'tralju]
fresco (m)	frescă (f)	['freske]
gravura (f)	gravură (f)	[gra'vure]

busto (m)	bust (n)	[bust]
escultura (f)	sculptură (f)	[skulp'ture]
estátua (f)	statuie (f)	[sta'tue]
gesso (m)	ghips (n)	[gips]
em gesso	de, din ghips	[de, din gips]

retrato (m)	portret (n)	[por'tret]
autorretrato (m)	autoportret (n)	[autopor'tret]
paisagem (f)	peisaj (n)	[pej'saʒ]
natureza (f) morta	natură (f) moartă	[na'ture mo'arte]
caricatura (f)	caricatură (f)	[karika'ture]

tinta (f)	vopsea (f)	[vop's'a]
aguarela (f)	acuarelă (f)	[akua'rele]
óleo (m)	ulei (n)	[u'lej]
lápis (m)	creion (n)	[kre'jon]
tinta da China (f)	tuş (n)	[tuʃ]
carvão (m)	cărbune (m)	[kər'bune]

desenhar (vt)	a schiţa	[a ski'tsa]
pintar (vt)	a schiţa	[a ski'tsa]
posar (vi)	a poza	[a po'za]
modelo (m)	naturist (m)	[natu'rist]
modelo (f)	naturistă (f)	[natu'riste]
pintor (m)	pictor (m)	['piktor]

obra (f)	operă (f)	['operə]
obra-prima (f)	capodoperă (f)	[kapo'doperə]
estúdio (m)	atelier (n)	[ate'ljer]

tela (f)	pânză (f)	['pinzə]
cavalete (m)	şevalet (n)	[ʃeva'let]
paleta (f)	paletă (f)	[pa'letə]

moldura (f)	ramă (f)	['ramə]
restauração (f)	restaurare (f)	[restau'rare]
restaurar (vt)	a restaura	[a restau'ra]

152. Literatura & Poesia

literatura (f)	literatură (f)	[litera'turə]
autor (m)	autor (m)	[au'tor]
pseudónimo (m)	pseudonim (n)	[pseudo'nim]

livro (m)	carte (f)	['karte]
volume (m)	volum (n)	[vo'lum]
índice (m)	cuprins (n)	[ku'prins]
página (f)	pagină (f)	['padʒinə]
protagonista (m)	erou (m) principal	[e'rou printʃi'pal]
autógrafo (m)	autograf (n)	[auto'graf]

conto (m)	povestire (f)	[poves'tire]
novela (f)	nuvelă (f)	[nu'velə]
romance (m)	roman (n)	[ro'man]
obra (f)	compunere (f)	[kom'punere]
fábula (m)	fabulă (f)	['fabulə]
romance (m) policial	detectiv (m)	[detek'tiv]

poesia (obra)	poezie (f)	[poe'zie]
poesia (arte)	poezie (f)	[poe'zie]
poema (m)	poem (n)	[po'em]
poeta (m)	poet (m)	[po'et]

ficção (f) científica	science fiction (n)	['saens 'fikʃn]
aventuras (f pl)	aventură (f)	[aven'turə]
literatura (f) didática	literatură (f) ştiinţifică	[litera'turə ʃtiin'tsifikə]
literatura (f) infantil	literatură (f) pentru copii	[litera'turə 'pentru ko'pij]

153. Circo

circo (m)	circ (n)	[tʃirk]
circo (m) ambulante	circ (n) pe roţi	[tʃirk pe 'rots]
programa (m)	program (n)	[pro'gram]
apresentação (f)	spectacol (n)	[spekta'kol]

número (m)	număr (n)	['numər]
arena (f)	arenă (f)	[a'renə]
pantomima (f)	pantomimă (f)	[panto'mimə]

palhaço (m)	clovn (m)	[klovn]
acrobata (m)	acrobat (m)	[akro'bat]
acrobacia (f)	acrobatică (f)	[akro'batikə]
ginasta (m)	gimnast (m)	[dʒim'nast]
ginástica (f)	gimnastică (f)	[dʒim'nastikə]
salto (m) mortal	tumbă (f)	['tumbə]

homem forte (m)	atlet (m)	[at'let]
domador (m)	îmblânzitor (m)	[imblinzi'tor]
cavaleiro (m) equilibrista	călăreț (m)	[kələ'rets]
assistente (m)	asistent (m)	[asis'tent]

truque (m)	truc (n)	[truk]
truque (m) de mágica	scamatorie (f)	[skama'torie]
mágico (m)	scamator (m)	[skama'tor]

malabarista (m)	jongler (m)	[ʒon'gler]
fazer malabarismos	a jongla	[a ʒon'gla]
domador (m)	dresor (m)	[dre'sor]
adestramento (m)	dresare (f)	[dre'sare]
adestrar (vt)	a dresa	[a dre'sa]

154. Música. Música popular

música (f)	muzică (f)	['muzikə]
músico (m)	muzician (m)	[muzitʃi'an]
instrumento (m) musical	instrument (n) muzical	[instru'ment muzi'kal]
tocar ...	a cânta la ...	[a kin'ta 'la]

guitarra (f)	chitară (f)	[ki'tarə]
violino (m)	vioară (f)	[vio'arə]
violoncelo (m)	violoncel (n)	[violon'tʃel]
contrabaixo (m)	contrabas (n)	[kontra'bas]
harpa (f)	harpă (f)	['harpə]

piano (m)	pianină (f)	[pia'nino]
piano (m) de cauda	pian (n) cu coadă	['pjan ku ku'ado]
órgão (m)	orgă (f)	['orgə]

instrumentos (m pl) de sopro	instrumente (n pl) de suflat	[instru'mente de suf'lat]
oboé (m)	oboi (m)	[o'boj]
saxofone (m)	saxofon (n)	[sakso'fon]
clarinete (m)	clarinet (n)	[klari'net]
flauta (f)	flaut (n)	['flaut]
trompete (m)	trompetă (f)	[trom'petə]

| acordeão (m) | acordeon (n) | [akorde'on] |
| tambor (m) | tobă (f) | ['tobə] |

duo, dueto (m)	duet (n)	[du'et]
trio (m)	trio (n)	['trio]
quarteto (m)	cvartet (n)	[kvar'tet]
coro (m)	cor (n)	[kor]
orquestra (f)	orchestră (f)	[or'kestrə]

música (f) pop	muzică (f) pop	['muzikə pop]
música (f) rock	muzică (f) rock	['muzikə rok]
grupo (m) de rock	formaţie (n) rock	[for'matsie rok]
jazz (m)	jazz (n)	[ʤaz]
ídolo (m)	idol (m)	['idol]
fã, admirador (m)	fan (m)	[fan]
concerto (m)	concert (n)	[kon'ʧert]
sinfonia (f)	simfonie (f)	[simfo'nie]
composição (f)	operă (f)	['operə]
compor (vt)	a compune	[a kom'pune]
canto (m)	cântare (f)	[kin'tare]
canção (f)	cântec (n)	['kintek]
melodia (f)	melodie (f)	[melo'die]
ritmo (m)	ritm (n)	[ritm]
blues (m)	blues (n)	[bluz]
notas (f pl)	note (f pl)	['note]
batuta (f)	baghetă (f)	[ba'getə]
arco (m)	arcuş (n)	[ar'kuʃ]
corda (f)	coardă (f)	[ko'ardə]
estojo (m)	husă (f)	['husə]

Descanso. Entretenimento. Viagens

155. Viagens

turismo (m)	turism (n)	[tu'rism]
turista (m)	turist (m)	[tu'rist]
viagem (f)	călătorie (f)	[kələto'rie]
aventura (f)	aventură (f)	[aven'turə]
viagem (f)	voiaj (n)	[vo'jaʒ]
férias (f pl)	concediu (n)	[kon'tʃedju]
estar de férias	a fi în concediu	[a fi in kon'tʃedju]
descanso (m)	odihnă (f)	[o'dihnə]
comboio (m)	tren (n)	[tren]
de comboio (chegar ~)	cu trenul	[ku 'trenul]
avião (m)	avion (n)	[a'vjon]
de avião	cu avionul	[ku a'vjonul]
de carro	cu automobilul	[ku automo'bilul]
de navio	cu vaporul	[ku va'porul]
bagagem (f)	bagaj (n)	[ba'gaʒ]
mala (f)	valiză (f)	[va'lizə]
carrinho (m)	cărucior (n) pentru bagaj	[kəru'tʃior 'pentru ba'gaʒ]
passaporte (m)	paşaport (n)	[paʃa'port]
visto (m)	viză (f)	['vizə]
bilhete (m)	bilet (n)	[bi'let]
bilhete (m) de avião	bilet (n) de avion	[bi'let de a'vjon]
guia (m) de viagem	ghid (m)	[gid]
mapa (m)	hartă (f)	['hartə]
local (m), area (f)	localitate (f)	[lokali'tate]
lugar, sítio (m)	loc (n)	[lok]
exotismo (m)	exotism (n)	[egzo'tism]
exótico	exotic	[e'gzotik]
surpreendente	uimitor	[ujmi'tor]
grupo (m)	grup (n)	[grup]
excursão (f)	excursie (f)	[eks'kursie]
guia (m)	ghid (m)	[gid]

156. Hotel

hotel (m)	hotel (n)	[ho'tel]
motel (m)	motel (n)	[mo'tel]
três estrelas	trei stele	[trej 'stele]

cinco estrelas	**cinci stele**	[ʧinʧ 'stele]
ficar (~ num hotel)	**a se opri**	[a se o'pri]
quarto (m)	**cameră** (f)	['kamerə]
quarto (m) individual	**cameră pentru o persoană** (n)	['kamerə 'pentru o perso'anə]
quarto (m) duplo	**cameră pentru două persoane** (n)	['kamerə 'pentru 'dowə perso'ane]
reservar um quarto	**a rezerva o cameră**	[a rezer'va o 'kamerə]
meia pensão (f)	**demipensiune** (f)	[demipensi'une]
pensão (f) completa	**pensiune** (f)	[pensi'une]
com banheira	**cu baie**	[ku 'bae]
com duche	**cu duş**	[ku duʃ]
televisão (m) satélite	**televiziune** (f) **prin satelit**	[televizi'une 'prin sate'lit]
ar (m) condicionado	**aer** (n) **condiţionat**	['aer konditsio'nat]
toalha (f)	**prosop** (n)	[pro'sop]
chave (f)	**cheie** (f)	['kee]
administrador (m)	**administrator** (m)	[adminis'trator]
camareira (f)	**femeie** (f) **de serviciu**	[fe'mee de ser'viʧiu]
bagageiro (m)	**hamal** (m)	[ha'mal]
porteiro (m)	**portar** (m)	[por'tar]
restaurante (m)	**restaurant** (n)	[restau'rant]
bar (m)	**bar** (n)	[bar]
pequeno-almoço (m)	**micul dejun** (n)	['mikul de'ʒun]
jantar (m)	**cină** (f)	['ʧinə]
buffet (m)	**masă suedeză** (f)	['masə sue'dezə]
hall (m) de entrada	**vestibul** (n)	[vesti'bul]
elevador (m)	**lift** (n)	[lift]
NÃO PERTURBE	**NU DERANJAŢI!**	[nu deran'ʒats]
PROIBIDO FUMAR!	**NU FUMAŢI!**	[nu fu'mats]

157. Livros. Leitura

livro (m)	**carte** (f)	['karte]
autor (m)	**autor** (m)	[au'tor]
escritor (m)	**scriitor** (m)	[skrii'tor]
escrever (vt)	**a scrie**	[a 'skrie]
leitor (m)	**cititor** (m)	[ʧiti'tor]
ler (vt)	**a citi**	[a ʧi'ti]
leitura (f)	**lectură** (f)	[lek'turə]
para si	**în gând**	[in gind]
em voz alta	**cu voce tare**	[ku 'voʧe 'tare]
publicar (vt)	**a publica**	[a publi'ka]
publicação (f)	**ediţie** (f)	[e'ditsie]
editor (m)	**editor** (m)	[edi'tor]

editora (f)	**editură** (f)	[edi'turə]
sair (vi)	**a apărea**	[a apə'rʲa]
lançamento (m)	**publicare** (f)	[publi'kare]
tiragem (f)	**tiraj** (n)	[ti'raʒ]

livraria (f)	**librărie** (f)	[librə'rie]
biblioteca (f)	**bibliotecă** (f)	[biblio'tekə]

novela (f)	**nuvelă** (f)	[nu'velə]
conto (m)	**povestire** (f)	[poves'tire]
romance (m)	**roman** (n)	[ro'man]
romance (m) policial	**detectiv** (n)	[detek'tiv]

memórias (f pl)	**memorii** (n pl)	[me'morij]
lenda (f)	**legendă** (f)	[le'dʒendə]
mito (m)	**mit** (n)	[mit]

poesia (f)	**versuri** (n pl)	['versurʲ]
autobiografia (f)	**autobiografie** (f)	[autobiogra'fie]
obras (f pl) escolhidas	**opere** (f pl) **alese**	['opere a'lese]
ficção (f) científica	**fantastică** (f)	[fan'tastikə]

título (m)	**denumire** (f)	[denu'mire]
introdução (f)	**prefață** (f)	[pre'fatsə]
folha (f) de rosto	**foaie** (f) **de titlu**	[fo'ae de 'titlu]

capítulo (m)	**capitol** (n)	[ka'pitol]
excerto (m)	**fragment** (n)	[frag'ment]
episódio (m)	**episod** (n)	[epi'zod]

tema (m)	**subiect** (n)	[su'bjekt]
conteúdo (m)	**cuprins** (n)	[ku'prins]
índice (m)	**cuprins** (n)	[ku'prins]
protagonista (m)	**erou** (m) **principal**	[e'rou printʃi'pal]

tomo, volume (m)	**volum** (n)	[vo'lum]
capa (f)	**copertă** (f)	[ko'pertə]
encadernação (f)	**copertă** (f)	[ko'pertə]
marcador (m) de livro	**semn** (n) **de carte**	[semn de 'karte]

página (f)	**pagină** (f)	['padʒinə]
folhear (vt)	**a răsfoi**	[a rəsfo'i]
margem (f)	**margine** (f)	['mardʒine]
anotação (f)	**notă** (f) **marginală**	['notə mardʒi'nalə]
nota (f) de rodapé	**însemnare** (f)	[însem'nare]

texto (m)	**text** (n)	[tekst]
fonte (f)	**caracter** (n)	[karak'ter]
gralha (f)	**greşeală** (f) **de tipar**	[gre'ʃalə de ti'par]

tradução (f)	**traducere** (f)	[tra'dutʃere]
traduzir (vt)	**a traduce**	[a tra'dutʃe]
original (m)	**original** (n)	[oridʒi'nal]

famoso	**vestit**	[ves'tit]
desconhecido	**necunoscut**	[nekunos'kut]

| interessante | interesant | [intere'sant] |
| best-seller (m) | best seller (n) | [best 'seler] |

dicionário (m)	dicţionar (n)	[diktsio'nar]
manual (m) escolar	manual (n)	[manu'al]
enciclopédia (f)	enciclopedie (f)	[entʃiklope'die]

158. Caça. Pesca

caça (f)	vânătoare (f)	[vineto'are]
caçar (vi)	a vâna	[a vi'na]
caçador (m)	vânător (m)	[vine'tor]

atirar (vi)	a trage	[a 'tradʒe]
caçadeira (f)	armă (f)	['arme]
cartucho (m)	cartuş (n)	[kar'tuʃ]
chumbo (m) de caça	alice (f)	[a'litʃe]

armadilha (f)	capcană (f)	[kap'kane]
armadilha (com corda)	cursă (f)	['kurse]
pôr a armadilha	a pune capcană	[a 'pune kap'kane]

caçador (m) furtivo	braconier (m)	[brako'njer]
caça (f)	vânat (n)	[vi'nat]
cão (m) de caça	câine (m) de vânătoare	['kine de vineto'are]
safári (m)	safari (n)	[sa'fari]
animal (m) empalhado	animal (n) împăiat	[ani'mal impe'jat]

pescador (m)	pescar (m)	[pes'kar]
pesca (f)	pescuit (n)	[pesku'it]
pescar (vt)	a pescui	[a pesku'i]

cana (f) de pesca	undiţă (f)	['unditse]
linha (f) de pesca	sfoara (f) undiţei	[sfo'ara 'unditsej]
anzol (m)	cârlig (n)	[kir'lig]
boia (f)	plută (f)	['plute]
isca (f)	momeală (f)	[mo'mʲale]

| lançar a linha | a arunca undiţa | [a arun'ka 'unditsa] |
| morder (vt) | a trage la undiţă | [a 'tradʒe la 'unditse] |

| pesca (f) | pescuit (n) | [pesku'it] |
| buraco (m) no gelo | copcă (f) | ['kopke] |

rede (f)	plasă (f)	['plase]
barco (m)	barcă (f)	['barke]
pescar com rede	a prinde cu plasa	[a 'prinde 'ku 'plasa]

| lançar a rede | a arunca plasa | [a arun'ka 'plasa] |
| puxar a rede | a scoate plasa | [a sko'ate 'plasa] |

baleeiro (m)	vânător (m) de balene	[vane'tor de 'balene]
baleeira (f)	balenieră (f)	[bale'njere]
arpão (m)	harpon (n)	[har'pon]

159. Jogos. Bilhar

bilhar (m)	biliard (n)	[bi'ljard]
sala (f) de bilhar	sală (f) de biliard	['salə de bi'ljard]
bola (f) de bilhar	bilă (f)	['bilə]
embolsar uma bola	a băga bila	[a bə'ga 'bila]
taco (m)	tac (n)	[tak]
caçapa (f)	gaură (f) de biliard	['gaurə de bi'ljard]

160. Jogos. Jogar cartas

ouros (m pl)	tobă (f)	['tobə]
espadas (f pl)	pică (f)	['pikə]
copas (f pl)	cupă (f)	['kupə]
paus (m pl)	treflă (f)	['treflə]
ás (m)	as (m)	[as]
rei (m)	rege (m)	['redʒe]
dama (f)	damă (f)	['damə]
valete (m)	valet (m)	[va'let]
carta (f) de jogar	carte (f) de joc	['karte de ʒok]
cartas (f pl)	cărţi (f pl) de joc	[kərtsʲ de ʒok]
trunfo (m)	atu (n)	[a'tu]
baralho (m)	pachet (n) de cărţi de joc	[pa'ket de kərts de ʒok]
dar, distribuir (vt)	a împărţi	[a impər'tsi]
embaralhar (vt)	a amesteca	[a ameste'ka]
vez, jogada (f)	rând (n)	[rind]
batoteiro (m)	trişor (m)	[tri'ʃor]

161. Casino. Roleta

casino (m)	cazinou (n)	[kazi'nou]
roleta (f)	ruletă (f)	[ru'letə]
aposta (f)	miză (f)	['mizə]
apostar (vt)	a miza	[a mi'za]
vermelho (m)	roşu (m)	['roʃu]
preto (m)	negru (m)	['negru]
apostar no vermelho	a miza pe roşu	[a mi'za pe 'roʃu]
apostar no preto	a miza pe negru	[a mi'za pe 'negru]
crupiê (m, f)	crupier (m)	[kru'pjer]
girar a roda	a învârti ruleta	[a invir'ti ru'leta]
regras (f pl) do jogo	reguli (f pl) de joc	['regulʲ de ʒok]
ficha (f)	fisă (f)	['fisə]
ganhar (vi, vt)	a câştiga	[a kiʃti'ga]
ganho (m)	câştig (n)	[kiʃ'tig]

| perder (dinheiro) | a pierde | [a 'pjerde] |
| perda (f) | pierdere (f) | ['perdere] |

jogador (m)	jucător (m)	[ʒuke'tor]
blackjack (m)	Black Jack (m)	[blek dʒek]
jogo (m) de dados	table (f pl)	['table]
máquina (f) de jogo	joc (n) mecanic	[ʒok me'kanik]

162. Descanso. Jogos. Diversos

passear (vi)	a se plimba	[a se plim'ba]
passeio (m)	plimbare (f)	[plim'bare]
viagem (f) de carro	excursie (f)	[eks'kursie]
aventura (f)	aventură (f)	[aven'ture]
piquenique (m)	picnic (n)	['piknik]

jogo (m)	joc (n)	[ʒok]
jogador (m)	jucător (m)	[ʒuke'tor]
partida (f)	partidă (f)	[par'tide]

colecionador (m)	colecționar (m)	[kolektsio'nar]
colecionar (vt)	a colecționa	[a kolektsio'na]
coleção (f)	colecție (f)	[ko'lektsie]

palavras (f pl) cruzadas	rebus (n)	['rebus]
hipódromo (m)	hipodrom (n)	[hipo'drom]
discoteca (f)	discotecă (f)	[disko'teke]

| sauna (f) | saună (f) | ['saune] |
| lotaria (f) | loterie (f) | [lote'rie] |

campismo (m)	camping (n)	['kemping]
acampamento (m)	tabără (f)	['tabere]
tenda (f)	cort (n)	[kort]
bússola (f)	busolă (f)	[bu'sole]
campista (m)	turist (m)	[tu'rist]

ver (vt), assistir à ...	a se uita	[a se uj'ta]
telespectador (m)	telespectator (m)	[telespekta'tor]
programa (m) de TV	emisiune (f) televizată	[emisi'une televi'zate]

163. Fotografia

| máquina (f) fotográfica | aparat (n) foto | [apa'rat 'foto] |
| foto, fotografia (f) | fotografie (f) | [fotogra'fie] |

fotógrafo (m)	fotograf (m)	[foto'graf]
estúdio (m) fotográfico	studio (n) foto	[stu'djo 'foto]
álbum (m) de fotografias	album (n) foto	[al'bum 'foto]

| objetiva (f) | obiectiv (n) | [objek'tiv] |
| teleobjetiva (f) | teleobiectiv (n) | [teleobjek'tiv] |

| filtro (m) | filtru (n) | ['filtru] |
| lente (f) | lentilă (f) | [len'tilə] |

ótica (f)	optică (f)	['optikə]
abertura (f)	diafragmă (f)	[dia'fragmə]
exposição (f)	timp (m) de expunere	['timp de eks'punere]
visor (m)	vizor (n)	[vi'zor]

câmara (f) digital	cameră (f) digitală	['kamerə didʒi'talə]
tripé (m)	suport (n)	[su'port]
flash (m)	blitz (n)	[bliʦ]

fotografar (vt)	a fotografia	[a fotografi'ja]
tirar fotos	a fotografia	[a fotografi'ja]
fotografar-se	a se fotografia	[a se fotografi'ja]

foco (m)	claritate (f)	[klari'tate]
focar (vt)	a îndrepta	[a îndrep'ta]
nítido	clar	[klar]
nitidez (f)	claritatea (f) imaginii	[klari'taťa i'madʒinij]

| contraste (m) | contrast (n) | [kon'trast] |
| contrastante | de contrast | [de kon'trast] |

retrato (m)	fotografie (f)	[fotogra'fie]
negativo (m)	negativ (n)	[nega'tiv]
filme (m)	film (n)	[film]
fotograma (m)	cadru (n)	['kadru]
imprimir (vt)	a tipări	[a tipə'ri]

164. Praia. Natação

praia (f)	plajă (f)	['plaʒə]
areia (f)	nisip (n)	[ni'sip]
deserto	pustiu	[pus'tiu]

bronzeado (m)	bronz (n)	[bronz]
bronzear-se (vr)	a se bronza	[a se bron'za]
bronzeado	bronzat	[bron'zat]
protetor (m) solar	cremă (f) pentru bronzat	['kremə 'pentru bron'zat]

biquíni (m)	bikini (n)	[bi'kini]
fato (m) de banho	costum (n) de baie	[kos'tum de 'bae]
calção (m) de banho	slipi (m pl)	[slipʲ]

piscina (f)	bazin (n)	[ba'zin]
nadar (vi)	a înota	[a îno'ta]
duche (m)	duş (n)	[duʃ]
mudar de roupa	a se schimba	[a se skim'ba]
toalha (f)	prosop (n)	[pro'sop]

barco (m)	barcă (f)	['barkə]
lancha (f)	cuter (n)	['kuter]
esqui (m) aquático	schiuri (n pl) pe apă	['skjurʲ pe 'apə]

barco (m) de pedais	**bicicletă** (f) **pe apă**	[bitʃi'kletə pe 'apə]
surf (m)	**surfing** (n)	['serfing]
surfista (m)	**surfer** (m)	['serfer]
equipamento (m) de mergulho	**acvalang** (n)	[akva'lang]
barbatanas (f pl)	**labe** (f pl) **de înot**	['labe de i'not]
máscara (f)	**mască** (f)	['maskə]
mergulhador (m)	**scufundător** (m)	[skufundə'tor]
mergulhar (vi)	**a se scufunda**	[a se skufun'da]
debaixo d'água	**sub apă**	[sub 'apə]
guarda-sol (m)	**umbrelă** (f)	[um'brelə]
espreguiçadeira (f)	**şezlong** (n)	[ʃez'long]
óculos (m pl) de sol	**ochelari** (m pl)	[oke'lariˈ]
colchão (m) de ar	**saltea** (f) **de înot**	[sal'tˈa de iˈnot]
brincar (vi)	**a juca**	[a ʒu'ka]
ir nadar	**a se scălda**	[a se skəl'da]
bola (f) de praia	**minge** (f)	['mindʒe]
encher (vt)	**a umfla**	[a um'fla]
inflável, de ar	**pneumatic**	[pneu'matik]
onda (f)	**val** (n)	[val]
boia (f)	**baliză** (f)	[ba'lizə]
afogar-se (pessoa)	**a se îneca**	[a se ine'ka]
salvar (vt)	**a salva**	[a sal'va]
colete (m) salva-vidas	**vestă** (f) **de salvare**	['vestə de sal'vare]
observar (vt)	**a observa**	[a obser'va]
nadador-salvador (m)	**salvator** (m)	[salva'tor]

EQUIPAMENTO TÉCNICO. TRANSPORTES

Equipamento técnico. Transportes

165. Computador

computador (m)	calculator (n)	[kalkula'tor]
portátil (m)	laptop (n)	[ləp'top]
ligar (vt)	a deschide	[a des'kide]
desligar (vt)	a închide	[a i'nkide]
teclado (m)	tastatură (f)	[tasta'turə]
tecla (f)	tastă (f)	['tastə]
rato (m)	mouse (n)	['maus]
tapete (m) de rato	mousepad (n)	[maus'pad]
botão (m)	tastă (f)	['tastə]
cursor (m)	cursor (m)	[kur'sor]
monitor (m)	monitor (n)	[moni'tor]
ecrã (m)	ecran (n)	[e'kran]
disco (m) rígido	hard disc (n)	[hard disk]
capacidade (f) do disco rígido	capacitatea (f) hard discului	[kapatʃi'tatʲa 'hard 'diskuluj]
memória (f)	memorie (f)	[me'morie]
memória RAM (f)	memorie (f) operativă	[me'morie opera'tivə]
ficheiro (m)	fişier (n)	[fiʃi'er]
pasta (f)	document (n)	[doku'ment]
abrir (vt)	a deschide	[a des'kide]
fechar (vt)	a închide	[a i'nkide]
guardar (vt)	a păstra	[a pəs'tra]
apagar, eliminar (vt)	a şterge	[a 'ʃterdʒe]
copiar (vt)	a copia	[a kopi'ja]
ordenar (vt)	a sorta	[a sor'ta]
copiar (vt)	a copia	[a kopi'ja]
programa (m)	program (n)	[pro'gram]
software (m)	programe (n) de aplicaţie	[pro'grame de apli'katsie]
programador (m)	programator (m)	[programa'tor]
programar (vt)	a programa	[a progra'ma]
hacker (m)	hacker (m)	['haker]
senha (f)	parolă (f)	[pa'rolə]
vírus (m)	virus (m)	['virus]
detetar (vt)	a găsi	[a gə'si]
byte (m)	bait (m)	[bajt]

megabyte (m)	megabyte (m)	[mega'bajt]
dados (m pl)	date (f pl)	['date]
base (f) de dados	bază (f) de date	['bazə de 'date]

cabo (m)	cablu (n)	['kablu]
desconectar (vt)	a deconecta	[a dekonek'ta]
conetar (vt)	a conecta	[a konek'ta]

166. Internet. E-mail

internet (f)	internet (n)	[inter'net]
browser (m)	browser (n)	['brauzer]
motor (m) de busca	motor (n) de căutare	[mo'tor de kəu'tare]
provedor (m)	cablu (n)	['kablu]

webmaster (m)	web master (m)	[web 'master]
website, sítio web (m)	web site (n)	[web 'sajt]
página (f) web	pagină (f) web	['padʒinə web]

endereço (m)	adresă (f)	[a'dresə]
livro (m) de endereços	registru (n) de adrese	[re'dʒistru de a'drese]

caixa (f) de correio	cutie (f) poştală	[ku'tie poʃ'talə]
correio (m)	corespondenţă (f)	[korespon'dentsə]

mensagem (f)	mesaj (n)	[me'saʒ]
remetente (m)	expeditor (m)	[ekspedi'tor]
enviar (vt)	a expedia	[a ekspedi'ja]
envio (m)	expediere (f)	[ekspe'djere]

destinatário (m)	destinatar (m)	[destina'tar]
receber (vt)	a primi	[a pri'mi]

correspondência (f)	corespondenţă (f)	[korespon'dentsə]
corresponder-se (vr)	a coresponda	[a korespon'da]

ficheiro (m)	fişier (n)	[fiʃi'er]
fazer download, baixar	a copia	[a kopi'ja]
criar (vt)	a crea	[a 'krʲa]
apagar, eliminar (vt)	a şterge	[a 'ʃterdʒe]
eliminado	şters	[ʃters]

conexão (f)	conexiune (f)	[koneksi'une]
velocidade (f)	viteză (f)	[vi'tezə]
modem (m)	modem (n)	[mo'dem]

acesso (m)	acces (n)	[ak'tʃes]
porta (f)	port (n)	[port]

conexão (f)	conectare (f)	[konek'tare]
conetar (vi)	a se conecta	[a se konek'ta]

escolher (vt)	a alege	[a a'ledʒe]
buscar (vt)	a căuta	[a kəu'ta]

167. Eletricidade

eletricidade (f)	electricitate (f)	[elektritʃi'tate]
elétrico	electric	[e'lektrik]
central (f) elétrica	centrală (f) electrică	[tʃen'trale e'lektrike]
energia (f)	energie (f)	[ener'dʒie]
energia (f) elétrica	energie (f) electrică	[ener'dʒie e'lektrike]
lâmpada (f)	bec (n)	[bek]
lanterna (f)	lanternă (f)	[lan'terne]
poste (m) de iluminação	felinar (n)	[feli'nar]
luz (f)	lumină (f)	[lu'mine]
ligar (vt)	a aprinde	[a a'prinde]
desligar (vt)	a stinge	[a 'stindʒe]
apagar a luz	a stinge lumina	[a 'stindʒe lu'mina]
fundir (vi)	a arde	[a 'arde]
curto-circuito (m)	scurtcircuit (n)	['skurtʃirku'it]
rutura (f)	ruptură (f)	[rup'ture]
contacto (m)	contact (n)	[kon'takt]
interruptor (m)	întrerupător (n)	[intrerupe'tor]
tomada (f)	priză (f)	['prize]
ficha (f)	furcă (f)	['furke]
extensão (f)	prelungitor (n)	[prelundʒi'tor]
fusível (m)	siguranță (f)	[sigu'rantse]
fio, cabo (m)	fir (n) electric	[fir e'lektrik]
instalação (f) elétrica	instalație (f) electrică	[insta'latsie e'lektrike]
ampere (m)	amper (m)	[am'per]
amperagem (f)	intensitatea (f) curentului	[intensi'tatia ku'rentuluj]
volt (m)	volt (m)	[volt]
voltagem (f)	tensiune (f)	[tensi'une]
aparelho (m) elétrico	aparat (n) electric	[apa'rat e'lektrik]
indicador (m)	indicator (n)	[indika'tor]
eletricista (m)	electrician (m)	[elektritʃi'an]
soldar (vt)	a lipi	[a li'pi]
ferro (m) de soldar	ciocan (n) de lipit	[tʃio'kan de li'pit]
corrente (f) elétrica	curent (m)	[ku'rent]

168. Ferramentas

ferramenta (f)	instrument (n)	[instru'ment]
ferramentas (f pl)	instrumente (n pl)	[instru'mente]
equipamento (m)	utilaj (n)	[uti'laʒ]
martelo (m)	ciocan (n)	[tʃio'kan]
chave (f) de fendas	șurubelniță (f)	[ʃuru'belnitse]
machado (m)	topor (n)	[to'por]

serra (f)	ferăstrău (n)	[ferəstrəu]
serrar (vt)	a tăia cu ferăstrăul	[a tə'ja 'ku ferəstrəul]
plaina (f)	rindea (f)	[rin'dʲa]
aplainar (vt)	a gelui	[a dʒelu'i]
ferro (m) de soldar	ciocan (n) de lipit	[tʃio'kan de li'pit]
soldar (vt)	a lipi	[a li'pi]

lima (f)	pilă (f)	['pilə]
tenaz (f)	cleşte (m)	['kleʃte]
alicate (m)	cleşte (m) patent	['kleʃte pa'tent]
formão (m)	daltă (f) de tâmplărie	['daltə de tɨmplə'rie]

broca (f)	burghiu (n)	[bur'gju]
berbequim (f)	sfredel (n)	['sfredel]
furar (vt)	a sfredeli	[a sfrede'li]

faca (f)	cuţit (n)	[ku'tsit]
lâmina (f)	lamă (f)	['lamə]

afiado	ascuţit	[asku'tsit]
cego	tocit	[to'tʃit]
embotar-se (vr)	a se toci	[a se to'tʃi]
afiar, amolar (vt)	a ascuţi	[a asku'tsi]

parafuso (m)	şurub (n)	[ʃu'rub]
porca (f)	piuliţă (f)	[pju'litsə]
rosca (f)	filet (n)	[fi'let]
parafuso (m) para madeira	şurub (n)	[ʃu'rub]

prego (m)	cui (n)	[kuj]
cabeça (f) do prego	bont (n)	[bont]

régua (f)	linie (f)	['linie]
fita (f) métrica	ruletă (f)	[ru'letə]
nível (m)	nivelă (f)	[ni'vela]
lupa (f)	lupă (f)	['lupə]

medidor (m)	aparat (n) de măsurat	[apa'rat de məsu'rat]
medir (vt)	a măsura	[a məsu'ra]
escala (f)	scală (f)	['skalə]
indicação (f), registo (m)	indicaţii (f pl)	[indi'katsij]

compressor (m)	compresor (n)	[kompre'sor]
microscópio (m)	microscop (n)	[mikro'skop]

bomba (f)	pompă (f)	['pompə]
robô (m)	robot (m)	[ro'bot]
laser (m)	laser (n)	['laser]

chave (f) de boca	cheie (f) franceză	['kee fran'tʃezə]
fita (f) adesiva	bandă (f) izolatoare	['bandə izolato'are]
cola (f)	clei (n)	[klej]

lixa (f)	hârtie (f) abrazivă	[hir'tie abra'zivə]
mola (f)	arc (n)	[ark]
íman (m)	magnet (m)	[mag'net]

luvas (f pl)	mănuşi (f pl)	[mə'nuʃ]
corda (f)	funie (f)	['funie]
cordel (m)	şnur (n)	[ʃnur]
fio (m)	fir (n) electric	[fir e'lektrik]
cabo (m)	cablu (n)	['kablu]

marreta (f)	baros (m)	[ba'ros]
pé de cabra (m)	rangă (f)	['rangə]
escada (f) de mão	scară (f)	['skarə]
escadote (m)	scară (f) de frânghie	['skarə de frin'gie]

enroscar (vt)	a înşuruba	[a inʃuru'ba]
desenroscar (vt)	a deşuruba	[a deʃuru'ba]
apertar (vt)	a strânge	[a 'strindʒe]
colar (vt)	a lipi	[a li'pi]
cortar (vt)	a tăia	[a tə'ja]

falha (mau funcionamento)	deranjament (n)	[deranʒa'ment]
conserto (m)	reparaţie (f)	[repa'ratsie]
consertar, reparar (vt)	a repara	[a repa'ra]
regular, ajustar (vt)	a regla	[a re'gla]

verificar (vt)	a verifica	[a verifi'ka]
verificação (f)	verificare (f)	[verifi'kare]
indicação (f), registo (m)	indicaţie (f)	[indi'katsie]

seguro	sigur	['sigur]
complicado	complex	[kom'pleks]

enferrujar (vi)	a rugini	[a rudʒi'ni]
enferrujado	ruginit	[rudʒi'nit]
ferrugem (f)	rugină (f)	[ru'dʒinə]

Transportes

169. Avião

avião (m)	avion (n)	[a'vjon]
bilhete (m) de avião	bilet (n) de avion	[bi'let de a'vjon]
companhia (f) aérea	companie (f) aeriană	[kompa'nie aeri'anə]
aeroporto (m)	aeroport (n)	[aero'port]
supersónico	supersonic	[super'sonik]
comandante (m) do avião	comandant (m) de navă	[koman'dant de 'navə]
tripulação (f)	echipaj (n)	[eki'paʒ]
piloto (m)	pilot (m)	[pi'lot]
hospedeira (f) de bordo	stewardesă (f)	[stjuar'desə]
copiloto (m)	navigator (m)	[naviga'tor]
asas (f pl)	aripi (f pl)	[a'ripʲ]
cauda (f)	coadă (f)	[ko'adə]
cabine (f) de pilotagem	cabină (f)	[ka'binə]
motor (m)	motor (n)	[mo'tor]
trem (m) de aterragem	tren (n) de aterizare	[tren de ateri'zare]
turbina (f)	turbină (f)	[tur'binə]
hélice (f)	elice (f)	[e'litʃe]
caixa-preta (f)	cutie (f) neagră	[ku'tie 'nʲagrə]
coluna (f) de controlo	manşă (f)	['manʃə]
combustível (m)	combustibil (m)	[kombus'tibil]
instruções (f pl) de segurança	instrucţiune (f)	[instruktsi'une]
máscara (f) de oxigénio	mască (f) cu oxigen	['maskə 'ku oksi'dʒen]
uniforme (m)	uniformă (f)	[uni'formə]
colete (m) salva-vidas	vestă (f) de salvare	['vestə de sal'vare]
paraquedas (m)	paraşută (f)	[para'ʃutə]
descolagem (f)	decolare (f)	[deko'lare]
descolar (vi)	a decola	[a deko'la]
pista (f) de descolagem	pistă (f) de decolare	['pistə de deko'lare]
visibilidade (f)	vizibilitate (f)	[vizibili'tate]
voo (m)	zbor (n)	[zbor]
altura (f)	înălţime (f)	[inəl'tsime]
poço (m) de ar	gol de aer (n)	[gol de 'aer]
assento (m)	loc (n)	[lok]
auscultadores (m pl)	căşti (f pl)	[kəʃtʲ]
mesa (f) rebatível	măsuţă (f) rabatabilă	[mə'sutsə raba'tabilə]
vigia (f)	hublou (n)	[hu'blou]
passagem (f)	trecere (f)	['tretʃere]

170. Comboio

comboio (m)	tren (n)	[tren]
comboio (m) suburbano	tren (n) electric	['tren e'lektrik]
comboio (m) rápido	tren (n) accelerat	['tren aktʃele'rat]
locomotiva (f) diesel	locomotivă (f) cu motor diesel	[lokomo'tivə ku mo'tor 'dizel]
locomotiva (f) a vapor	locomotivă (f)	[lokomo'tivə]
carruagem (f)	vagon (n)	[va'gon]
carruagem restaurante (f)	vagon-restaurant (n)	[va'gon restau'rant]
carris (m pl)	şine (f pl)	['ʃine]
caminho de ferro (m)	cale (f) ferată	['kale fe'ratə]
travessa (f)	traversă (f)	[tra'versə]
plataforma (f)	peron (n)	[pe'ron]
linha (f)	linie (f)	['linie]
semáforo (m)	semafor (n)	[sema'for]
estação (f)	staţie (f)	['statsie]
maquinista (m)	maşinist (m)	[maʃi'nist]
bagageiro (m)	hamal (m)	[ha'mal]
hospedeiro, -a (da carruagem)	însoţitor (m)	[insotsi'tor]
passageiro (m)	pasager (m)	[pasa'dʒer]
revisor (m)	controlor (m)	[kontro'lor]
corredor (m)	coridor (n)	[kori'dor]
freio (m) de emergência	semnal (n) de alarmă	[sem'nal de a'larmə]
compartimento (m)	compartiment (n)	[komparti'ment]
cama (f)	cuşetă (f)	[ku'ʃətə]
cama (f) de cima	patul (n) de sus	['patul de sus]
cama (f) de baixo	patul (n) de jos	['patul de ʒos]
roupa (f) de cama	lenjerie (f) de pat	[lenʒe'rie de pat]
bilhete (m)	bilet (n)	[bi'let]
horário (m)	orar (n)	[o'rar]
painel (m) de informação	panou (n)	[pa'nou]
partir (vt)	a pleca	[a ple'ka]
partida (f)	plecare (f)	[ple'kare]
chegar (vi)	a sosi	[a so'si]
chegada (f)	sosire (f)	[so'sire]
chegar de comboio	a veni cu trenul	[a ve'ni ku 'trenul]
apanhar o comboio	a se aşeza în tren	[a se aʃe'za in tren]
sair do comboio	a coborî din tren	[a kobo'ri din tren]
acidente (m) ferroviário	accident (n) de tren	[aktʃi'dent de tren]
locomotiva (f) a vapor	locomotivă (f)	[lokomo'tivə]
fogueiro (m)	fochist (m)	[fo'kist]
fornalha (f)	focar (n)	[fo'kar]
carvão (m)	cărbune (m)	[kər'bune]

171. Barco

navio (m)	corabie (f)	[ko'rabie]
embarcação (f)	navă (f)	['navə]
vapor (m)	vapor (n)	[va'por]
navio (m)	motonavă (f)	[moto'navə]
transatlântico (m)	vas (n) de croazieră	[vas de kroa'zjerə]
cruzador (m)	crucişător (n)	[krutʃiʃə'tor]
iate (m)	iaht (n)	[jaht]
rebocador (m)	remorcher (n)	[remor'ker]
barcaça (f)	şlep (n)	[ʃlep]
ferry (m)	bac (n)	[bak]
veleiro (m)	velier (n)	[ve'ljer]
bergantim (m)	brigantină (f)	[brigan'tinə]
quebra-gelo (m)	spărgător (n) de gheaţă	[spərgə'tor de 'gjatsə]
submarino (m)	submarin (n)	[subma'rin]
bote, barco (m)	barcă (f)	['barkə]
bote, dingue (m)	şalupă (f)	[ʃa'lupə]
bote (m) salva-vidas	şalupă (f) de salvare	[ʃa'lupə de sal'vare]
lancha (f)	cuter (n)	['kuter]
capitão (m)	căpitan (m)	[kəpi'tan]
marinheiro (m)	marinar (m)	[mari'nar]
marujo (m)	marinar (m)	[mari'nar]
tripulação (f)	echipaj (n)	[eki'paʒ]
contramestre (m)	şef (m) de echipaj	[ʃef de eki'paʒ]
grumete (m)	mus (m)	[mus]
cozinheiro (m) de bordo	bucătar (m)	[bukə'tar]
médico (m) de bordo	medic (m) pe navă	['medik pe 'navə]
convés (m)	teugă (f)	[te'ugə]
mastro (m)	catarg (n)	[ka'targ]
vela (f)	velă (f)	['velə]
porão (m)	cală (f)	['kalə]
proa (f)	proră (f)	['prorə]
popa (f)	pupă (f)	['pupə]
remo (m)	vâslă (f)	['vislə]
hélice (f)	elice (f)	[e'litʃe]
camarote (m)	cabină (f)	[ka'binə]
sala (f) dos oficiais	salonul (n) ofiţerilor	[sa'lonul ofi'tserilor]
sala (f) das máquinas	sala (f) maşinilor	['sala ma'ʃinilor]
ponte (m) de comando	punte (f) de comandă	['punte de ko'mandə]
sala (f) de comunicações	staţie (f) de radio	['statsie de 'radio]
onda (f) de rádio	undă (f)	['undə]
diário (m) de bordo	jurnal (n) de bord	[ʒur'nal de bord]
luneta (f)	lunetă (f)	[lu'netə]
sino (m)	clopot (n)	['klopot]

bandeira (f)	steag (n)	['stʲag]
cabo (m)	parâmă (f)	[pa'rɨmə]
nó (m)	nod (n)	[nod]

corrimão (m)	bară (f)	['barə]
prancha (f) de embarque	pasarelă (f)	[pasa'relə]

âncora (f)	ancoră (f)	['ankorə]
recolher a âncora	a ridica ancora	[a ridi'ka 'ankora]
lançar a âncora	a ancora	[a anko'ra]
amarra (f)	lanţ (n) de ancoră	[lants de 'ankorə]

porto (m)	port (n)	[port]
cais, amarradouro (m)	acostare (f)	[akos'tare]
atracar (vi)	a acosta	[a akos'ta]
desatracar (vi)	a demara	[a dema'ra]

viagem (f)	călătorie (f)	[kələto'rie]
cruzeiro (m)	croazieră (f)	[kroa'zjerə]
rumo (m), rota (f)	direcţie (f)	[di'rektsie]
itinerário (m)	rută (f)	['rutə]

canal (m) navegável	cale (f) navigabilă	['kale navi'gabilə]
banco (m) de areia	banc (n) de nisip	[bank de ni'sip]
encalhar (vt)	a se împotmoli	[a se impotmo'li]

tempestade (f)	furtună (f)	[fur'tunə]
sinal (m)	semnal (n)	[sem'nal]
afundar-se (vr)	a se scufunda	[a se skufun'da]
SOS	SOS	[sos]
boia (f) salva-vidas	colac (m) de salvare	[ko'lak de sal'vare]

172. Aeroporto

aeroporto (m)	aeroport (n)	[aero'port]
avião (m)	avion (n)	[a'vjon]
companhia (f) aérea	companie (f) aeriană	[kompa'nie aeri'anə]
controlador (m) de tráfego aéreo	dispecer (n)	[dis'petʃer]

partida (f)	decolare (f)	[deko'lare]
chegada (f)	aterizare (f)	[ateri'zare]
chegar (~ de avião)	a ateriza	[a ateri'za]

hora (f) de partida	ora (f) decolării	['ora dekolərij]
hora (f) de chegada	ora (f) aterizării	['ora aterizərij]

estar atrasado	a întârzia	[a intir'zija]
atraso (m) de voo	întârzierea (f) zborului	[intirzjerʲa 'zboruluj]

painel (m) de informação	panou (n)	[pa'nou]
informação (f)	informaţie (f)	[infor'matsie]
anunciar (vt)	a anunţa	[a anun'tsa]
voo (m)	cursă (f)	['kursə]

alfândega (f)	vamă (f)	['vamə]
funcionário (m) da alfândega	vameş (m)	['vameʃ]

declaração (f) alfandegária	declaraţie (f)	[dekla'ratsie]
preencher (vt)	a completa	[a komple'ta]
preencher a declaração	a completa declaraţia	[a komple'ta dekla'ratsija]
controlo (m) de passaportes	controlul (n) paşapoartelor	[kon'trolul paʃapo'artelor]

bagagem (f)	bagaj (n)	[ba'gaʒ]
bagagem (f) de mão	bagaj (n) de mână	[ba'gaʒ de 'mɪnə]
carrinho (m)	cărucior (n) pentru bagaj	[kəru'tʃior 'pentru ba'gaʒ]

aterragem (f)	aterizare (f)	[ateri'zare]
pista (f) de aterragem	pistă (f) de aterizare	['pistə de ateri'zare]
aterrar (vi)	a ateriza	[a ateri'za]
escada (f) de avião	scară (f)	['skarə]

check-in (m)	înregistrare (f)	[inredʒis'trare]
balcão (m) do check-in	birou (n) de înregistrare	[bi'rou de inredʒis'trare]
fazer o check-in	a se înregistra	[a se inredʒis'tra]
cartão (m) de embarque	număr (n) de bord	['numər de bord]
porta (f) de embarque	debarcare (f)	[debar'kare]

trânsito (m)	tranzit (n)	['tranzit]
esperar (vi, vt)	a aştepta	[a aʃtep'ta]
sala (f) de espera	sală (f) de aşteptare	['sale de aʃtep'tare]
despedir-se de …	a conduce	[a kon'dutʃe]
despedir-se (vr)	a-şi lua rămas bun	[aʃ lu'a rə'mas bun]

173. Bicicleta. Motocicleta

bicicleta (f)	bicicletă (f)	[bitʃi'kletə]
scotter, lambreta (f)	scuter (n)	['skuter]
mota (f)	motocicletă (f)	[mototʃi'kletə]

ir de bicicleta	a merge cu bicicleta	[a 'merdʒe ku bitʃik'leta]
guiador (m)	ghidon (n)	[gi'don]
pedal (m)	pedală (f)	[pe'dalə]
travões (m pl)	frână (f)	['frinə]
selim (m)	şa (f)	[ʃa]

bomba (f) de ar	pompă (f)	['pompə]
porta-bagagens (m)	portbagaj (n)	[portba'gaʒ]
lanterna (f)	felinar (n)	[feli'nar]
capacete (m)	cască (f)	['kaskə]

roda (f)	roată (f)	[ro'atə]
guarda-lamas (m)	aripă (f)	[a'ripə]
aro (m)	obada (f) roţii	[o'bada 'rotsij]
raio (m)	spiţă (f)	['spitsə]

Carros

174. Tipos de carros

carro, automóvel (m)	automobil (n)	[automo'bil]
carro (m) desportivo	automobil (n) sport	[automo'bil 'sport]
limusine (f)	limuzină (f)	[limu'zinə]
todo o terreno (m)	vehicul (n) de teren (n)	[ve'hikul de te'ren]
descapotável (m)	cabrioletă (f)	[kabrio'letə]
minibus (m)	microbuz (n)	[mikro'buz]
ambulância (f)	ambulanţă (f)	[ambu'lantsə]
limpa-neve (m)	maşină (f) de deszăpezire	[ma'ʃinə de deszəpe'zire]
camião (m)	autocamion (n)	[autoka'mjon]
camião-cisterna (m)	autocisternă (f) pentru combustibil	[autotʃis'ternə 'pentru kombus'tibil]
carrinha (f)	furgon (n)	[fur'gon]
camião-trator (m)	remorcher (n)	[remor'ker]
atrelado (m)	remorcă (f)	[re'morkə]
confortável	confortabil	[konfor'tabil]
usado	uzat	[u'zat]

175. Carros. Carroçaria

capô (m)	capotă (f)	[ka'potə]
guarda-lamas (m)	aripă (f)	[a'ripə]
tejadilho (m)	acoperiş (n)	[akope'riʃ]
para-brisa (m)	parbriz (n)	[par'briz]
espelho (m) retrovisor	oglindă (f) retrovizoare	[og'lində retrovizo'are]
lavador (m)	ştergător (n)	[ʃtergə'tor]
limpa-para-brisas (m)	ştergător (n) de parbriz	[ʃtergə'tor de par'briz]
vidro (m) lateral	fereastră (f) laterală	[fe'rʲastrə late'ralə]
elevador (m) do vidro	macara (f) de geam	[maka'ra de dʒʲam]
antena (f)	antenă (f)	[an'tenə]
teto solar (m)	trapă (f)	['trapə]
para-choques (m pl)	amortizor (n)	[amorti'zor]
bagageira (f)	portbagaj (n)	[portba'gaʒ]
porta (f)	portieră (f)	[por'tjerə]
maçaneta (f)	mâner (n)	[mɨ'ner]
fechadura (f)	încuietoare (f)	[inkueto'are]
matrícula (f)	număr (n)	['numər]
silenciador (m)	tobă (f)	['tobə]

| tanque (m) de gasolina | rezervor (n) de benzină | [rezer'vor de ben'zinə] |
| tubo (m) de escape | ţeavă (f) de eşapament | ['tsʲavə de eʃapa'ment] |

acelerador (m)	gaz (n)	[gaz]
pedal (m)	pedală (f)	[pe'dalə]
pedal (m) do acelerador	pedală (f) de acceleraţie	[pe'dalə de aktʃele'ratsie]

travão (m)	frână (f)	['frinə]
pedal (m) do travão	pedală (f) de frână	[pe'dalə de 'frinə]
travar (vt)	a frâna	[a fri'na]
travão (m) de mão	frână (f) de staţionare	['frinə de statsio'nare]

embraiagem (f)	ambreiaj (n)	[ambre'jaʒ]
pedal (m) da embraiagem	pedală (f) de ambreiaj	[pe'dalə de ambre'jaʒ]
disco (m) de embraiagem	disc (n) de ambreiaj	['disk de ambre'jaʒ]
amortecedor (m)	amortizor (n)	[amorti'zor]

roda (f)	roată (f)	[ro'atə]
pneu (m) sobresselente	roată (f) de rezervă	[ro'atə de re'zervə]
tampão (m) de roda	capac (n)	[ka'pak]

rodas (f pl) motrizes	roţi (f pl) de tracţiune	['rotsʲ de traktsi'une]
de tração dianteira	tracţiune (f) frontală	[traktsi'une fron'talə]
de tração traseira	tracţiune (f) spate	[traktsi'une 'spate]
de tração às 4 rodas	tracţiune (f) integrală	[traktsi'une inte'gralə]

caixa (f) de mudanças	cutie (f) de viteză	[ku'tie de vi'tezə]
automático	automat	[auto'mat]
mecânico	mecanic	[me'kanik]
alavanca (f) das mudanças	manetă (f) de viteze	[ma'netə de vi'teze]

| farol (m) | far (n) | [far] |
| faróis, luzes | faruri (n pl) | ['farurʲ] |

médios (m pl)	fază (f) mică	['fazə 'mikə]
máximos (m pl)	fază (f) mare	['fazə 'mare]
luzes (f pl) de stop	semnal (n) de oprire	[sem'nal de o'prire]

mínimos (m pl)	semn (n) de gabarit	[semn de gaba'rit]
luzes (f pl) de emergência	lumini (f) de avarie	[lu'minʲ de a'varie]
faróis (m pl) antinevoeiro	faruri (n pl) anticeaţă	['farurʲ anti'tʃatsə]
pisca-pisca (m)	mecanism (n) de direcţie	[meka'nism de di'rektsie]
luz (f) de marcha atrás	marşarier (n)	[marʃari'er]

176. Carros. Habitáculo

interior (m) do carro	interior (n)	[inte'rjor]
de couro, de pele	de piele	[de 'pjele]
de veludo	de catifea	[de kati'fʲa]
estofos (m pl)	tapiţare (f)	[tapi'tsare]

indicador (m)	dispozitiv (n)	[dispozi'tiv]
painel (m) de instrumentos	panou (n) de comandă	[pa'nou de ko'mandə]
velocímetro (m)	vitezometru (n)	[vitezo'metru]

ponteiro (m)	ac (n)	[ak]
conta-quilómetros (m)	contor (n)	[kon'tor]
sensor (m)	indicator (n)	[indika'tor]
nível (m)	nivel (n)	[ni'vel]
luz (f) avisadora	bec (n)	[bek]

volante (m)	volan (n)	[vo'lan]
buzina (f)	claxon (n)	[klak'son]
botão (m)	buton (n)	[bu'ton]
interruptor (m)	schimbător (n) de viteză	[skimbə'tor de vi'tezə]

assento (m)	scaun (n)	['skaun]
costas (f pl) do assento	spătar (n)	[spə'tar]
cabeceira (f)	tetieră (f)	[te'tjerə]
cinto (m) de segurança	centură (f) de siguranţă	[ʧen'turə de sigu'rantsə]
apertar o cinto	a pune centura de siguranţă	[a 'pune ʧen'tura de sigu'rantsə]
regulação (f)	reglare (f)	[re'glare]

airbag (m)	airbag (n)	['erbeg]
ar (m) condicionado	aer (n) condiţionat	['aer konditsio'nat]

rádio (m)	radio (n)	['radio]
leitor (m) de CD	CD player (n)	[si'di 'pleer]
ligar (vt)	a deschide	[a des'kide]
antena (f)	antenă (f)	[an'tenə]
porta-luvas (m)	torpedou (m)	[torpe'dou]
cinzeiro (m)	scrumieră (f)	[skru'mjerə]

177. Carros. Motor

motor (m)	motor (n)	[mo'tor]
diesel	diesel	['dizel]
a gasolina	pe benzină	[pe ben'zinə]

cilindrada (f)	capacitatea (n) motorului	[kapaʧi'tatʲa mo'toruluj]
potência (f)	putere (f)	[pu'tere]
cavalo-vapor (m)	cal-putere (m)	[kal pu'tere]
pistão (m)	piston (m)	[pis'ton]
cilindro (m)	cilindru (m)	[ʧi'lindru]
válvula (f)	supapă (f)	[su'papə]

injetor (m)	injector (n)	[inʒek'tor]
gerador (m)	generator (n)	[dʒenera'tor]
carburador (m)	carburator (n)	[karbura'tor]
óleo (m) para motor	ulei (n) pentru motor	[u'lej 'pentru mo'tor]

radiador (m)	radiator (n)	[radia'tor]
refrigerante (m)	antigel (n)	[anti'dʒel]
ventilador (m)	ventilator (n)	[ventila'tor]

bateria (f)	acumulator (n)	[akumula'tor]
dispositivo (m) de arranque	demaror (n)	[dema'ror]
ignição (f)	aprindere (f)	[a'prindere]

vela (f) de ignição	**bujie** (f) **de aprindere**	[bu'ʒie de a'prindere]
borne (m)	**bornă** (f)	['bornə]
borne (m) positivo	**plus** (n)	[plus]
borne (m) negativo	**minus** (m)	['minus]
fusível (m)	**siguranţă** (f)	[sigu'rantsə]
filtro (m) de ar	**filtru** (n) **de aer**	['filtru de 'aer]
filtro (m) de óleo	**filtru** (n) **pentru ulei**	['filtru 'pentru u'lej]
filtro (m) de combustível	**filtru** (n) **pentru combustibil**	['filtru 'pentru kombus'tibil]

178. Carros. Batidas. Reparação

acidente (m) de carro	**accident** (n)	[aktʃi'dent]
acidente (m) rodoviário	**accident** (n) **rutier**	[aktʃi'dent ru'tjer]
ir contra ...	**a se tampona**	[a se tampo'na]
sofrer um acidente	**a se sparge**	[a se 'spardʒe]
danos (m pl)	**avariere** (f)	[ava'rjere]
intato	**întreg**	[ɨn'treg]
avaria (no motor, etc.)	**pană** (f)	['panə]
avariar (vi)	**a se strica**	[a se stri'ka]
cabo (m) de reboque	**cablu** (n) **de remorcaj**	['kablu de remor'kaʒ]
furo (m)	**găurire** (f)	[gəu'rire]
estar furado	**a se dezumfla**	[a se dezum'fla]
encher (vt)	**a pompa**	[a pom'pa]
pressão (f)	**presiune** (f)	[presi'une]
verificar (vt)	**a verifica**	[a verifi'ka]
reparação (f)	**reparaţie** (f)	[repa'ratsie]
oficina (f)	**service** (n) **auto**	['servis 'auto]
de reparação de carros		
peça (f) sobresselente	**detalii** (f pl)	[de'talij]
peça (f)	**detaliu** (n)	[de'talju]
parafuso (m)	**şurub** (n)	[ʃu'rub]
parafuso (m)	**şurub** (n)	[ʃu'rub]
porca (f)	**piuliţă** (f)	[pju'litsə]
anilha (f)	**şaibă** (f)	['ʃajbə]
rolamento (m)	**rulment** (m)	[rul'ment]
tubo (m)	**tub** (n)	[tub]
junta (f)	**garnitură** (f)	[garni'turə]
fio, cabo (m)	**cablu** (n)	['kablu]
macaco (m)	**cric** (n)	[krik]
chave (f) de boca	**cheie** (f) **fixă**	['kee 'fiksə]
martelo (m)	**ciocan** (n)	[tʃio'kan]
bomba (f)	**pompă** (f)	['pompə]
chave (f) de fendas	**şurubelniţă** (f)	[ʃuru'belnitsə]
extintor (m)	**stingător** (n)	[stinge'tor]
triângulo (m) de emergência	**semn** (n) **de avarie**	[semn de a'varie]
parar (vi) (motor)	**a se opri**	[a se o'pri]

| paragem (f) | oprire (f) | [o'prire] |
| estar quebrado | a fi stricat | [a fi stri'kat] |

superaquecer-se (vr)	a se încălzi	[a se inkəl'zi]
entupir-se (vr)	a se înfunda	[a se infun'da]
congelar-se (vr)	a îngheța	[a inge'tsa]
rebentar (vi)	a crăpa	[a krə'pa]

pressão (f)	presiune (f)	[presi'une]
nível (m)	nivel (n)	[ni'vel]
frouxo	scăzut	[skə'zut]

mossa (f)	îndoitură (f)	[indoi'turə]
ruído (m)	lovitură (f)	[lovi'turə]
fissura (f)	crăpătură (f)	[krəpə'turə]
arranhão (m)	zgârietură (f)	[zgirie'turə]

179. Carros. Estrada

estrada (f)	drum (n)	[drum]
autoestrada (f)	autostradă (f)	[auto'stradə]
rodovia (f)	șosea (f)	[ʃo'sʲa]
direção (f)	direcție (f)	[di'rektsie]
distância (f)	distanță (f)	[dis'tantsə]

ponte (f)	pod (n)	[pod]
parque (m) de estacionamento	loc (n) de parcare	[lok de par'kare]
praça (f)	piață (f)	['pjatsə]
nó (m) rodoviário	răscruce (f)	[rəs'krutʃe]
túnel (m)	tunel (n)	[tu'nel]

posto (m) de gasolina	benzinărie (f)	[benzinə'rie]
parque (m) de estacionamento	parcare (f)	[par'kare]
bomba (f) de gasolina	stație (f) de benzină	['statsie de ben'zinə]
oficina (f) de reparação de carros	garaj (n)	[ga'raʒ]
abastecer (vt)	a alimenta	[a alimen'ta]
combustível (m)	combustibil (m)	[kombus'tibil]
bidão (m) de gasolina	canistră (f)	[ka'nistrə]

asfalto (m)	asfalt (n)	[as'falt]
marcação (f) de estradas	marcare (f)	[mar'kare]
lancil (m)	bordură (f)	[bor'durə]
proteção (f) guard-rail	îngrădire (f)	[ingrə'dire]
valeta (f)	șanț (n) de scurgere	[ʃants de 'skurdʒere]
berma (f) da estrada	margine (f)	['mardʒine]
poste (m) de luz	stâlp (m)	[stilp]

conduzir, guiar (vt)	a conduce	[a kon'dutʃe]
virar (ex. ~ à direita)	a întoarce	[a into'artʃe]
dar retorno	a vira	[a vi'ra]
marcha-atrás (f)	mers (n) înapoi	['mers ina'poj]
buzinar (vi)	a semnaliza	[a semnali'za]
buzina (f)	semnal (n) acustic	[sem'nal a'kustik]

atolar-se (vr)	a se împotmoli	[a se împotmo'li]
patinar (na lama)	a remorca	[a remor'ka]
desligar (vt)	a opri	[a op'ri]

velocidade (f)	viteză (f)	[vi'tezə]
exceder a velocidade	a depăşi viteza	[a depə'ʃi vi'teza]
multar (vt)	a amenda	[a amen'da]
semáforo (m)	semafor (n)	[sema'for]
carta (f) de condução	permis (n) de conducere	[per'mis de kon'dutʃere]

passagem (f) de nível	traversare (f)	[traver'sare]
cruzamento (m)	intersecţie (f)	[inter'sektsie]
passadeira (f)	trecere (f) de pietoni	['tretʃere de pie'tonʲ]
curva (f)	curbă (f)	['kurbə]
zona (f) pedonal	zonă (f) pentru pietoni	['zonə 'pentru pie'tonʲ]

180. Sinais de trânsito

código (m) da estrada	reguli (f pl) de circulaţie	['regulʲ de tʃirku'latsie]
sinal (m) de trânsito	semn (n)	[semn]
ultrapassagem (f)	întrecere (f)	[in'tretʃere]
curva (f)	viraj (n)	[vi'raʒ]
inversão (f) de marcha	întoarcere (f)	[intu'artʃerə]
rotunda (f)	mişcare (f) circulară	[miʃ'kare tʃiru'larə]

sentido proibido	intrarea interzisă	[in'trarʲa inter'zisə]
trânsito proibido	circulaţia interzisă	[tʃirku'latsia inter'zisə]
proibição de ultrapassar	depăşirea interzisă	[depə'ʃirʲa inter'zisə]
estacionamento proibido	parcarea interzisă	[par'karʲa inter'zisə]
paragem proibida	oprirea interzisă	[o'prirʲa inter'zisə]

curva (f) perigosa	curbă (f) periculoasă	['kurbə perikulo'asə]
descida (f) perigosa	pantă (f) abruptă	['pantə a'bruptə]
trânsito de sentido único	într-o singură direcţie (f)	['intro 'singurə di'rektsie]
passadeira (f)	trecere (f) de pietoni	['tretʃere de pie'tonʲ]
pavimento (m) escorregadio	drum (n) alunecos	[drum alune'kos]
cedência de passagem	cedează trecerea	[tʃe'dʲazə 'tretʃerʲa]

PESSOAS. EVENTOS

Eventos

181. Férias. Evento

festa (f)	sărbătoare (f)	[sərbəto'are]
festa (f) nacional	sărbătoare (f) naţională	[sərbəto'are natsio'nalə]
feriado (m)	zi (f) de sărbătoare	[zi de sərbəto'are]
festejar (vt)	a sărbători	[a sərbəto'ri]
evento (festa, etc.)	eveniment (n)	[eveni'ment]
evento (banquete, etc.)	manifestare (f)	[manifes'tare]
banquete (m)	banchet (n)	[ban'ket]
receção (f)	recepţie (f)	[re'ʧeptsie]
festim (m)	ospăţ (n)	[os'pəts]
aniversário (m)	aniversare (f)	[aniver'sare]
jubileu (m)	jubileu (n)	[ʒubi'leu]
celebrar (vt)	a sărbători	[a sərbəto'ri]
Ano (m) Novo	Anul (m) Nou	['anul 'nou]
Feliz Ano Novo!	La Mulţi Ani!	[la 'multsⁱ anⁱ]
Natal (m)	Crăciun (n)	[krə'ʧiun]
Feliz Natal!	Crăciun Fericit!	[krə'ʧiun feri'ʧit]
árvore (f) de Natal	pom (m) de Crăciun	[pom de krə'ʧiun]
fogo (m) de artifício	artificii (n)	[arti'fiʧij]
boda (f)	nuntă (f)	['nuntə]
noivo (m)	mire (m)	['mire]
noiva (f)	mireasă (f)	[mi'rⁱasə]
convidar (vt)	a invita	[a invi'ta]
convite (m)	invitaţie (f)	[invi'tatsie]
convidado (m)	oaspete (m)	[o'aspete]
visitar (vt)	a merge în ospeţie	[a 'merʤe in ospe'tsie]
receber os hóspedes	a întâmpina oaspeţii	[a intimpi'na o'aspetsij]
presente (m)	cadou (n)	[ka'dou]
oferecer (vt)	a dărui	[a dəru'i]
receber presentes	a primi cadouri	[a pri'mi ka'dourⁱ]
ramo (m) de flores	buchet (n)	[bu'ket]
felicitações (f pl)	urare (f)	[u'rare]
felicitar (dar os parabéns)	a felicita	[a feliʧi'ta]
cartão (m) de parabéns	felicitare (f)	[feliʧi'tare]
enviar um postal	a expedia o felicitare	[a ekspedi'ja o feliʧi'tare]

receber um postal	a primi o felicitare	[a pri'mi o felitʃi'tare]
brinde (m)	toast (n)	[tost]
oferecer (vt)	a servi	[a ser'vi]
champanhe (m)	şampanie (f)	[ʃam'panie]

divertir-se (vr)	a se veseli	[a se vese'li]
diversão (f)	veselie (f)	[vese'lie]
alegria (f)	bucurie (f)	[buku'rie]

dança (f)	dans (n)	[dans]
dançar (vi)	a dansa	[a dan'sa]

valsa (f)	vals (n)	[vals]
tango (m)	tangou (n)	[tan'gou]

182. Funerais. Enterro

cemitério (m)	cimitir (n)	[tʃimi'tir]
sepultura (f), túmulo (m)	mormânt (n)	[mor'mint]
cruz (f)	cruce (f)	['krutʃe]
lápide (f)	piatră funerară (n)	['pjatrə fune'rarə]
cerca (f)	gard (n)	[gard]
capela (f)	capelă (f)	[ka'pelə]

morte (f)	moarte (f)	[mo'arte]
morrer (vi)	a muri	[a mu'ri]
defunto (m)	mort (m)	[mort]
luto (m)	doliu (n)	['dolju]

enterrar, sepultar (vt)	a îngropa	[a ingro'pa]
agência (f) funerária	pompe (f pl) funebre	['pompe fu'nebre]
funeral (m)	înmormântare (f)	[inmormin'tare]

coroa (f) de flores	cunună (f)	[ku'nunə]
caixão (m)	sicriu (n)	[si'kriu]
carro (m) funerário	dric (n)	[drik]
mortalha (f)	giulgiu (n)	['dʒiuldʒiu]

urna (f) funerária	urnă (f) funerară	['urnə fune'rarə]
crematório (m)	crematoriu (n)	[krema'torju]

obituário (m), necrologia (f)	necrolog (m)	[nekro'log]
chorar (vi)	a plânge	[a 'plindʒe]
soluçar (vi)	a plânge în hohote	[a 'plindʒe in 'hohote]

183. Guerra. Soldados

pelotão (m)	pluton (n)	[plu'ton]
companhia (f)	companie (f)	[kompa'nie]
regimento (m)	regiment (n)	[redʒi'ment]
exército (m)	armată (f)	[ar'matə]
divisão (f)	divizie (f)	[di'vizie]

destacamento (m)	detaşament (n)	[detaʃa'ment]
hoste (f)	armată (f)	[ar'matə]
soldado (m)	soldat (m)	[sol'dat]
oficial (m)	ofiţer (m)	[ofi'tser]
soldado (m) raso	soldat (m)	[sol'dat]
sargento (m)	sergent (m)	[ser'dʒent]
tenente (m)	locotenent (m)	[lokote'nent]
capitão (m)	căpitan (m)	[kəpi'tan]
major (m)	maior (m)	[ma'jor]
coronel (m)	colonel (m)	[kolo'nel]
general (m)	general (m)	[dʒene'ral]
marujo (m)	marinar (m)	[mari'nar]
capitão (m)	căpitan (m)	[kəpi'tan]
contramestre (m)	şef (m) de echipaj	[ʃef de eki'paʒ]
artilheiro (m)	artilerist (m)	[artile'rist]
soldado (m) paraquedista	paraşutist (m)	[paraʃu'tist]
piloto (m)	pilot (m)	[pi'lot]
navegador (m)	navigator (m)	[naviga'tor]
mecânico (m)	mecanic (m)	[me'kanik]
sapador (m)	genist (m)	[dʒe'nist]
paraquedista (m)	paraşutist (m)	[paraʃu'tist]
explorador (m)	cercetaş (m)	[tʃertʃe'taʃ]
franco-atirador (m)	lunetist (m)	[lune'tist]
patrulha (f)	patrulă (f)	[pa'trulə]
patrulhar (vt)	a patrula	[a patru'la]
sentinela (f)	santinelă (f)	[santi'nelə]
guerreiro (m)	ostaş (m)	[os'taʃ]
patriota (m)	patriot (m)	[patri'ot]
herói (m)	erou (m)	[e'rou]
heroína (f)	eroină (f)	[ero'inə]
traidor (m)	trădător (m)	[trədə'tor]
desertor (m)	dezertor (m)	[dezer'tor]
desertar (vt)	a dezerta	[a dezer'ta]
mercenário (m)	mercenar (m)	[mertʃe'nar]
recruta (m)	recrut (m)	[re'krut]
voluntário (m)	voluntar (m)	[volun'tar]
morto (m)	ucis (m)	[u'tʃis]
ferido (m)	rănit (m)	[rə'nit]
prisioneiro (m) de guerra	prizonier (m)	[prizo'njer]

184. Guerra. Ações militares. Parte 1

guerra (f)	război (n)	[rəz'boj]
guerrear (vt)	a lupta	[a lup'ta]

guerra (f) civil	război (n) civil	[rəz'boj tʃi'vil]
perfidamente	în mod perfid	[in mod per'fid]
declaração (f) de guerra	declarare (f)	[dekla'rare]
declarar (vt) guerra	a declara	[a dekla'ra]
agressão (f)	agresiune (f)	[agresi'une]
atacar (vt)	a ataca	[a ata'ka]

invadir (vt)	a captura	[a kaptu'ra]
invasor (m)	cotropitor (m)	[kotropi'tor]
conquistador (m)	cuceritor (m)	[kutʃeri'tor]

defesa (f)	apărare (f)	[apə'rare]
defender (vt)	a apăra	[a apə'ra]
defender-se (vr)	a se apăra	[a se apə'ra]

inimigo (m)	dușman (m)	[duʃ'man]
adversário (m)	adversar (m)	[adver'sar]
inimigo	dușmănos	[duʃmə'nos]

estratégia (f)	strategie (f)	[strate'dʒie]
tática (f)	tactică (f)	['taktikə]

ordem (f)	ordin (n)	['ordin]
comando (m)	comandă (f)	[ko'mandə]
ordenar (vt)	a ordona	[a ordo'na]
missão (f)	misiune (f)	[misi'une]
secreto	secret	[se'kret]

batalha (f)	bătălie (f)	[bətə'lie]
combate (m)	luptă (f)	['luptə]

ataque (m)	atac (n)	[a'tak]
assalto (m)	asalt (n)	[a'salt]
assaltar (vt)	a asalta	[a asal'ta]
assédio, sítio (m)	asediu (n)	[a'sedju]

ofensiva (f)	atac (n)	[a'tak]
passar à ofensiva	a ataca	[a ata'ka]

retirada (f)	retragere (f)	[re'tradʒere]
retirar-se (vr)	a se retrage	[a se re'tradʒe]

cerco (m)	încercuire (f)	[intʃerku'ire]
cercar (vt)	a încercui	[a intʃerku'i]

bombardeio (m)	bombardament (n)	[bombarda'ment]
lançar uma bomba	a arunca o bombă	[a arun'ka o 'bombə]
bombardear (vt)	a bombarda	[a bombar'da]
explosão (f)	explozie (f)	[eks'plozie]

tiro (m)	împușcătură (f)	[impuʃkə'turə]
disparar um tiro	a împușca	[a impuʃ'ka]
tiroteio (m)	foc (n)	[fok]

apontar para ...	a ținti	[a tsin'ti]
apontar (vt)	a îndrepta	[a indrep'ta]

acertar (vt)	a nimeri	[a nime'ri]
afundar (um navio)	a scufunda	[a skufun'da]
brecha (f)	gaură (f)	['gaurə]
afundar-se (vr)	a se scufunda	[a se skufun'da]

frente (m)	front (n)	[front]
evacuação (f)	evacuare (f)	[evaku'are]
evacuar (vt)	a evacua	[a evaku'a]

trincheira (f)	tranşee (f)	[tran'ʃee]
arame (m) farpado	sârmă (f) ghimpată	['sirmə gim'patə]
obstáculo (m) anticarro	îngrădire (f)	[ingrə'dire]
torre (f) de vigia	turlă (f)	['turlə]

hospital (m)	spital (n)	[spi'tal]
ferir (vt)	a răni	[a rə'ni]
ferida (f)	rană (f)	['ranə]
ferido (m)	rănit (m)	[rə'nit]
ficar ferido	a fi rănit	[a fi rə'nit]
grave (ferida ~)	serios	[se'rjos]

185. Guerra. Ações militares. Parte 2

cativeiro (m)	prizonierat (n)	[prizonie'rat]
capturar (vt)	a lua prizonier	[a lu'a prizo'njer]
estar em cativeiro	a fi prizonier	[a fi prizo'njer]
ser aprisionado	a cădea prizonier	[a kə'dʲa prizo'njer]

campo (m) de concentração	lagăr (n) de concentrare	['lagər de kontʃen'trare]
prisioneiro (m) de guerra	prizonier (m)	[prizo'njer]
escapar (vi)	a evada	[a eva'da]

trair (vt)	a trăda	[a trə'da]
traidor (m)	trădător (m)	[trədə'tor]
traição (f)	trădare (f)	[trə'dare]

fuzilar, executar (vt)	a împuşca	[a impuʃ'ka]
fuzilamento (m)	împuşcare (f)	[impuʃ'kare]

equipamento (m)	echipare (f)	[eki'pare]
platina (f)	epolet (m)	[epo'let]
máscara (f) antigás	mască (f) de gaze	['maskə de 'gaze]

rádio (m)	staţie (f) de radio	['statsie de 'radio]
cifra (f), código (m)	cifru (n)	['tʃifru]
conspiração (f)	conspiraţie (f)	[konspi'ratsie]
senha (f)	parolă (f)	[pa'rolə]

mina (f)	mină (f)	['minə]
minar (vt)	a mina	[a mi'na]
campo (m) minado	câmp (n) minat	[kimp mi'nat]

alarme (m) aéreo	alarmă (f) aeriană	[a'larmə aeri'anə]
alarme (m)	alarmă (f)	[a'larmə]

sinal (m)	**semnal** (n)	[sem'nal]
sinalizador (m)	**rachetă** (f) **de semnalizare**	[ra'ketə de semnali'zare]
estado-maior (m)	**stat-major** (n)	[stat ma'ʒor]
reconhecimento (m)	**cercetare** (f)	[ʧerʧe'tare]
situação (f)	**condiţii** (f pl)	[kon'ditsij]
relatório (m)	**raport** (n)	[ra'port]
emboscada (f)	**ambuscadă** (f)	[ambus'kadə]
reforço (m)	**întărire** (f)	[intə'rire]
alvo (m)	**ţintă** (f)	['tsintə]
campo (m) de tiro	**poligon** (n)	[poli'gon]
manobras (f pl)	**manevre** (f pl)	[ma'nevre]
pânico (m)	**panică** (f)	['panikə]
devastação (f)	**ruină** (f)	[ru'inə]
ruínas (f pl)	**distrugere** (f)	[dis'truʤere]
destruir (vt)	**a distruge**	[a dis'truʤe]
sobreviver (vi)	**a scăpa cu viaţă**	[a skə'pa ku 'vjatsə]
desarmar (vt)	**a dezarma**	[a dezar'ma]
manusear (vt)	**a mânui**	[a minu'i]
Firmes!	**Drepţi!**	[drepts]
Descansar!	**Pe loc repaus!**	[pe lok re'paus]
façanha (f)	**faptă** (f) **eroică**	['faptə ero'ikə]
juramento (m)	**jurământ** (n)	[ʒurə'mint]
jurar (vi)	**a jura**	[a ʒu'ra]
condecoração (f)	**premiu** (n)	['premju]
condecorar (vt)	**a premia**	[a premi'ja]
medalha (f)	**medalie** (f)	[me'dalie]
ordem (f)	**ordin** (n)	['ordin]
vitória (f)	**victorie** (f)	[vik'torie]
derrota (f)	**înfrângere** (f)	[in'frinʤere]
armistício (m)	**armistiţiu** (n)	[armis'titsju]
bandeira (f)	**drapel** (n)	[dra'pel]
glória (f)	**glorie** (f)	['glorie]
desfile (m) militar	**paradă** (f)	[pa'radə]
marchar (vi)	**a mărşălui**	[a mərʃəlu'i]

186. Armas

arma (f)	**armă** (f)	['armə]
arma (f) de fogo	**armă** (f) **de foc**	['armə de fok]
arma (f) branca	**armă** (f) **albă**	['armə 'albə]
arma (f) química	**armă** (f) **chimică**	['armə 'kimikə]
nuclear	**nuclear**	[nukle'ar]
arma (f) nuclear	**armă** (f) **nucleară**	['armə nukle'arə]
bomba (f)	**bombă** (f)	['bombə]

bomba (f) atómica	bombă (f) atomică	['bombə a'tomikə]
pistola (f)	pistol (n)	[pis'tol]
caçadeira (f)	armă (f)	['armə]
pistola-metralhadora (f)	automat (n)	[auto'mat]
metralhadora (f)	mitralieră (f)	[mitra'ljerə]

boca (f)	gură (f)	['gurə]
cano (m)	țeavă (f)	['tsʲavə]
calibre (m)	calibru (n)	[ka'libru]

gatilho (m)	cocoș (m)	[ko'koʃ]
mira (f)	înălțător (n)	[inəltsə'tor]
carregador (m)	magazie (f)	[maga'zie]
coronha (f)	patul (n) de pușcă	['patul de 'puʃka]

granada (f) de mão	grenadă (f)	[gre'nadə]
explosivo (m)	exploziv (n)	[eksplo'ziv]

bala (f)	glonț (n)	[glonts]
cartucho (m)	cartuș (n)	[kar'tuʃ]
carga (f)	încărcătură (f)	[inkərkə'turə]
munições (f pl)	muniții (f pl)	[mu'nitsij]

bombardeiro (m)	bombardier (n)	[bombar'djer]
avião (m) de caça	distrugător (n)	[distrugə'tor]
helicóptero (m)	elicopter (n)	[elikop'ter]

canhão (m) antiaéreo	tun (n) antiaerian	[tun antiaeri'an]
tanque (m)	tanc (n)	[tank]
canhão (de um tanque)	tun (n)	[tun]

artilharia (f)	artilerie (f)	[artile'rie]
fazer a pontaria	a îndrepta	[a indrep'ta]

obus (m)	proiectil (n)	[proek'til]
granada (f) de morteiro	mină (f)	['minə]
morteiro (m)	aruncător (n) de mine	[arunkə'tor de 'mine]
estilhaço (m)	schijă (f)	['skiʒə]

submarino (m)	submarin (n)	[subma'rin]
torpedo (m)	torpilă (f)	[tor'pilə]
míssil (m)	rachetă (f)	[ra'ketə]

carregar (uma arma)	a încărca	[a inkər'ka]
atirar, disparar (vi)	a trage	[a 'tradʒe]

apontar para ...	a ținti	[a tsin'ti]
baioneta (f)	baionetă (f)	[bajo'netə]

espada (f)	spadă (f)	['spadə]
sabre (m)	sabie (f)	['sabie]
lança (f)	suliță (f)	['sulitsə]
arco (m)	arc (n)	[ark]
flecha (f)	săgeată (f)	[sə'dʒʲatə]
mosquete (m)	flintă (f)	['flintə]
besta (f)	arbaletă (f)	[arba'letə]

187. Povos da antiguidade

primitivo	primitiv	[primi'tiv]
pré-histórico	preistoric	[preis'torik]
antigo	strǎvechi	[strə'veki]

Idade (f) da Pedra	Epoca (f) de piatrǎ	['epoka de 'pjatrə]
Idade (f) do Bronze	Epoca (f) de bronz	['epoka de 'bronz]
período (m) glacial	Epoca (f) glaciarǎ	['epoka glatʃi'arə]

tribo (f)	trib (n)	[trib]
canibal (m)	canibal (m)	[kani'bal]
caçador (m)	vânǎtor (m)	[vinə'tor]
caçar (vi)	a vâna	[a vi'na]
mamute (m)	mamut (m)	[ma'mut]

caverna (f)	peşterǎ (f)	['peʃterə]
fogo (m)	foc (n)	[fok]
fogueira (f)	foc (n) de tabǎrǎ	[fok də ta'bərə]
pintura (f) rupestre	desen (n) pe piatrǎ	[de'sen pe 'pjatrə]

ferramenta (f)	unealtǎ (f)	[u'nʲaltə]
lança (f)	suliţǎ (f)	['sulitsə]
machado (m) de pedra	topor (n) de piatrǎ	[to'por din 'pjatrə]
guerrear (vt)	a lupta	[a lup'ta]
domesticar (vt)	a domestici	[a domesti'tʃi]

ídolo (m)	idol (m)	['idol]
adorar, venerar (vt)	a se închina	[a se inki'na]
superstição (f)	superstiţie (f)	[supers'titsie]

evolução (f)	evoluţie (f)	[evo'lutsie]
desenvolvimento (m)	dezvoltare (f)	[dezvol'tare]
desaparecimento (m)	dispariţie (f)	[dispa'ritsie]
adaptar-se (vr)	a se acomoda	[a se akomo'da]

arqueologia (f)	arheologie (f)	[arheolo'dʒie]
arqueólogo (m)	arheolog (m)	[arheo'log]
arqueológico	arheologic	[arheo'lodʒik]

local (m) das escavações	sǎpǎturi (f pl)	[səpə'turʲ]
escavações (f pl)	sǎpǎturi (f pl)	[səpə'turʲ]
achado (m)	descoperire (f)	[deskope'rire]
fragmento (m)	fragment (n)	[frag'ment]

188. Idade média

povo (m)	popor (n)	[po'por]
povos (m pl)	popoare (n pl)	[popo'are]
tribo (f)	trib (n)	[trib]
tribos (f pl)	triburi (n pl)	['triburʲ]
bárbaros (m pl)	barbari (m pl)	[bar'barʲ]
gauleses (m pl)	gali (m pl)	[galʲ]

godos (m pl)	goți (m pl)	[gotsʲ]
eslavos (m pl)	slavi (m pl)	[slavʲ]
víquingues (m pl)	vikingi (m pl)	['vikindʒʲ]

| romanos (m pl) | romani (m pl) | [ro'manʲ] |
| romano | roman | [ro'man] |

bizantinos (m pl)	bizantinieni (m pl)	[bizantini'enʲ]
Bizâncio	Imperiul (n) Bizantin	[im'perjul bizan'tin]
bizantino	bizantin	[bizan'tin]

imperador (m)	împărat (m)	[impə'rat]
líder (m)	căpetenie (f)	[kəpe'tenie]
poderoso	puternic	[pu'ternik]
rei (m)	rege (m)	['redʒe]
governante (m)	conducător (m)	[kondukə'tor]

cavaleiro (m)	cavaler (m)	[kava'ler]
senhor feudal (m)	feudal (m)	[feu'dal]
feudal	feudal	[feu'dal]
vassalo (m)	vasal (m)	[va'sal]

duque (m)	duce (m)	['dutʃe]
conde (m)	conte (m)	['konte]
barão (m)	baron (m)	[ba'ron]
bispo (m)	episcop (m)	[e'piskop]

armadura (f)	armură (f)	[ar'murə]
escudo (m)	scut (n)	[skut]
espada (f)	sabie (f)	['sabie]
viseira (f)	vizieră (f)	[vi'zjerə]
cota (f) de malha	zale (f pl)	['zale]

| cruzada (f) | cruciadă (f) | [krutʃi'adə] |
| cruzado (m) | cruciat (m) | [krutʃi'at] |

território (m)	teritoriu (n)	[teri'torju]
atacar (vt)	a ataca	[a ata'ka]
conquistar (vt)	a cuceri	[a kutʃe'ri]
ocupar, invadir (vt)	a cotropi	[a kotro'pi]

assédio, sítio (m)	asediu (n)	[a'sedju]
sitiado	asediat (m)	[asedi'at]
assediar, sitiar (vt)	a asedia	[a asedi'a]

inquisição (f)	inchiziție (f)	[inki'zitsie]
inquisidor (m)	inchizitor (m)	[inkizi'tor]
tortura (f)	tortură (f)	[tor'turə]
cruel	crud	[krud]
herege (m)	eretic (m)	[e'retik]
heresia (f)	erezie (f)	[ere'zie]

navegação (f) marítima	navigație (f) maritimă	[navi'gatsie ma'ritime]
pirata (m)	pirat (m)	[pi'rat]
pirataria (f)	piraterie (f)	[pirate'rie]
abordagem (f)	abordaj (n)	[abor'daʒ]

| presa (f), butim (m) | captură (f) | [kap'turə] |
| tesouros (m pl) | comoară (f) | [komo'arə] |

descobrimento (m)	descoperire (f)	[deskope'rire]
descobrir (novas terras)	a descoperi	[a deskope'ri]
expedição (f)	expediţie (f)	[ekspe'ditsie]

mosqueteiro (m)	muşchetar (m)	[muʃke'tar]
cardeal (m)	cardinal (m)	[kardi'nal]
heráldica (f)	heraldică (f)	[he'raldikə]
heráldico	heraldic	[he'raldik]

189. Líder. Chefe. Autoridades

rei (m)	rege (m)	['redʒe]
rainha (f)	regină (f)	[re'dʒinə]
real	regal	[re'gal]
reino (m)	regat (n)	[re'gat]

| príncipe (m) | prinţ (m) | [prints] |
| princesa (f) | prinţesă (f) | [prin'tsesə] |

presidente (m)	preşedinte (m)	[preʃe'dinte]
vice-presidente (m)	vice-preşedinte (m)	['vitʃe preʃe'dinte]
senador (m)	senator (m)	[sena'tor]

monarca (m)	monarh (m)	[mo'narh]
governante (m)	conducător (m)	[kondukə'tor]
ditador (m)	dictator (m)	[dikta'tor]
tirano (m)	tiran (m)	[ti'ran]
magnata (m)	magnat (m)	[mag'nat]

diretor (m)	director (m)	[di'rektor]
chefe (m)	şef (m)	[ʃef]
dirigente (m)	manager (m)	['menedʒə]

| patrão (m) | boss (m) | [bos] |
| dono (m) | patron (m) | [pa'tron] |

chefe (~ de delegação)	şef (m)	[ʃef]
autoridades (f pl)	autorităţi (f pl)	[autoritətsʲ]
superiores (m pl)	conducere (f)	[kon'dutʃere]

governador (m)	guvernator (m)	[guverna'tor]
cônsul (m)	consul (m)	['konsul]
diplomata (m)	diplomat (m)	[diplo'mat]

| Presidente (m) da Câmara | primar (m) | [pri'mar] |
| xerife (m) | şerif (m) | [ʃə'rif] |

imperador (m)	împărat (m)	[impə'rat]
czar (m)	ţar (m)	[tsar]
faraó (m)	faraon (m)	[fara'on]
cã (m)	han (m)	[han]

190. Estrada. Caminho. Direções

estrada (f)	drum (n)	[drum]
caminho (m)	cale (f)	['kale]
rodovia (f)	şosea (f)	[ʃo'sʲa]
autoestrada (f)	autostradă (f)	[auto'stradə]
estrada (f) nacional	drum (n) naţional	['drum natsio'nal]
estrada (f) principal	drumul (n) principal	['drumul printʃi'pal]
caminho (m) de terra batida	drum (n) vicinal	['drum vitʃi'nal]
trilha (f)	potecă (f)	[po'təkə]
vereda (f)	cărare (f)	[kə'rare]
Onde?	Unde?	['unde]
Para onde?	Unde?	['unde]
De onde?	De unde?	[de 'unde]
direção (f)	direcţie (f)	[di'rektsie]
indicar (orientar)	a arăta	[a arə'ta]
para esquerda	la stânga	[la 'stinga]
para direita	la dreapta	[la 'drʲapta]
em frente	înainte	[ina'inte]
para trás	înapoi	[ina'poj]
curva (f)	curbă (f)	['kurbə]
virar (ex. ~ à direita)	a vira	[a vi'ra]
dar retorno	a întoarce	[a into'artʃe]
estar visível	a se zări	[a se zə'ri]
aparecer (vi)	a se arăta	[a se arə'ta]
paragem (pausa)	oprire (f)	[o'prire]
descansar (vi)	a se odihni	[a se odih'ni]
descanso (m)	odihnă (f)	[o'dihnə]
perder-se (vr)	a se rătăci	[a se rətə'tʃi]
conduzir (caminho)	a duce spre …	[a 'dutʃe spre]
chegar a …	a ieşi la …	[a e'ʃi la]
trecho (m)	porţiune (f)	[portsi'une]
asfalto (m)	asfalt (n)	[as'falt]
lancil (m)	bordură (f)	[bor'durə]
valeta (f)	şanţ (n)	[ʃants]
tampa (f) de esgoto	capac (n) de canalizare	[ka'pak de kanali'zare]
berma (f) da estrada	margine (f)	['mardʒine]
buraco (m)	groapă (f)	[gro'apə]
ir (a pé)	a merge	[a 'merdʒe]
ultrapassar (vt)	a depăşi	[a depə'ʃi]
passo (m)	pas (m)	[pas]
a pé	pe jos	[pe ʒos]

bloquear (vt)	a despărţi	[a despər'ţsi]
cancela (f)	barieră (f)	[ba'rjerə]
beco (m) sem saída	fundătură (f)	[fundə'turə]

191. Viloação da lei. Criminosos. Parte 1

bandido (m)	bandit (m)	[ban'dit]
crime (m)	crimă (f)	['krimə]
criminoso (m)	criminal (m)	[krimi'nal]

ladrão (m)	hoţ (m)	[hoţs]
roubar (vt)	a fura	[a fu'ra]
furto (m)	hoţie (f)	[ho'ţsie]
furto (m)	furt (n)	[furt]

raptar (ex. ~ uma criança)	a răpi	[a rə'pi]
rapto (m)	răpire (f)	[rə'pire]
raptor (m)	răpitor (m)	[rəpi'tor]

| resgate (m) | răscumpărare (f) | [rəskumpə'rare] |
| pedir resgate | a cere răscumpărare | [a 'ţere rəskumpə'rare] |

roubar (vt)	a jefui	[a ʒefu'i]
assalto, roubo (m)	jaf (n)	[ʒaf]
assaltante (m)	jefuitor (m)	[ʒefui'tor]

extorquir (vt)	a escroca	[a eskro'ka]
extorsionário (m)	escroc (m)	[es'krok]
extorsão (f)	escrocherie (f)	[eskroke'rie]

matar, assassinar (vt)	a ucide	[a u'ţide]
homicídio (m)	asasinat (n)	[asasi'nat]
homicida, assassino (m)	asasin (m)	[asa'sin]

tiro (m)	împuşcătură (f)	[impuʃkə'turə]
dar um tiro	a împuşca	[a impuʃ'ka]
matar a tiro	a împuşca	[a impuʃ'ka]
atirar, disparar (vi)	a trage	[a 'tradʒe]
tiroteio (m)	focuri (n) de armă	['fokurʲ de 'armə]

incidente (m)	întâmplare (f)	[intim'plare]
briga (~ de rua)	bătaie (f)	[bə'tae]
vítima (f)	jertfă (f)	['ʒertfə]

danificar (vt)	a prejudicia	[a preʒuditʃi'a]
dano (m)	daună (f)	['daunə]
cadáver (m)	cadavru (n)	[ka'davru]
grave	grav	[grav]

atacar (vt)	a ataca	[a ata'ka]
bater (espancar)	a bate	[a 'bate]
espancar (vt)	a snopi în bătăi	[a sno'pi in bətəj]
tirar, roubar (dinheiro)	a lua	[a lu'a]
esfaquear (vt)	a înjunghia	[a inʒungi'ja]

| mutilar (vt) | a schilodi | [a skilo'di] |
| ferir (vt) | a răni | [a rə'ni] |

chantagem (f)	şantaj (n)	[ʃan'taʒ]
chantagear (vt)	a şantaja	[a ʃanta'ʒa]
chantagista (m)	şantajist (m)	[ʃanta'ʒist]

extorsão (em troca de proteção)	banditism (n)	[bandi'tizm]
extorsionário (m)	bandit (m)	[ban'dit]
gângster (m)	gangster (m)	['gangster]
máfia (f)	mafie (f)	['mafie]

carteirista (m)	hoţ (m) de buzunare	[hoʦ de buzu'nare]
assaltante, ladrão (m)	spărgător (m)	[spərgə'tor]
contrabando (m)	contrabandă (f)	[kontra'bandə]
contrabandista (m)	contrabandist (m)	[kontraban'dist]

falsificação (f)	falsificare (f)	[falsifi'kare]
falsificar (vt)	a falsifica	[a falsifi'ka]
falsificado	fals	[fals]

192. Viloação da lei. Criminosos. Parte 2

violação (f)	viol (n)	[vi'ol]
violar (vt)	a viola	[a vio'la]
violador (m)	violator (m)	[viola'tor]
maníaco (m)	maniac (m)	[mani'ak]

prostituta (f)	prostituată (f)	[prostitu'atə]
prostituição (f)	prostituţie (f)	[prosti'tuʦie]
chulo (m)	proxenet (m)	[prokse'net]

| toxicodependente (m) | narcoman (m) | [narko'man] |
| traficante (m) | vânzător (m) de droguri | [vɨnzə'tor de 'drogurʲ] |

explodir (vt)	a arunca în aer	[a arun'ka ɨn 'aer]
explosão (f)	explozie (f)	[eks'plozie]
incendiar (vt)	a incendia	[a intʃendi'a]
incendiário (m)	incendiator (m)	[intʃendia'tor]

terrorismo (m)	terorism (n)	[tero'rism]
terrorista (m)	terorist (m)	[tero'rist]
refém (m)	ostatic (m)	[os'tatik]

enganar (vt)	a înşela	[a ɨnʃe'la]
engano (m)	înşelăciune (f)	[ɨnʃelə'tʃiune]
vigarista (m)	şarlatan (m)	[ʃarla'tan]

subornar (vt)	a mitui	[a mitu'i]
suborno (atividade)	mituire (f)	[mitu'ire]
suborno (dinheiro)	mită (f)	['mitə]
veneno (m)	otravă (f)	[o'travə]
envenenar (vt)	a otrăvi	[a otrə'vi]

envenenar-se (vr)	a se otrăvi	[a se otrə'vi]
suicídio (m)	sinucidere (f)	[sinu'tʃidere]
suicida (m)	sinucigaş (m)	[sinutʃi'gaʃ]

ameaçar (vt)	a ameninţa	[a amenin'tsa]
ameaça (f)	ameninţare (f)	[amenin'tsare]
atentar contra a vida de ...	a atenta la	[a aten'ta la]
atentado (m)	atentat (n)	[aten'tat]

| roubar (o carro) | a goni | [a go'ni] |
| desviar (o avião) | a goni | [a go'ni] |

| vingança (f) | răzbunare (f) | [rəzbu'nare] |
| vingar (vt) | a răzbuna | [a rəzbu'na] |

torturar (vt)	a tortura	[a tortu'ra]
tortura (f)	tortură (f)	[tor'turə]
atormentar (vt)	a chinui	[a kinu'i]

pirata (m)	pirat (m)	[pi'rat]
desordeiro (m)	huligan (m)	[huli'gan]
armado	înarmat	[inar'mat]
violência (f)	violenţă (f)	[vio'lentsə]

| espionagem (f) | spionaj (n) | [spio'naʒ] |
| espionar (vi) | a spiona | [a spio'na] |

193. Polícia. Lei. Parte 1

| justiça (f) | justiţie (f) | [ʒus'titsie] |
| tribunal (m) | curte (f) | ['kurte] |

juiz (m)	judecător (m)	[ʒudekə'tor]
jurados (m pl)	juraţi (m pl)	[ʒu'ratsʲ]
tribunal (m) do júri	curte (f) de juraţi	['kurte de ʒu'ratsʲ]
julgar (vt)	a judeca	[a ʒude'ka]

advogado (m)	avocat (m)	[avo'kat]
réu (m)	acuzat (m)	[aku'zat]
banco (m) dos réus	banca (f) acuzaţilor	['banka aku'zatsilor]

| acusação (f) | învinuire (f) | [invinu'ire] |
| acusado (m) | învinuit (m) | [invinu'it] |

| sentença (f) | verdict (n) | [ver'dikt] |
| sentenciar (vt) | a condamna | [a kondam'na] |

culpado (m)	vinovat (m)	[vino'vat]
punir (vt)	a pedepsi	[a pedep'si]
punição (f)	pedeapsă (f)	[pe'dʲapsə]

multa (f)	amendă (f)	[a'mendə]
prisão (f) perpétua	închisoare (f) pe viaţă	[inkiso'are pe 'vjatsə]
pena (f) de morte	pedeapsă (f) capitală	[pe'dʲapsə kapi'talə]

cadeira (f) elétrica	scaun (n) electric	['skaun e'lektrik]
forca (f)	spânzurătoare (f)	[spînzurəto'are]
executar (vt)	a executa	[a egzeku'ta]
execução (f)	execuţie (f)	[egze'kutsie]
prisão (f)	închisoare (f)	[inkiso'are]
cela (f) de prisão	cameră (f)	['kamerə]
escolta (f)	convoi (n)	[kon'voj]
guarda (m) prisional	paznic (m)	['paznik]
preso (m)	arestat (m)	[ares'tat]
algemas (f pl)	cătuşe (f pl)	[kə'tuʃə]
algemar (vt)	a pune cătuşele	[a 'pune kə'tuʃəle]
fuga, evasão (f)	evadare (f)	[eva'dare]
fugir (vi)	a evada	[a eva'da]
desaparecer (vi)	a dispărea	[a dispə'r'a]
soltar, libertar (vt)	a elibera	[a elibe'ra]
amnistia (f)	amnistie (f)	[am'nistie]
polícia (instituição)	poliţie (f)	[po'litsie]
polícia (m)	poliţist (m)	[poli'tsist]
esquadra (f) de polícia	secţie (f) de poliţie	['sektsie de po'litsie]
cassetete (m)	baston (n) de cauciuc	[bas'ton de kau'tʃiuk]
megafone (m)	portavoce (f)	[porta'votʃe]
carro (m) de patrulha	maşină (f) de patrulă	[ma'ʃine de pa'trulə]
sirene (f)	sirenă (f)	[si'renə]
ligar a sirene	a conecta sirena	[a konek'ta si'rena]
toque (m) da sirene	alarma (f) sirenei	[a'larma si'renej]
cena (f) do crime	locul (n) faptei	['lokul 'faptej]
testemunha (f)	martor (m)	['martor]
liberdade (f)	libertate (f)	[liber'tate]
cúmplice (m)	complice (m)	[kom'plitʃe]
escapar (vi)	a se ascunde	[a se as'kunde]
traço (não deixar ~s)	urmă (f)	['urmə]

194. Polícia. Lei. Parte 2

procura (f)	investigaţie (f)	[investi'gatsie]
procurar (vt)	a căuta	[a kəu'ta]
suspeita (f)	suspiciune (f)	[suspiʃi'une]
suspeito	suspect	[sus'pekt]
parar (vt)	a opri	[a op'ri]
deter (vt)	a reţine	[a re'tsine]
caso (criminal)	dosar (n)	[do'sar]
investigação (f)	anchetă (f)	[an'ketə]
detetive (m)	detectiv (m)	[detek'tiv]
investigador (m)	anchetator (m)	[anketa'tor]
versão (f)	versiune (f)	[versi'une]

motivo (m)	**motiv** (n)	[mo'tiv]
interrogatório (m)	**interogatoriu** (n)	[interoga'torju]
interrogar (vt)	**a interoga**	[a intero'ga]
questionar (vt)	**a audia**	[a audi'a]
verificação (f)	**verificare** (f)	[verifi'kare]
batida (f) policial	**razie** (f)	['razie]
busca (f)	**percheziţie** (f)	[perke'zitsie]
perseguição (f)	**urmărire** (f)	[urmə'rire]
perseguir (vt)	**a urmări**	[a urmə'ri]
seguir (vt)	**a urmări**	[a urmə'ri]
prisão (f)	**arestare** (f)	[ares'tare]
prender (vt)	**a aresta**	[a ares'ta]
pegar, capturar (vt)	**a prinde**	[a 'prinde]
captura (f)	**prindere** (f)	['prindere]
documento (m)	**act** (n)	[akt]
prova (f)	**dovadă** (f)	[do'vadə]
provar (vt)	**a dovedi**	[a dove'di]
pegada (f)	**amprentă** (f)	[am'prentə]
impressões (f pl) digitais	**amprente** (f pl) **digitale**	[am'prente didʒi'tale]
prova (f)	**probă** (f)	['probə]
álibi (m)	**alibi** (n)	['alibi]
inocente	**nevinovat** (m)	[nevino'vat]
injustiça (f)	**nedreptate** (f)	[nedrep'tate]
injusto	**nedrept**	[ne'drept]
criminal	**criminal** (m)	[krimi'nal]
confiscar (vt)	**a confisca**	[a konfis'ka]
droga (f)	**narcotic** (n)	[nar'kotik]
arma (f)	**armă** (f)	['armə]
desarmar (vt)	**a dezarma**	[a dezar'ma]
ordenar (vt)	**a ordona**	[a ordo'na]
desaparecer (vi)	**a dispărea**	[a dispə'rʲa]
lei (f)	**lege** (f)	['ledʒe]
legal	**legal**	[le'gal]
ilegal	**ilegal**	[ile'gal]
responsabilidade (f)	**responsabilitate** (f)	[responsabili'tate]
responsável	**responsabil**	[respon'sabil]

NATUREZA

A Terra. Parte 1

195. Espaço sideral

cosmos (m)	cosmos (n)	['kosmos]
cósmico	cosmic	['kosmik]
espaço (m) cósmico	spaţiu (n) cosmic	['spatsju 'kosmik]
galáxia (f)	galaxie (f)	[galak'sie]
estrela (f)	stea (f)	[st'a]
constelação (f)	constelaţie (f)	[konste'latsie]
planeta (m)	planetă (f)	[pla'netə]
satélite (m)	satelit (m)	[sate'lit]
meteorito (m)	meteorit (m)	[meteo'rit]
cometa (m)	cometă (f)	[ko'metə]
asteroide (m)	asteroid (m)	[astero'id]
órbita (f)	orbită (f)	[or'bitə]
girar (vi)	a se roti	[a se ro'ti]
atmosfera (f)	atmosferă (f)	[atmos'ferə]
Sol (m)	soare (n)	[so'are]
Sistema (m) Solar	sistem (n) solar	[sis'tem so'lar]
eclipse (m) solar	eclipsă (f) de soare	[ek'lipsə de so'are]
Terra (f)	Pământ (n)	[pə'mint]
Lua (f)	Lună (f)	['lunə]
Marte (m)	Marte (m)	['marte]
Vénus (f)	Venus (f)	['venus]
Júpiter (m)	Jupiter (m)	['ʒupiter]
Saturno (m)	Saturn (m)	[sa'turn]
Mercúrio (m)	Mercur (m)	[mer'kur]
Urano (m)	Uranus (m)	[u'ranus]
Neptuno (m)	Neptun (m)	[nep'tun]
Plutão (m)	Pluto (m)	['pluto]
Via Láctea (f)	Calea (f) Lactee	['kal'a lak'tee]
Ursa Maior (f)	Ursa (f) mare	['ursa 'mare]
Estrela Polar (f)	Steaua (f) polară	['st'awa po'larə]
marciano (m)	marţian (m)	[martsi'an]
extraterrestre (m)	extraterestru (m)	[ekstrate'restru]
alienígena (m)	extraterestru (m)	[ekstrate'restru]

disco (m) voador	**farfurie** (f) **zburătoare**	[farfu'rie zburəto'are]
nave (f) espacial	**navă** (f) **spaţială**	['navə spatsi'alə]
estação (f) orbital	**staţie** (f) **orbitală**	['statsie orbi'talə]
lançamento (m)	**start** (n)	[start]
motor (m)	**motor** (n)	[mo'tor]
bocal (m)	**ajutaj** (n)	[aʒu'taʒ]
combustível (m)	**combustibil** (m)	[kombus'tibil]
cabine (f)	**cabină** (f)	[ka'binə]
antena (f)	**antenă** (f)	[an'tenə]
vigia (f)	**hublou** (n)	[hu'blou]
bateria (f) solar	**baterie** (f) **solară**	[bate'rie so'larə]
traje (m) espacial	**scafandru** (m)	[ska'fandru]
imponderabilidade (f)	**imponderabilitate** (f)	[imponderabili'tate]
oxigénio (m)	**oxigen** (n)	[oksi'dʒen]
acoplagem (f)	**unire** (f)	[u'nire]
fazer uma acoplagem	**a uni**	[a u'ni]
observatório (m)	**observator** (n) **astronomic**	[observa'tor astro'nomik]
telescópio (m)	**telescop** (n)	[tele'skop]
observar (vt)	**a observa**	[a obser'va]
explorar (vt)	**a cerceta**	[a tʃertʃe'ta]

196. A Terra

Terra (f)	**Pământ** (n)	[pə'mint]
globo terrestre (Terra)	**globul** (n) **pământesc**	['globul pəmin'tesk]
planeta (m)	**planetă** (f)	[pla'netə]
atmosfera (f)	**atmosferă** (f)	[atmos'ferə]
geografia (f)	**geografie** (f)	[dʒeogra'fie]
natureza (f)	**natură** (f)	[na'turə]
globo (mapa esférico)	**glob** (n)	[glob]
mapa (m)	**hartă** (f)	['hartə]
atlas (m)	**atlas** (n)	[at'las]
Europa (f)	**Europa** (f)	[eu'ropa]
Ásia (f)	**Asia** (f)	['asia]
África (f)	**Africa** (f)	['afrika]
Austrália (f)	**Australia** (f)	[au'stralia]
América (f)	**America** (f)	[a'merika]
América (f) do Norte	**America** (f) **de Nord**	[a'merika de nord]
América (f) do Sul	**America** (f) **de Sud**	[a'merika de sud]
Antártida (f)	**Antarctida** (f)	[antark'tida]
Ártico (m)	**Arctica** (f)	['arktika]

197. Pontos cardeais

norte (m)	**nord** (n)	[nord]
para norte	**la nord**	[la nord]
no norte	**la nord**	[la nord]
do norte	**de nord**	[de nord]
sul (m)	**sud** (n)	[sud]
para sul	**la sud**	[la sud]
no sul	**la sud**	[la sud]
do sul	**de sud**	[de sud]
oeste, ocidente (m)	**vest** (n)	[vest]
para oeste	**la vest**	[la vest]
no oeste	**la vest**	[la vest]
ocidental	**de vest**	[de vest]
leste, oriente (m)	**est** (n)	[est]
para leste	**la est**	[la est]
no leste	**la est**	[la est]
oriental	**de est**	[de est]

198. Mar. Oceano

mar (m)	**mare** (f)	['mare]
oceano (m)	**ocean** (n)	[otʃe'an]
golfo (m)	**golf** (n)	[golf]
estreito (m)	**strâmtoare** (f)	[strimto'are]
continente (m)	**continent** (n)	[konti'nent]
ilha (f)	**insulă** (f)	['insulə]
península (f)	**peninsulă** (f)	[pe'ninsulə]
arquipélago (m)	**arhipelag** (n)	[arhipe'lag]
baía (f)	**golf** (n)	[golf]
porto (m)	**port** (n)	[port]
lagoa (f)	**lagună** (f)	[la'gunə]
cabo (m)	**cap** (n)	[kap]
atol (m)	**atol** (m)	[a'tol]
recife (m)	**recif** (m)	[re'tʃif]
coral (m)	**coral** (m)	[ko'ral]
recife (m) de coral	**recif** (m) **de corali**	[re'tʃif de ko'ralʲ]
profundo	**adânc**	[a'dɨnk]
profundidade (f)	**adâncime** (f)	[adɨn'tʃime]
abismo (m)	**abis** (n)	[a'bis]
fossa (f) oceânica	**groapă** (f)	[gro'apə]
corrente (f)	**curent** (n)	[ku'rent]
banhar (vt)	**a spăla**	[a spə'la]
litoral (m)	**mal** (n)	[mal]
costa (f)	**litoral** (n)	[lito'ral]

maré (f) alta	flux (n)	[fluks]
refluxo (m), maré (f) baixa	reflux (n)	[re'fluks]
restinga (f)	banc (n) de nisip	[bank de ni'sip]
fundo (m)	fund (n)	[fund]
onda (f)	val (n)	[val]
crista (f) da onda	creasta (f) valului	['krʲasta 'valuluj]
espuma (f)	spumă (f)	['spumə]
tempestade (f)	furtună (f)	[fur'tunə]
furacão (m)	uragan (m)	[ura'gan]
tsunami (m)	tsunami (n)	[ʦu'nami]
calmaria (f)	timp (n) calm	[timp kalm]
calmo	liniştit	[liniʃ'tit]
polo (m)	pol (n)	[pol]
polar	polar	[po'lar]
latitude (f)	longitudine (f)	[londʒi'tudine]
longitude (f)	latitudine (f)	[lati'tudine]
paralela (f)	paralelă (f)	[para'lelə]
equador (m)	ecuator (n)	[ekua'tor]
céu (m)	cer (n)	[ʧer]
horizonte (m)	orizont (n)	[ori'zont]
ar (m)	aer (n)	['aer]
farol (m)	far (n)	[far]
mergulhar (vi)	a se scufunda	[a se skufun'da]
afundar-se (vr)	a se duce la fund	[a se duʧe lʲa fund]
tesouros (m pl)	comoară (f)	[komo'arə]

199. Nomes de Mares e Oceanos

Oceano (m) Atlântico	Oceanul (n) Atlantic	[otʃe'anul at'lantik]
Oceano (m) Índico	Oceanul (n) Indian	[otʃe'anul indi'an]
Oceano (m) Pacífico	Oceanul (n) Pacific	[otʃe'anul pa'ʧifik]
Oceano (m) Ártico	Oceanul (n) Îngheţat de Nord	[otʃe'anul inge'ʦat de nord]
Mar (m) Negro	Marea (f) Neagră	['marʲa 'nʲagrə]
Mar (m) Vermelho	Marea (f) Roşie	['marʲa 'roʃie]
Mar (m) Amarelo	Marea (f) Galbenă	['marʲa 'galbenə]
Mar (m) Branco	Marea (f) Albă	['marʲa 'albə]
Mar (m) Cáspio	Marea (f) Caspică	['marʲa 'kaspikə]
Mar (m) Morto	Marea (f) Moartă	['marʲa mo'artə]
Mar (m) Mediterrâneo	Marea (f) Mediterană	['marʲa medite'ranə]
Mar (m) Egeu	Marea (f) Egee	['marʲa e'dʒee]
Mar (m) Adriático	Marea (f) Adriatică	['marʲa adri'atikə]
Mar (m) Arábico	Marea (f) Arabiei	['marʲa a'rabiej]
Mar (m) do Japão	Marea (f) Japoneză	['marʲa ʒapo'nezə]

Mar (m) de Bering	Marea (f) Bering	['mar'a 'bering]
Mar (m) da China Meridional	Marea (f) Chinei de Sud	['mar'a 'kinej de sud]
Mar (m) de Coral	Marea (f) Coral	['mar'a ko'ral]
Mar (m) de Tasman	Marea (f) Tasmaniei	['mar'a tas'maniej]
Mar (m) do Caribe	Marea (f) Caraibelor	['mar'a kara'ibelor]
Mar (m) de Barents	Marea (f) Barents	['mar'a ba'rents]
Mar (m) de Kara	Marea (f) Kara	['mar'a 'kara]
Mar (m) do Norte	Marea (f) Nordului	['mar'a 'norduluj]
Mar (m) Báltico	Marea (f) Baltică	['mar'a 'baltikə]
Mar (m) da Noruega	Marea (f) Norvegiei	['mar'a nor'vedʒiej]

200. Montanhas

montanha (f)	munte (m)	['munte]
cordilheira (f)	lanţ (n) muntos	[lants mun'tos]
serra (f)	lanţ (n) de munţi	[lants de munts]
cume (m)	vârf (n)	[virf]
pico (m)	culme (f)	['kulmə]
sopé (m)	poale (f pl)	[po'ale]
declive (m)	pantă (f)	['pantə]
vulcão (m)	vulcan (n)	[vul'kan]
vulcão (m) ativo	vulcan (n) activ	[vul'kan ak'tiv]
vulcão (m) extinto	vulcan (n) stins	[vul'kan stins]
erupção (f)	erupţie (f)	[e'ruptsie]
cratera (f)	crater (n)	['krater]
magma (m)	magmă (f)	['magmə]
lava (f)	lavă (f)	['lavə]
fundido (lava ~a)	încins	[in'tʃins]
desfiladeiro (m)	canion (n)	[kani'on]
garganta (f)	defileu (n)	[defi'leu]
fenda (f)	pas (n)	[pas]
passo, colo (m)	trecătoare (f)	[trekəto'are]
planalto (m)	podiş (n)	[po'diʃ]
falésia (f)	stâncă (f)	['stinkə]
colina (f)	deal (n)	['d'al]
glaciar (m)	gheţar (m)	[ge'tsar]
queda (f) d'água	cascadă (f)	[kas'kadə]
géiser (m)	gheizer (m)	['gejzer]
lago (m)	lac (n)	[lak]
planície (f)	şes (n)	[ʃes]
paisagem (f)	peisaj (n)	[pej'saʒ]
eco (m)	ecou (n)	[e'kou]
alpinista (m)	alpinist (m)	[alpi'nist]
escalador (m)	căţărător (m)	[kətsərə'tor]

| conquistar (vt) | a cuceri | [a kutʃe'ri] |
| subida, escalada (f) | ascensiune (f) | [astʃensi'une] |

201. Nomes de montanhas

Alpes (m pl)	Alpi (m pl)	['alpʲ]
monte Branco (m)	Mont Blanc (m)	[mon 'blan]
Pirineus (m pl)	Pirinei (m)	[piri'nej]

Cárpatos (m pl)	Carpaţi (m pl)	[kar'patsʲ]
montes (m pl) Urais	Munţii (m pl) Ural	['muntsij u'ral]
Cáucaso (m)	Caucaz (m)	[kau'kaz]
Elbrus (m)	Elbrus (m)	['elbrus]

Altai (m)	Altai (m)	[al'taj]
Tian Shan (m)	Tian-Şan (m)	['tjan 'ʃan]
Pamir (m)	Pamir (m)	[pa'mir]
Himalaias (m pl)	Himalaya	[hima'laja]
monte (m) Everest	Everest (m)	[eve'rest]

| Cordilheira (f) dos Andes | Anzi | ['anzʲ] |
| Kilimanjaro (m) | Kilimanjaro (m) | [kiliman'ʒaro] |

202. Rios

rio (m)	râu (n)	['riu]
fonte, nascente (f)	izvor (n)	[iz'vor]
leito (m) do rio	matcă (f)	['matkə]
bacia (f)	bazin (n)	[ba'zin]
desaguar no ...	a se vărsa	[a se vər'sa]

| afluente (m) | afluent (m) | [aflu'ent] |
| margem (do rio) | mal (n) | [mal] |

corrente (f)	curs (n)	[kurs]
rio abaixo	în josul apei	[in 'ʒosul 'apej]
rio acima	în susul apei	[in 'susul 'apej]

inundação (f)	inundaţie (f)	[inun'datsie]
cheia (f)	revărsare (f) a apelor	[revər'sare a 'apelor]
transbordar (vi)	a se revărsa	[a se revər'sa]
inundar (vt)	a inunda	[a inun'da]

| banco (m) de areia | banc (n) de nisip | [bank de ni'sip] |
| rápidos (m pl) | prag (n) | [prag] |

barragem (f)	baraj (n)	[ba'raʒ]
canal (m)	canal (n)	[ka'nal]
reservatório (m) de água	bazin (n)	[ba'zin]
eclusa (f)	ecluză (f)	[e'kluzə]
corpo (m) de água	bazin (n)	[ba'zin]
pântano (m)	mlaştină (f)	['mlaʃtinə]

tremedal (m)	mlaştină (f), smârc (n)	['mlaʃtinə], [smɨrk]
remoinho (m)	vârtej (n) de apă	[vir'teʒ de 'apə]

arroio, regato (m)	pârâu (n)	[pi'riu]
potável	potabil	[po'tabil]
doce (água)	nesărat	[nesə'rat]

gelo (m)	gheață (f)	['gʲatsə]
congelar-se (vr)	a îngheța	[a inge'tsa]

203. Nomes de rios

rio Sena (m)	Sena (f)	['sena]
rio Loire (m)	Loara (f)	[lo'ara]

rio Tamisa (m)	Tamisa (f)	[ta'misa]
rio Reno (m)	Rin (m)	[rin]
rio Danúbio (m)	Dunăre (f)	['dunəre]

rio Volga (m)	Volga (f)	['volga]
rio Don (m)	Don (m)	[don]
rio Lena (m)	Lena (f)	['lena]

rio Amarelo (m)	Huang He (m)	[huan 'he]
rio Yangtzé (m)	Yangtze (m)	[jants'zi]
rio Mekong (m)	Mekong (m)	[me'kong]
rio Ganges (m)	Gang (m)	[gang]

rio Nilo (m)	Nil (m)	[nil]
rio Congo (m)	Congo (m)	['kongo]
rio Cubango (m)	Okavango (m)	[oka'vango]
rio Zambeze (m)	Zambezi (m)	[zam'bezi]
rio Limpopo (m)	Limpopo (m)	[limpo'po]
rio Mississípi (m)	Mississippi (m)	[misi'sipi]

204. Floresta

floresta (f), bosque (m)	pădure (f)	[pə'dure]
florestal	de pădure	[de pə'dure]

mata (f) cerrada	desiş (n)	[de'siʃ]
arvoredo (m)	pădurice (f)	[pədu'ritʃe]
clareira (f)	poiană (f)	[po'janə]

matagal (m)	tufiş (n)	[tu'fiʃ]
mato (m)	arbust (m)	[ar'bust]

vereda (f)	cărare (f)	[kə'rare]
ravina (f)	râpă (f)	['ripə]

árvore (f)	copac (m)	[ko'pak]
folha (f)	frunză (f)	['frunzə]

folhagem (f)	frunziş (n)	[frun'ziʃ]
queda (f) das folhas	cădere (f) a frunzelor	[kə'dere a 'frunzelor]
cair (vi)	a cădea	[a kə'dʲa]
topo (m)	vârf (n)	[vɪrf]

ramo (m)	ramură (f)	['ramurə]
galho (m)	creangă (f)	['krʲangə]
botão, rebento (m)	mugur (m)	['mugur]
agulha (f)	ac (n)	[ak]
pinha (f)	con (n)	[kon]

buraco (m) de árvore	scorbură (f)	['skorburə]
ninho (m)	cuib (n)	[kujb]
toca (f)	vizuină (f)	[vizu'inə]

tronco (m)	trunchi (n)	[trunkʲ]
raiz (f)	rădăcină (f)	[rədə'tʃinə]
casca (f) de árvore	scoarţă (f)	[sko'artsə]
musgo (m)	muşchi (m)	[muʃkʲ]

arrancar pela raiz	a defrişa	[a defri'ʃa]
cortar (vt)	a tăia	[a tə'ja]
desflorestar (vt)	a doborî	[a dobo'rɨ]
toco, cepo (m)	buturugă (f)	[butu'rugə]

fogueira (f)	foc (n)	[fok]
incêndio (m) florestal	incendiu (n)	[in'tʃendju]
apagar (vt)	a stinge	[a 'stindʒe]

guarda-florestal (m)	pădurar (m)	[pədu'rar]
proteção (f)	protecţie (f)	[pro'tektsie]
proteger (a natureza)	a ocroti	[a okro'ti]
caçador (m) furtivo	braconier (m)	[brako'njer]
armadilha (f)	capcană (f)	[kap'kanə]

| colher (cogumelos, bagas) | a strânge | [a 'strindʒe] |
| perder-se (vr) | a se rătăci | [a se rətə'tʃi] |

205. Recursos naturais

recursos (m pl) naturais	resurse (f pl) naturale	[re'surse natu'rale]
minerais (m pl)	bogăţii (f pl) minerale	[bogə'tsij mine'rale]
depósitos (m pl)	depozite (n pl)	[de'pozite]
jazida (f)	zăcământ (n)	[zəkə'mɨnt]

extrair (vt)	a extrage	[a eks'tradʒe]
extração (f)	obţinere (f)	[ob'tsinere]
minério (m)	minereu (n)	[mine'reu]
mina (f)	mină (f)	['minə]
poço (m) de mina	puţ (n)	['puts]
mineiro (m)	miner (m)	[mi'ner]

| gás (m) | gaz (n) | [gaz] |
| gasoduto (m) | conductă (f) de gaze | [kon'duktə de 'gaze] |

petróleo (m)	petrol (n)	[pe'trol]
oleoduto (m)	conductă (f) de petrol	[kon'duktə de pe'trol]
poço (m) de petróleo	sondă (f) de țiței (n)	['sondə de tsi'tsej]
torre (f) petrolífera	turlă (f) de foraj	['turlə de fo'raʒ]
petroleiro (m)	tanc (n) petrolier	['tank petro'ljer]

areia (f)	nisip (n)	[ni'sip]
calcário (m)	calcar (n)	[kal'kar]
cascalho (m)	pietriș (n)	[pe'triʃ]
turfa (f)	turbă (f)	['turbə]
argila (f)	argilă (f)	[ar'dʒilə]
carvão (m)	cărbune (m)	[kər'bune]

ferro (m)	fier (m)	[fier]
ouro (m)	aur (n)	['aur]
prata (f)	argint (n)	[ar'dʒint]
níquel (m)	nichel (n)	['nikel]
cobre (m)	cupru (n)	['kupru]

zinco (m)	zinc (n)	[zink]
manganês (m)	mangan (n)	[man'gan]
mercúrio (m)	mercur (n)	[mer'kur]
chumbo (m)	plumb (n)	[plumb]

mineral (m)	mineral (n)	[mine'ral]
cristal (m)	cristal (n)	[kris'tal]
mármore (m)	marmură (f)	['marmurə]
urânio (m)	uraniu (n)	[u'ranju]

A Terra. Parte 2

206. Tempo

tempo (m)	timp (n)	[timp]
previsão (f) do tempo	prognoză (f) meteo	[prog'nozə 'meteo]
temperatura (f)	temperatură (f)	[tempera'turə]
termómetro (m)	termometru (n)	[termo'metru]
barómetro (m)	barometru (n)	[baro'metru]
humidade (f)	umiditate (f)	[umidi'tate]
calor (m)	caniculă (f)	[ka'nikulə]
cálido	fierbinte	[fier'binte]
está muito calor	e foarte cald	[e fo'arte kald]
está calor	e cald	[e kald]
quente	cald	[kald]
está frio	e frig	[e frig]
frio	rece	['retʃe]
sol (m)	soare (n)	[so'are]
brilhar (vi)	a străluci	[a strəlu'tʃi]
de sol, ensolarado	însorit	[inso'rit]
nascer (vi)	a răsări	[a rəsə'ri]
pôr-se (vr)	a apune	[a a'pune]
nuvem (f)	nor (m)	[nor]
nublado	înnorat	[inno'rat]
nuvem (f) preta	nor (m)	[nor]
escuro, cinzento	mohorât	[moho'rit]
chuva (f)	ploaie (f)	[plo'ae]
está a chover	plouă	['plowə]
chuvoso	ploios	[plo'jos]
chuviscar (vi)	a bura	[a bu'ra]
chuva (f) torrencial	ploaie (f) torenţială	[plo'ae toren'tsjale]
chuvada (f)	rupere (f) de nori	['rupere de 'noriʲ]
forte (chuva)	puternic	[pu'ternik]
poça (f)	băltoacă (f)	[bəlto'akə]
molhar-se (vr)	a se uda	[a se u'da]
nevoeiro (m)	ceaţă (f)	['tʃatsə]
de nevoeiro	ceţos	[tʃe'tsos]
neve (f)	zăpadă (f)	[zə'padə]
está a nevar	ninge	['nindʒe]

207. Tempo extremo. Catástrofes naturais

trovoada (f)	furtună (f)	[fur'tunə]
relâmpago (m)	fulger (n)	['fuldʒer]
relampejar (vi)	a fulgera	[a fuldʒe'ra]
trovão (m)	tunet (n)	['tunet]
trovejar (vi)	a tuna	[a tu'na]
está a trovejar	tună	['tunə]
granizo (m)	grindină (f)	[grin'dinə]
está a cair granizo	plouă cu gheaţă	['plowə ku 'gʲatsə]
inundar (vt)	a inunda	[a inun'da]
inundação (f)	inundaţie (f)	[inun'datsie]
terremoto (m)	cutremur (n)	[ku'tremur]
abalo, tremor (m)	zguduire (f)	[zgudu'ire]
epicentro (m)	epicentru (m)	[epi'tʃentru]
erupção (f)	erupţie (f)	[e'ruptsie]
lava (f)	lavă (f)	['lavə]
turbilhão (m)	vârtej (n)	[vir'teʒ]
tornado (m)	tornadă (f)	[tor'nadə]
tufão (m)	taifun (n)	[taj'fun]
furacão (m)	uragan (m)	[ura'gan]
tempestade (f)	furtună (f)	[fur'tunə]
tsunami (m)	tsunami (n)	[tsu'nami]
ciclone (m)	ciclon (m)	[tʃi'klon]
mau tempo (m)	vreme (f) rea	['vreme rʲa]
incêndio (m)	incendiu (n)	[in'tʃendju]
catástrofe (f)	catastrofă (f)	[katas'trofə]
meteorito (m)	meteorit (m)	[meteo'rit]
avalanche (f)	avalanşă (f)	[ava'lanʃə]
deslizamento (m) de neve	prăbuşire (f)	[prəbu'ʃire]
nevasca (f)	viscol (n)	['viskol]
tempestade (f) de neve	viscol (n)	['viskol]

208. Ruídos. Sons

silêncio (m)	tăcere (f)	[tə'tʃere]
som (m)	sunet (n)	['sunet]
ruído, barulho (m)	zgomot (n)	['zgomot]
fazer barulho	a face zgomot	[a 'fatʃe 'zgomot]
ruidoso, barulhento	zgomotos	[zgomo'tos]
alto (adv)	tare	['tare]
alto (adj)	tare	['tare]
constante (ruído, etc.)	permanent	[perma'nent]

grito (m)	strigăt (n)	['strigət]
gritar (vi)	a striga	[a stri'ga]
sussurro (m)	şoaptă (f)	[ʃo'aptə]
sussurrar (vt)	a şopti	[a ʃop'ti]

| latido (m) | lătrat (n) | [lə'trat] |
| latir (vi) | a lătra | [a lə'tra] |

gemido (m)	geamăt (n)	['dʒamət]
gemer (vi)	a geme	[a 'dʒeme]
tosse (f)	tuse (f)	['tuse]
tossir (vi)	a tuşi	[a tu'ʃi]

assobio (m)	fluierat (n)	[flue'rat]
assobiar (vi)	a fluiera	[a flue'ra]
batida (f)	lovitură (f)	[lovi'turə]
bater (vi)	a bate	[a 'bate]

| estalar (vi) | a trosni | [a tros'ni] |
| estalido (m) | trosnitură (f) | [trosni'ture] |

sirene (f)	sirenă (f)	[si'renə]
apito (m)	fluier (n)	['flujer]
apitar (vi)	a vui	[a vu'i]
buzina (f)	claxon (n)	[klak'son]
buzinar (vi)	a semnaliza	[a semnali'za]

209. Inverno

inverno (m)	iarnă (f)	['jarnə]
de inverno	de iarnă	[de 'jarnə]
no inverno	iarna	['jarna]

neve (f)	zăpadă (f)	[zə'padə]
está a nevar	ninge	['nindʒe]
queda (f) de neve	ninsoare (f)	[ninso'are]
amontoado (m) de neve	troian (n)	[tro'jan]

floco (m) de neve	fulg (m) de zăpadă	[fulg de zə'padə]
bola (f) de neve	bulgăre (m) de zăpadă	['bulgəre de zə'padə]
boneco (m) de neve	om (m) de zăpadă	[om de zə'padə]
sincelo (m)	ţurţur (m)	['tsurtsur]

dezembro (m)	decembrie (m)	[de'tʃembrie]
janeiro (m)	ianuarie (m)	[janu'arie]
fevereiro (m)	februarie (m)	[febru'arie]

| gelo (m) | ger (n) | [dʒer] |
| gelado, glacial | geros | [dʒe'ros] |

abaixo de zero	sub zero grade	[sub 'zero 'grade]
geada (f)	îngheţ (n) uşor	[i'ngets u'ʃor]
geada (f) branca	brumă (f)	['brumə]
frio (m)	frig (n)	[frig]

está frio	**frig**	[frig]
casaco (m) de peles	**şubă** (f)	['ʃubə]
mitenes (f pl)	**mănuşi** (f pl)	[mə'nuʃ
	cu un singur deget	ku un 'singur 'dedʒet]

adoecer (vi)	**a se îmbolnăvi**	[a se imbolnə'vi]
constipação (f)	**răceală** (f)	[rə'tʃalə]
constipar-se (vr)	**a răci**	[a rə'tʃi]

gelo (m)	**gheaţă** (f)	['gʲatsə]
gelo (m) na estrada	**polei** (n)	[po'lej]
congelar-se (vr)	**a îngheţa**	[a inge'tsa]
bloco (m) de gelo	**sloi** (n)	[sloj]

esqui (m)	**schiuri** (n pl)	['skjurʲ]
esquiador (m)	**schior** (m)	['skjor]
esquiar (vi)	**a schia**	[a ski'a]
patinar (vi)	**a patina**	[a pati'na]

Fauna

210. Mamíferos. Predadores

predador (m)	**prădător** (n)	[prədə'tor]
tigre (m)	**tigru** (m)	['tigru]
leão (m)	**leu** (m)	['leu]
lobo (m)	**lup** (m)	[lup]
raposa (f)	**vulpe** (f)	['vulpe]
jaguar (m)	**jaguar** (m)	[ʒagu'ar]
leopardo (m)	**leopard** (m)	[leo'pard]
chita (f)	**ghepard** (m)	[ge'pard]
pantera (f)	**panteră** (f)	[pan'terə]
puma (m)	**pumă** (f)	['pumə]
leopardo-das-neves (m)	**ghepard** (m)	[ge'pard]
lince (m)	**râs** (m)	[ris]
coiote (m)	**coiot** (m)	[ko'jot]
chacal (m)	**şacal** (m)	[ʃa'kal]
hiena (f)	**hienă** (f)	[hi'enə]

211. Animais selvagens

animal (m)	**animal** (n)	[ani'mal]
besta (f)	**animal** (n) **sălbatic**	[ani'mal səl'batik]
esquilo (m)	**veveriţă** (f)	[veve'ritsə]
ouriço (m)	**arici** (m)	[a'ritʃi]
lebre (f)	**iepure** (m)	['jepure]
coelho (m)	**iepure** (m) **de casă**	['jepure de 'kasə]
texugo (m)	**bursuc** (m)	[bur'suk]
guaxinim (m)	**enot** (m)	[e'not]
hamster (m)	**hârciog** (m)	[hir'tʃiog]
marmota (f)	**marmotă** (f)	[mar'motə]
toupeira (f)	**cârtiţă** (f)	['kirtitsə]
rato (m)	**şoarece** (m)	[ʃo'aretʃe]
ratazana (f)	**şobolan** (m)	[ʃobo'lan]
morcego (m)	**liliac** (m)	[lili'ak]
arminho (m)	**hermină** (f)	[her'minə]
zibelina (f)	**samur** (m)	[sa'mur]
marta (f)	**jder** (m)	[ʒder]
doninha (f)	**nevăstuică** (f)	[nevəs'tujkə]
vison (m)	**nurcă** (f)	['nurkə]

castor (m)	**castor** (m)	['kastor]
lontra (f)	**vidră** (f)	['vidrə]

cavalo (m)	**cal** (m)	[kal]
alce (m)	**elan** (m)	[e'lan]
veado (m)	**cerb** (m)	[tʃerb]
camelo (m)	**cămilă** (f)	[kə'milə]

bisão (m)	**bizon** (m)	[bi'zon]
auroque (m)	**zimbru** (m)	['zimbru]
búfalo (m)	**bivol** (m)	['bivol]

zebra (f)	**zebră** (f)	['zebrə]
antílope (m)	**antilopă** (f)	[anti'lopə]
corça (f)	**căprioară** (f)	[kəprio'arə]
gamo (m)	**ciută** (f)	['tʃiutə]
camurça (f)	**capră** (f) **neagră**	['kaprə 'nʲagrə]
javali (m)	**mistreț** (m)	[mis'trets]

baleia (f)	**balenă** (f)	[ba'lenə]
foca (f)	**focă** (f)	['fokə]
morsa (f)	**morsă** (f)	['morsə]
urso-marinho (m)	**urs** (m) **de mare**	[urs de 'mare]
golfinho (m)	**delfin** (m)	[del'fin]

urso (m)	**urs** (m)	[urs]
urso (m) branco	**urs** (m) **polar**	[urs po'lar]
panda (m)	**panda** (m)	['panda]

macaco (em geral)	**maimuță** (f)	[maj'mutsə]
chimpanzé (m)	**cimpanzeu** (m)	[tʃimpan'zeu]
orangotango (m)	**urangutan** (m)	[urangu'tan]
gorila (m)	**gorilă** (f)	[go'rilə]
macaco (m)	**macac** (m)	[ma'kak]
gibão (m)	**gibon** (m)	[dʒi'bon]

elefante (m)	**elefant** (m)	[ele'fant]
rinoceronte (m)	**rinocer** (m)	[rino'tʃer]
girafa (f)	**girafă** (f)	[dʒi'rafə]
hipopótamo (m)	**hipopotam** (m)	[hipopo'tam]

canguru (m)	**cangur** (m)	['kangur]
coala (m)	**koala** (f)	[ko'ala]

mangusto (m)	**mangustă** (f)	[man'gustə]
chinchila (m)	**şinşilă** (f)	[ʃin'ʃilə]
doninha-fedorenta (f)	**sconcs** (m)	[skonks]
porco-espinho (m)	**porc** (m) **spinos**	[pork spi'nos]

212. Animais domésticos

gata (f)	**pisică** (f)	[pi'sikə]
gato (m) macho	**motan** (m)	[mo'tan]
cavalo (m)	**cal** (m)	[kal]

garanhão (m)	**armăsar** (m)	[armə'sar]
égua (f)	**iapă** (f)	['japə]
vaca (f)	**vacă** (f)	['vakə]
touro (m)	**taur** (m)	['taur]
boi (m)	**bou** (m)	['bou]
ovelha (f)	**oaie** (f)	[o'ae]
carneiro (m)	**berbec** (m)	[ber'bek]
cabra (f)	**capră** (f)	['kaprə]
bode (m)	**ţap** (m)	[tsap]
burro (m)	**măgar** (m)	[mə'gar]
mula (f)	**catâr** (m)	[ka'tir]
porco (m)	**porc** (m)	[pork]
leitão (m)	**purcel** (m)	[pur'tʃel]
coelho (m)	**iepure** (m) **de casă**	['jepure de 'kasə]
galinha (f)	**găină** (f)	[gə'inə]
galo (m)	**cocoş** (m)	[ko'koʃ]
pata (f)	**raţă** (f)	['ratsə]
pato (macho)	**răţoi** (m)	[rə'tsoj]
ganso (m)	**gâscă** (f)	['giskə]
peru (m)	**curcan** (m)	[kur'kan]
perua (f)	**curcă** (f)	['kurkə]
animais (m pl) domésticos	**animale** (n pl) **domestice**	[ani'male do'mestitʃe]
domesticado	**domestic**	[do'mestik]
domesticar (vt)	**a domestici**	[a domesti'tʃi]
criar (vt)	**a creşte**	[a 'kreʃte]
quinta (f)	**fermă** (f)	['fermə]
aves (f pl) domésticas	**păsări** (f pl) **de curte**	[pəsərʲ de 'kurte]
gado (m)	**vite** (f pl)	['vite]
rebanho (m), manada (f)	**turmă** (f)	['turmə]
estábulo (m)	**grajd** (n)	[graʒd]
pocilga (f)	**cocină** (f) **de porci**	[ko'tʃinə de 'portʃi]
estábulo (m)	**grajd** (n) **pentru vaci**	['graʒd 'pentru 'vatʃi]
coelheira (f)	**cuşcă** (f) **pentru iepuri**	['kuʃkə 'pentru 'epurʲ]
galinheiro (m)	**coteţ** (n) **de găini**	[ko'tets de gə'inʲ]

213. Cães. Raças de cães

cão (m)	**câine** (m)	['kijne]
cão pastor (m)	**câine** (m) **ciobănesc**	['kijne tʃiobə'nesk]
caniche (m)	**pudel** (m)	[pu'del]
teckel (m)	**teckel** (m)	['tekel]
buldogue (m)	**buldog** (m)	[bul'dog]
boxer (m)	**boxer** (m)	[bok'ser]

mastim (m)	**mastif** (m)	[mas'tif]
rottweiler (m)	**rottweiler** (m)	[rot'wejler]
dobermann (m)	**doberman** (m)	[dober'man]

basset (m)	**basset** (m)	[ba'set]
pastor inglês (m)	**bobtail** (m)	[bob'tejl]
dálmata (m)	**dalmaţian** (m)	[dalmaţsi'an]
cocker spaniel (m)	**cocker spaniel** (m)	['koker spani'el]

terra-nova (m)	**newfoundland** (m)	[nju'faundlend]
são-bernardo (m)	**sentbernar** (m)	[senber'nar]

husky (m)	**huski** (m)	['haski]
Chow-chow (m)	**chow chow** (m)	['ʧau 'ʧau]
spitz alemão (m)	**spitz** (m)	[ʃpits]
carlindogue (m)	**mops** (m)	[mops]

214. Sons produzidos pelos animais

latido (m)	**lătrat** (n)	[lə'trat]
latir (vi)	**a lătra**	[a lə'tra]
miar (vi)	**a mieuna**	[a meu'na]
ronronar (vi)	**a toarce**	[a to'arʧe]

mugir (vaca)	**a mugi**	[a mu'ʤi]
bramir (touro)	**a rage**	[a 'raʤe]
rosnar (vi)	**a mârâi**	[a miri'i]

uivo (m)	**urlet** (n)	['urlet]
uivar (vi)	**a urla**	[a ur'la]
ganir (vi)	**a scheuna**	[a skeu'na]

balir (vi)	**a behăi**	[a behə'i]
grunhir (porco)	**a grohăi**	[a grohə'i]
guinchar (vi)	**a ţipa**	[a tsi'pa]

coaxar (sapo)	**a orăcăi**	[a orəkə'i]
zumbir (inseto)	**a bâzâi**	[a bizi'i]
estridular, ziziar (vi)	**a ţârâi**	[a tsiri'i]

215. Animais jovens

cria (f), filhote (m)	**pui** (m) **de animal**	[puj de ani'mal]
gatinho (m)	**motănaş** (m)	[motə'naʃ]
ratinho (m)	**şoricel** (m)	[ʃori'ʧel]
cãozinho (m)	**căţeluş** (m)	[kətse'luʃ]

filhote (m) de lebre	**iepuraş** (m)	[jepu'raʃ]
coelhinho (m)	**iepuraş** (m)	[jepu'raʃ]
lobinho (m)	**pui** (m) **de lup**	[puj de lup]
raposinho (m)	**pui** (m) **de vulpe**	[puj de 'vulpe]
ursinho (m)	**ursuleţ** (m)	[ursu'lets]

leãozinho (m)	**pui** (m) **de leu**	[puj de 'leu]
filhote (m) de tigre	**pui** (m) **de tigru**	[puj de 'tigru]
filhote (m) de elefante	**pui** (m) **de elefant**	[puj de ele'fant]
leitão (m)	**purcel** (m)	[pur'tʃel]
bezerro (m)	**vițel** (m)	[vi'tsel]
cabrito (m)	**ied** (m)	[jed]
cordeiro (m)	**miel** (m)	[mjel]
cria (f) de veado	**pui** (m) **de cerb**	[puj de tʃerb]
cria (f) de camelo	**pui** (m) **de cămilă**	[puj de kə'milə]
filhote (m) de serpente	**pui** (m) **de șarpe**	[puj de 'ʃarpe]
cria (f) de rã	**broscuță** (f)	[bros'kutsə]
cria (f) de ave	**pui** (m) **de pasăre**	[puj de 'pasəre]
pinto (m)	**pui** (m)	[puj]
patinho (m)	**rățușcă** (f)	[rə'tsuʃkə]

216. Pássaros

pássaro (m), ave (f)	**pasăre** (f)	['pasəre]
pombo (m)	**porumbel** (m)	[porum'bel]
pardal (m)	**vrabie** (f)	['vrabie]
chapim-real (m)	**pițigoi** (m)	[pitsi'goj]
pega-rabuda (f)	**coțofană** (f)	[kotso'fanə]
corvo (m)	**corb** (m)	[korb]
gralha (f) cinzenta	**cioară** (f)	[tʃio'arə]
gralha-de-nuca-cinzenta (f)	**stancă** (f)	['stankə]
gralha-calva (f)	**cioară** (f) **de câmp**	[tʃio'arə de 'kimp]
pato (m)	**rață** (f)	['ratsə]
ganso (m)	**gâscă** (f)	['giskə]
faisão (m)	**fazan** (m)	[fa'zan]
águia (f)	**acvilă** (f)	['akvilə]
açor (m)	**uliu** (m)	['ulju]
falcão (m)	**șoim** (m)	[ʃojm]
abutre (m)	**vultur** (m)	['vultur]
condor (m)	**condor** (m)	[kon'dor]
cisne (m)	**lebădă** (f)	['lebədə]
grou (m)	**cocor** (m)	[ko'kor]
cegonha (f)	**cocostârc** (m)	[kokos'tirk]
papagaio (m)	**papagal** (m)	[papa'gal]
beija-flor (m)	**pasărea** (f) **colibri**	['pasərʲa ko'libri]
pavão (m)	**păun** (m)	[pə'un]
avestruz (m)	**struț** (m)	[struts]
garça (f)	**stârc** (m)	[stirk]
flamingo (m)	**flamingo** (m)	[fla'mingo]
pelicano (m)	**pelican** (m)	[peli'kan]
rouxinol (m)	**privighetoare** (f)	[privigeto'are]

andorinha (f)	rândunică (f)	[rîndu'nikə]
tordo-zornal (m)	mierlă (f)	['merlə]
tordo-músico (m)	sturz-cântător (m)	[sturz kintə'tor]
melro-preto (m)	mierlă (f) sură	['merlə 'surə]

andorinhão (m)	lăstun (m)	[ləs'tun]
cotovia (f)	ciocârlie (f)	[tʃiokir'lie]
codorna (f)	prepeliţă (f)	[prepe'litsə]

pica-pau (m)	ciocănitoare (f)	[tʃiokənito'are]
cuco (m)	cuc (m)	[kuk]
coruja (f)	bufniţă (f)	['bufnitsə]
corujão, bufo (m)	buha mare (f)	['buhə 'mare]
tetraz-grande (m)	cocoş (m) de munte	[ko'koʃ de 'munte]
tetraz-lira (m)	cocoş (m) sălbatic	[ko'koʃ səlba'tik]
perdiz-cinzenta (f)	potârniche (f)	[potir'nike]

estorninho (m)	graur (m)	['graur]
canário (m)	canar (m)	[ka'nar]
galinha-do-mato (f)	găinuşă de alun (f)	[gəi'nuʃə de a'lun]
tentilhão (m)	cinteză (f)	[tʃin'tezə]
dom-fafe (m)	botgros (m)	[bot'gros]

gaivota (f)	pescăruş (m)	[peskə'ruʃ]
albatroz (m)	albatros (m)	[alba'tros]
pinguim (m)	pinguin (m)	[pigu'in]

217. Pássaros. Canto e sons

cantar (vi)	a cânta	[a kin'ta]
gritar (vi)	a striga	[a stri'ga]
cantar (o galo)	a cânta cucurigu	[a kin'ta kuku'rigu]
cocorocó (m)	cucurigu (m)	[kuku'rigu]

cacarejar (vi)	a cotcodăci	[a kotkodə'tʃi]
crocitar (vi)	a croncăni	[a kronkə'ni]
grasnar (vi)	a măcăi	[a məkə'i]
piar (vi)	a piui	[a pju'i]
chilrear, gorjear (vi)	a ciripi	[a tʃiri'pi]

218. Peixes. Animais marinhos

brema (f)	plătică (f)	[plə'tikə]
carpa (f)	crap (m)	[krap]
perca (f)	biban (m)	[bi'ban]
siluro (m)	somn (m)	[somn]
lúcio (m)	ştiucă (f)	['ʃtjukə]

salmão (m)	somon (m)	[so'mon]
esturjão (m)	nisetru (m)	[ni'setru]
arenque (m)	scrumbie (f)	[skrum'bie]
salmão (m)	somon (m)	[so'mon]

cavala, sarda (f)	macrou (n)	[ma'krou]
solha (f)	cambulă (f)	[kam'bulə]
lúcio perca (m)	şalău (m)	[ʃa'ləu]
bacalhau (m)	batog (m)	[ba'tog]
atum (m)	ton (m)	[ton]
truta (f)	păstrăv (m)	[pəs'trəv]
enguia (f)	ţipar (m)	[tsi'par]
raia elétrica (f)	peşte-torpilă (m)	['peʃte tor'pilə]
moreia (f)	murenă (f)	[mu'renə]
piranha (f)	piranha (f)	[pi'ranija]
tubarão (m)	rechin (m)	[re'kin]
golfinho (m)	delfin (m)	[del'fin]
baleia (f)	balenă (f)	[ba'lenə]
caranguejo (m)	crab (m)	[krab]
medusa, alforreca (f)	meduză (f)	[me'duzə]
polvo (m)	caracatiţă (f)	[kara'katitsə]
estrela-do-mar (f)	stea de mare (f)	[st'a de 'mare]
ouriço-do-mar (m)	arici de mare (m)	[a'ritʃi de 'mare]
cavalo-marinho (m)	căluţ (m) de mare (f)	[ka'luts de 'mare]
ostra (f)	stridie (f)	['stridie]
camarão (m)	crevetă (f)	[kre'vetə]
lavagante (m)	stacoj (m)	[sta'koʒ]
lagosta (f)	langustă (f)	[lan'gustə]

219. Amfíbios. Répteis

serpente, cobra (f)	şarpe (m)	['ʃarpe]
venenoso	veninos	[veni'nos]
víbora (f)	viperă (f)	['viperə]
cobra-capelo, naja (f)	cobră (f)	['kobrə]
pitão (m)	piton (m)	[pi'ton]
jiboia (f)	şarpe (m) boa	['ʃarpe bo'a]
cobra-de-água (f)	şarpe (m) de casă	['ʃarpe de 'kasə]
cascavel (f)	şarpe (m) cu clopoţei	['ʃarpe ku klopo'tsej]
anaconda (f)	anacondă (f)	[ana'kondə]
lagarto (m)	şopârlă (f)	[ʃo'pirlə]
iguana (f)	iguană (f)	[igu'anə]
varano (m)	şopârlă (f)	[ʃo'pirlə]
salamandra (f)	salamandră (f)	[sala'mandrə]
camaleão (m)	cameleon (m)	[kamele'on]
escorpião (m)	scorpion (m)	[skorpi'on]
tartaruga (f)	broască (f) ţestoasă	[bro'askə tsesto'asə]
rã (f)	broască (f)	[bro'askə]
sapo (m)	broască (f) râioasă	[bro'askə rijo'asə]
crocodilo (m)	crocodil (m)	[kroko'dil]

220. Insetos

inseto (m)	insectă (f)	[in'sektə]
borboleta (f)	fluture (m)	['fluture]
formiga (f)	furnică (f)	[fur'nikə]
mosca (f)	muscă (f)	['muskə]
mosquito (m)	ţânţar (m)	[tsin'tsar]
escaravelho (m)	gândac (m)	[gin'dak]

vespa (f)	viespe (f)	['vespe]
abelha (f)	albină (f)	[al'binə]
mamangava (f)	bondar (m)	[bon'dar]
moscardo (m)	tăun (m)	[tə'un]

aranha (f)	păianjen (m)	[pə'janʒen]
teia (f) de aranha	pânză (f) de păianjen	['pinzə de pə'janʒen]

libélula (f)	libelulă (f)	[libe'lulə]
gafanhoto-do-campo (m)	greier (m)	['greer]
traça (f)	fluture (m)	['fluture]

barata (f)	gândac (m)	[gin'dak]
carraça (f)	căpuşă (f)	[kə'puʃə]
pulga (f)	purice (m)	['puritʃe]
borrachudo (m)	musculiţă (f)	[musku'litsə]

gafanhoto (m)	lăcustă (f)	[lə'kustə]
caracol (m)	melc (m)	[melk]
grilo (m)	greier (m)	['greer]
pirilampo (m)	licurici (m)	[liku'ritʃi]
joaninha (f)	buburuză (f)	[bubu'ruzə]
besouro (m)	cărăbuş (m)	[kərə'buʃ]

sanguessuga (f)	lipitoare (f)	[lipito'are]
lagarta (f)	omidă (f)	[o'midə]
minhoca (f)	vierme (m)	['verme]
larva (f)	larvă (f)	['larvə]

221. Animais. Partes do corpo

bico (m)	cioc (n)	[tʃiok]
asas (f pl)	aripi (f pl)	[a'ripʲ]
pata (f)	labă (f)	['labə]
plumagem (f)	penaj (n)	[pe'naʒ]
pena, pluma (f)	pană (f)	['panə]
crista (f)	moţ (n)	[mots]

brânquias, guelras (f pl)	branhii (f pl)	[bran'hij]
ovas (f pl)	icre (f pl)	['ikre]
larva (f)	larvă (f)	['larvə]
barbatana (f)	aripioară (f)	[ari'pjoarə]
escama (f)	solzi (m pl)	[solzʲ]
canino (m)	dinte (m) canin	['dinte ka'nin]

pata (f)	labă (f)	['labə]
focinho (m)	bot (n)	[bot]
boca (f)	bot (n)	[bot]
cauda (f), rabo (m)	coadă (f)	[ko'adə]
bigodes (m pl)	mustăţi (f pl)	[mus'təts^j]

| casco (m) | copită (f) | [ko'pitə] |
| corno (m) | corn (n) | [korn] |

carapaça (f)	carapace (f)	[kara'patʃe]
concha (f)	schelet (n)	[ske'let]
casca (f) de ovo	găoace (f)	[gəo'atʃe]

| pelo (m) | blană (f) | ['blanə] |
| pele (f), couro (m) | piele (f) | ['pjele] |

222. Ações dos animais

voar (vi)	a zbura	[a zbu'ra]
dar voltas	a se roti	[a se ro'ti]
voar (para longe)	a-şi lua zborul	[aʃ lu'a 'zborul]
bater as asas	a bate din aripi	[a 'bate din 'arip^j]

bicar (vi)	a ciuguli	[a tʃiugu'li]
incubar (vt)	a cloci	[a klo'tʃi]
sair do ovo	a ieşi din ou	[a e'ʃi din ow]
fazer o ninho	a face cuib	[a 'fatʃe kujb]

rastejar (vi)	a se târî	[a se ti'ri]
picar (vt)	a înţepa	[a intse'pa]
morder (vt)	a muşca	[a muʃ'ka]

cheirar (vt)	a mirosi	[a miro'si]
latir (vi)	a lătra	[a lə'tra]
silvar (vi)	a sâsâi	[a sisi'i]
assustar (vt)	a speria	[a speri'ja]
atacar (vt)	a ataca	[a ata'ka]

roer (vt)	a roade	[a ro'ade]
arranhar (vt)	a zgâria	[a zgɨri'ja]
esconder-se (vr)	a se ascunde	[a se as'kunde]

brincar (vi)	a juca	[a ʒu'ka]
caçar (vi)	a vâna	[a vɨ'na]
hibernar (vi)	a hiberna	[a hiber'na]
extinguir-se (vr)	a dispărea	[a dispə'rʲa]

223. Animais. Habitats

hábitat	mediu (n) ambiant	['medju am'bjant]
migração (f)	migraţie (f)	[mi'gratsie]
montanha (f)	munte (m)	['munte]

| recife (m) | recif (m) | [re'tʃif] |
| falésia (f) | stâncă (f) | ['stinkə] |

floresta (f)	pădure (f)	[pə'dure]
selva (f)	junglă (f)	['ʒunglə]
savana (f)	savană (f)	[sa'vanə]
tundra (f)	tundră (f)	['tundrə]

estepe (f)	stepă (f)	['stepə]
deserto (m)	deşert (n)	[de'ʃərt]
oásis (m)	oază (f)	[o'azə]

mar (m)	mare (f)	['mare]
lago (m)	lac (n)	[lak]
oceano (m)	ocean (n)	[otʃə'an]

pântano (m)	mlaştină (f)	['mlaʃtinə]
de água doce	de apă dulce	[de 'apə 'dultʃe]
lagoa (f)	iaz (n)	[jaz]
rio (m)	râu (n)	['riu]

toca (f) do urso	bârlog (n)	[bir'log]
ninho (m)	cuib (n)	[kujb]
buraco (m) de árvore	scorbură (f)	['skorburə]
toca (f)	vizuină (f)	[vizu'inə]
formigueiro (m)	furnicar (n)	[furni'kar]

224. Cuidados com os animais

| jardim (m) zoológico | grădină (f) zoologică | [grə'dinə zoo'lodʒikə] |
| reserva (f) natural | rezervaţie (f) naturală | [rezer'vatsie natu'ralə] |

viveiro (m)	pepinieră (f)	[pepi'njerə]
jaula (f) de ar livre	volieră (f)	[voli'erə]
jaula, gaiola (f)	cuşcă (f)	['kuʃkə]
casinha (f) de cão	coteţ (n) de câine	[ko'tets de 'kinə]

pombal (m)	porumbărie (f)	[porumbə'rie]
aquário (m)	acvariu (n)	[ak'varju]
delfinário (m)	delfinariu (n)	[delfi'narju]

criar (vt)	a creşte	[a 'kreʃte]
ninhada (f)	pui (m pl)	[puj]
domesticar (vt)	a domestici	[a domesti'tʃi]
adestrar (vt)	a dresa	[a dre'sa]

| ração (f) | hrană (f) | ['hranə] |
| alimentar (vt) | a hrăni | [a hrə'ni] |

loja (f) de animais	magazin (n) zoo	[maga'zin 'zoo]
açaime (m)	botniţă (f)	['botnitsə]
coleira (f)	zgardă (f)	['zgardə]
nome (m)	porecla (f)	[po'reklə]
pedigree (m)	genealogie (f)	[dʒenealo'dʒie]

225. Animais. Diversos

alcateia (f)	haită (f)	['hajtə]
bando (pássaros)	stol (n)	[stol]
cardume (peixes)	banc (n)	[bank]
manada (cavalos)	herghelie (f)	[herge'lie]
macho (m)	mascul (m)	[mas'kul]
fêmea (f)	femelă (f)	[fe'melə]
faminto	flămând	[flə'mɨnd]
selvagem	sălbatic	[səl'batik]
perigoso	periculos	[periku'los]

226. Cavalos

cavalo (m)	cal (m)	[kal]
raça (f)	rasă (f)	['rasə]
potro (m)	mânz (m)	[mɨnz]
égua (f)	iapă (f)	['japə]
mustangue (m)	mustang (m)	[mus'tang]
pónei (m)	ponei (m)	['ponej]
cavalo (m) de tiro	cal (m) de tracţiune	[kal de traktsi'une]
crina (f)	coamă (f)	[ko'amə]
cauda (f)	coadă (f)	[ko'adə]
casco (m)	copită (f)	[ko'pitə]
ferradura (f)	potcoavă (f)	[potko'avə]
ferrar (vt)	a potcovi	[a potko'vi]
ferreiro (m)	fierar (m)	[fe'rar]
sela (f)	şa (f)	[ʃa]
estribo (m)	scară (f)	['skarə]
brida (f)	frâu (n)	['friu]
rédeas (f pl)	hăţuri (n pl)	[hətsurʲ]
chicote (m)	bici (n)	[bitʃi]
cavaleiro (m)	călăreţ (m)	[kələ'rets]
colocar sela	a înşeua	[a inʃəu'a]
montar no cavalo	a se aşeza în şa	[a se aʃə'za 'in 'ʃa]
galope (m)	galop (n)	[ga'lop]
galopar (vi)	a galopa	[a galo'pa]
trote (m)	trap (n)	[trap]
a trote	la trap	[la trap]
cavalo (m) de corrida	cal (m) de curse	[kal de 'kurse]
corridas (f pl)	cursă (f) de cai	['kursə de kaj]
estábulo (m)	grajd (n)	[graʒd]
alimentar (vt)	a hrăni	[a hrə'ni]

feno (m)	fân (n)	[fin]
dar água	a adăpa	[a adə'pa]
limpar (vt)	a ţesăla	[a tsesə'la]

pastar (vi)	a paşte	[a 'paʃte]
relinchar (vi)	a necheza	[a neke'za]
dar um coice	a zvârli cu copita	[a zvɨr'li ku ko'pita]

Flora

227. Árvores

Português	Romeno	Pronúncia
árvore (f)	copac (m)	[ko'pak]
decídua	foios	[fo'jos]
conífera	conifer	[koni'fere]
perene	veşnic verde	['veʃnik 'verde]
macieira (f)	măr (m)	[mər]
pereira (f)	păr (m)	[pər]
cerejeira (f)	cireş (m)	[ʧi'reʃ]
ginjeira (f)	vişin (m)	['viʃin]
ameixeira (f)	prun (m)	[prun]
bétula (f)	mesteacăn (m)	[mes'tʲakən]
carvalho (m)	stejar (m)	[ste'ʒar]
tília (f)	tei (m)	[tej]
choupo-tremedor (m)	plop tremurător (m)	['plop tremurə'tor]
bordo (m)	arţar (m)	[ar'tsar]
espruce-europeu (m)	brad (m)	[brad]
pinheiro (m)	pin (m)	[pin]
alerce, lariço (m)	zadă (f)	['zadə]
abeto (m)	brad (m) alb	['brad 'alb]
cedro (m)	cedru (m)	['ʧedru]
choupo, álamo (m)	plop (m)	[plop]
tramazeira (f)	sorb (m)	[sorb]
salgueiro (m)	salcie (f)	['salʧie]
amieiro (m)	arin (m)	[a'rin]
faia (f)	fag (m)	[fag]
ulmeiro (m)	ulm (m)	[ulm]
freixo (m)	frasin (m)	['frasin]
castanheiro (m)	castan (m)	[kas'tan]
magnólia (f)	magnolie (f)	[mag'nolie]
palmeira (f)	palmier (m)	[palmi'er]
cipreste (m)	chiparos (m)	[kipa'ros]
mangue (m)	manglier (m)	[mangli'jer]
embondeiro, baobá (m)	baobab (m)	[bao'bab]
eucalipto (m)	eucalipt (m)	[euka'lipt]
sequoia (f)	secvoia (m)	[sek'voja]

228. Arbustos

Português	Romeno	Pronúncia
arbusto (m)	tufă (f)	['tufə]
arbusto (m), moita (f)	arbust (m)	[ar'bust]

videira (f)	**viţă** (f) **de vie**	['viʦə de 'vie]
vinhedo (m)	**vie** (f)	['vie]

framboeseira (f)	**zmeură** (f)	['zmeurə]
groselheira-vermelha (f)	**coacăz** (m) **roşu**	[ko'akəz 'roʃu]
groselheira (f) espinhosa	**agriş** (m)	[a'griʃ]

acácia (f)	**salcâm** (m)	[sal'kim]
bérberis (f)	**lemn** (m) **galben**	['lemn 'galben]
jasmim (m)	**iasomie** (f)	[jaso'mie]

junípero (m)	**ienupăr** (m)	[je'nupər]
roseira (f)	**tufă** (f) **de trandafir**	['tufə de tranda'fir]
roseira (f) brava	**măceş** (m)	[mə'ʧeʃ]

229. Cogumelos

cogumelo (m)	**ciupercă** (f)	[ʧiu'perkə]
cogumelo (m) comestível	**ciupercă** (f) **comestibilă**	[ʧiu'perkə komes'tibilə]
cogumelo (m) venenoso	**ciupercă** (f) **otrăvitoare**	[ʧiu'perkə otrəvito'are]
chapéu (m)	**pălărie** (f)	[pələ'rie]
pé, caule (m)	**picior** (n)	[pi'ʧior]

boleto (m)	**hrib** (m)	[hrib]
boleto (m) alaranjado	**pitărcuţă** (f)	[pitər'kuʦə]
míscaro (m) das bétulas	**pitarcă** (f)	[pi'tarkə]
cantarela (f)	**gălbior** (m)	[gəlbi'or]
rússula (f)	**vineţică** (f)	[vine'ʦikə]

morchella (f)	**zbârciog** (m)	[zbir'ʧiog]
agário-das-moscas (m)	**burete** (m) **pestriţ**	[bu'rete pes'triʦ]
cicuta (f) verde	**ciupercă** (f) **otrăvitoare**	[ʧiu'perkə otrəvito'are]

230. Frutos. Bagas

maçã (f)	**măr** (n)	[mər]
pera (f)	**pară** (f)	['parə]
ameixa (f)	**prună** (f)	['prunə]

morango (m)	**căpşună** (f)	[kəp'ʃunə]
ginja (f)	**vişină** (f)	['viʃinə]
cereja (f)	**cireaşă** (f)	[ʧi'r'aʃə]
uva (f)	**struguri** (m pl)	['strugur']

framboesa (f)	**zmeură** (f)	['zmeurə]
groselha (f) preta	**coacăză** (f) **neagră**	[ko'akəzə 'n'agrə]
groselha (f) vermelha	**coacăză** (f) **roşie**	[ko'akəzə 'roʃie]
groselha (f) espinhosa	**agrişă** (f)	[a'griʃə]
oxicoco (m)	**răchiţele** (f pl)	[rəki'ʦele]

laranja (f)	**portocală** (f)	[porto'kalə]
tangerina (f)	**mandarină** (f)	[manda'rinə]

ananás (m)	**ananas** (m)	[ana'nas]
banana (f)	**banană** (f)	[ba'nanə]
tâmara (f)	**curmală** (f)	[kur'malə]

limão (m)	**lămâie** (f)	[lə'mie]
damasco (m)	**caisă** (f)	[ka'isə]
pêssego (m)	**piersică** (f)	['pjersikə]
kiwi (m)	**kiwi** (n)	['kivi]
toranja (f)	**grepfrut** (n)	['grepfrut]

baga (f)	**boabă** (f)	[bo'abə]
bagas (f pl)	**fructe** (n pl) **de pădure**	['frukte de pə'dure]
arando (m) vermelho	**merişor** (m)	[meri'ʃor]
morango-silvestre (m)	**frag** (m)	[frag]
mirtilo (m)	**afină** (f)	[a'finə]

231. Flores. Plantas

flor (f)	**floare** (f)	[flo'are]
ramo (m) de flores	**buchet** (n)	[bu'ket]

rosa (f)	**trandafir** (m)	[tranda'fir]
tulipa (f)	**lalea** (f)	[la'lʲa]
cravo (m)	**garoafă** (f)	[garo'afə]
gladíolo (m)	**gladiolă** (f)	[gladi'olə]

centáurea (f)	**albăstrea** (f)	[albəs'trʲa]
campânula (f)	**clopoţel** (m)	[klopo'tsel]
dente-de-leão (m)	**păpădie** (f)	[pəpə'die]
camomila (f)	**romaniţă** (f)	[roma'nitsə]

aloé (m)	**aloe** (f)	[a'loe]
cato (m)	**cactus** (m)	['kaktus]
fícus (m)	**ficus** (m)	['fikus]

lírio (m)	**crin** (m)	[krin]
gerânio (m)	**muşcată** (f)	[muʃ'katə]
jacinto (m)	**zambilă** (f)	[zam'bilə]

mimosa (f)	**mimoză** (f)	[mi'mozə]
narciso (m)	**narcisă** (f)	[nar'tʃisə]
capuchinha (f)	**condurul-doamnei** (m)	[kon'durul do'amnej]

orquídea (f)	**orhidee** (f)	[orhi'dee]
peónia (f)	**bujor** (m)	[bu'ʒor]
violeta (f)	**toporaş** (m)	[topo'raʃ]

amor-perfeito (m)	**pansele** (f)	[pan'sele]
não-me-esqueças (m)	**nu-mă-uita** (f)	[nu mə uj'ta]
margarida (f)	**margaretă** (f)	[marga'retə]

papoula (f)	**mac** (m)	[mak]
cânhamo (m)	**cânepă** (f)	['kinepə]
hortelã (f)	**mentă** (f)	['mentə]

lírio-do-vale (m)	lăcrămioară (f)	[ləkrəmjo'arə]
campânula-branca (f)	ghiocel (m)	[gio'ʧel]
urtiga (f)	urzică (f)	[ur'zikə]
azeda (f)	măcriş (m)	[mə'kriʃ]
nenúfar (m)	nufăr (m)	['nufər]
feto (m), samambaia (f)	ferigă (f)	['ferigə]
líquen (m)	lichen (m)	[li'ken]
estufa (f)	seră (f)	['serə]
relvado (m)	gazon (n)	[ga'zon]
canteiro (m) de flores	strat (n) de flori	[strat de 'flori]
planta (f)	plantă (f)	['plantə]
erva (f)	iarbă (f)	['jarbə]
folha (f) de erva	fir (n) de iarbă	[fir de 'jarbə]
folha (f)	frunză (f)	['frunzə]
pétala (f)	petală (f)	[pe'talə]
talo (m)	tulpină (f)	[tul'pinə]
tubérculo (m)	tubercul (m)	[tu'berkul]
broto, rebento (m)	mugur (m)	['mugur]
espinho (m)	ghimpe (m)	['gimpe]
florescer (vi)	a înflori	[a inflo'ri]
murchar (vi)	a se ofili	[a se ofe'li]
cheiro (m)	miros (n)	[mi'ros]
cortar (flores)	a tăia	[a tə'ja]
colher (uma flor)	a rupe	[a 'rupe]

232. Cereais, grãos

grão (m)	grăunţe (n pl)	[gre'unʦe]
cereais (plantas)	cereale (f pl)	[ʧere'ale]
espiga (f)	spic (n)	[spik]
trigo (m)	grâu (n)	['grɨu]
centeio (m)	secară (f)	[se'karə]
aveia (f)	ovăz (n)	[ovəz]
milho-miúdo (m)	mei (m)	[mej]
cevada (f)	orz (n)	[orz]
milho (m)	porumb (m)	[po'rumb]
arroz (m)	orez (n)	[o'rez]
trigo-sarraceno (m)	hrişcă (f)	['hriʃkə]
ervilha (f)	mazăre (f)	['mazəre]
feijão (m)	fasole (f)	[fa'sole]
soja (f)	soia (f)	['soja]
lentilha (f)	linte (n)	['linte]
fava (f)	boabe (f pl)	[bo'abe]

233. Vegetais. Verduras

legumes (m pl)	legume (f pl)	[le'gume]
verduras (f pl)	verdeață (f)	[ver'dʲaʦə]
tomate (m)	roşie (f)	['roʃie]
pepino (m)	castravete (m)	[kastra'vete]
cenoura (f)	morcov (m)	['morkov]
batata (f)	cartof (m)	[kar'tof]
cebola (f)	ceapă (f)	['ʧapə]
alho (m)	usturoi (m)	[ustu'roj]
couve (f)	varză (f)	['varzə]
couve-flor (f)	conopidă (f)	[kono'pidə]
couve-de-bruxelas (f)	varză (f) de Bruxelles	['varzə de bruk'sel]
beterraba (f)	sfeclă (f)	['sfeklə]
beringela (f)	vânătă (f)	['vinətə]
curgete (f)	dovlecel (m)	[dovle'ʧel]
abóbora (f)	dovleac (m)	[dov'lʲak]
nabo (m)	nap (m)	[nap]
salsa (f)	pătrunjel (m)	[pətrun'ʒel]
funcho, endro (m)	mărar (m)	[mə'rar]
alface (f)	salată (f)	[sa'latə]
aipo (m)	ţelină (f)	['ʦelinə]
espargo (m)	sparanghel (m)	[sparan'gel]
espinafre (m)	spanac (m)	[spa'nak]
ervilha (f)	mazăre (f)	['mazəre]
fava (f)	boabe (f pl)	[bo'abe]
milho (m)	porumb (m)	[po'rumb]
feijão (m)	fasole (f)	[fa'sole]
pimentão (m)	piper (m)	[pi'per]
rabanete (m)	ridiche (f)	[ri'dike]
alcachofra (f)	anghinare (f)	[angi'nare]

GEOGRAFIA REGIONAL

Países. Nacionalidades

234. Europa Ocidental

Europa (f)	Europa (f)	[eu'ropa]
União (f) Europeia	Uniunea (f) Europeană	[uni'un'a euro'p'anə]
europeu (m)	european (m)	[euro'p'an]
europeu	european	[euro'p'an]
Áustria (f)	Austria (f)	[a'ustrija]
austríaco (m)	austriac (m)	[austri'ak]
austríaca (f)	austriacă (f)	[austri'akə]
austríaco	austriac	[austri'ak]
Grã-Bretanha (f)	Marea Britanie (f)	['mar'a bri'tanie]
Inglaterra (f)	Anglia (f)	['anglija]
inglês (m)	englez (m)	[en'glez]
inglesa (f)	englezoaică (f)	[englezo'ajkə]
inglês	englez	[en'glez]
Bélgica (f)	Belgia (f)	['beldʒia]
belga (m)	belgian (m)	[beldʒi'an]
belga (f)	belgiană (f)	[beldʒi'anə]
belga	belgian	[beldʒi'an]
Alemanha (f)	Germania (f)	[dʒer'manija]
alemão (m)	neamţ (m)	['n'amts]
alemã (f)	nemţoaică (f)	[nemtso'ajkə]
alemão	nemţesc	[nem'tsesk]
Países (m pl) Baixos	Ţările de Jos (f pl)	['tsərile de ʒos]
Holanda (f)	Olanda (f)	[o'landa]
holandês (m)	olandez (m)	[olan'dez]
holandesa (f)	olandeză (f)	[olan'dezə]
holandês	olandez	[olan'dez]
Grécia (f)	Grecia (f)	['gretʃia]
grego (m)	grec (m)	[grek]
grega (f)	grecoaică (f)	[greko'ajkə]
grego	grecesc	[gre'tʃesk]
Dinamarca (f)	Danemarca (f)	[dane'marka]
dinamarquês (m)	danez (m)	[da'nez]
dinamarquesa (f)	daneză (f)	[da'nezə]
dinamarquês	danez	[da'nez]
Irlanda (f)	Irlanda (f)	[ir'landa]
irlandês (m)	irlandez (m)	[irlan'dez]

irlandesa (f)	**irlandeză** (f)	[irlan'dezə]
irlandês	**irlandez**	[irlan'dez]
Islândia (f)	**Islanda** (f)	[is'landa]
islandês (m)	**islandez** (m)	[islan'dez]
islandesa (f)	**islandeză** (f)	[islan'dezə]
islandês	**islandez**	[islan'dez]
Espanha (f)	**Spania** (f)	['spania]
espanhol (m)	**spaniol** (m)	[spa'njol]
espanhola (f)	**spanioloaică** (f)	[spanjolo'ajkə]
espanhol	**spaniol**	[spa'njol]
Itália (f)	**Italia** (f)	[i'talia]
italiano (m)	**italian** (m)	[itali'an]
italiana (f)	**italiancă** (f)	[itali'ankə]
italiano	**italian**	[itali'an]
Chipre (m)	**Cipru** (n)	['ʧipru]
cipriota (m)	**cipriot** (m)	[ʧipri'ot]
cipriota (f)	**cipriotă** (f)	[ʧipri'otə]
cipriota	**cipriot**	[ʧipri'ot]
Malta (f)	**Malta** (f)	['malta]
maltês (m)	**maltez** (m)	[mal'tez]
maltesa (f)	**malteză** (f)	[mal'tezə]
maltês	**maltez**	[mal'tez]
Noruega (f)	**Norvegia** (f)	[nor'vedʒia]
norueguês (m)	**norvegian** (m)	[norvedʒi'an]
norueguesa (f)	**norvegiancă** (f)	[norvedʒi'ankə]
norueguês	**norvegian**	[norvedʒi'an]
Portugal (m)	**Portugalia** (f)	[portu'galia]
português (m)	**portughez** (m)	[portu'gez]
portuguesa (f)	**portugheză** (f)	[portu'gezə]
português	**portughez**	[portu'gez]
Finlândia (f)	**Finlanda** (f)	[fin'landa]
finlandês (m)	**finlandez** (m)	[finlan'dez]
finlandesa (f)	**finlandeză** (f)	[finlan'dezə]
finlandês	**finlandez**	[finlan'dez]
França (f)	**Franța** (f)	['franʦa]
francês (m)	**francez** (m)	[fran'ʧez]
francesa (f)	**franțuzoaică** (f)	[franʦuzo'ajkə]
francês	**francez**	[fran'ʧez]
Suécia (f)	**Suedia** (f)	[su'edia]
sueco (m)	**suedez** (m)	[sue'dez]
sueca (f)	**suedeză** (f)	[sue'dezə]
sueco	**suedez**	[sue'dez]
Suíça (f)	**Elveția** (f)	[el'veʦia]
suíço (m)	**elvețian** (m)	[elveʦi'an]
suíça (f)	**elvețiancă** (f)	[elveʦi'ankə]

suíço	**elvețian**	[elvetsi'an]
Escócia (f)	**Scoția** (f)	['skotsia]
escocês (m)	**scoțian** (m)	[skotsi'an]
escocesa (f)	**scoțiancă** (f)	[skotsi'ankə]
escocês	**scoțian**	[skotsi'an]
Vaticano (m)	**Vatican** (m)	[vati'kan]
Liechtenstein (m)	**Liechtenstein** (m)	[lihten'ʃtajn]
Luxemburgo (m)	**Luxemburg** (m)	[luksem'burg]
Mónaco (m)	**Monaco** (m)	[mo'nako]

235. Europa Central e de Leste

Albânia (f)	**Albania** (f)	[al'banija]
albanês (m)	**albanez** (m)	[alba'nez]
albanesa (f)	**albaneză** (f)	[alba'nezə]
albanês	**albanez**	[alba'nez]
Bulgária (f)	**Bulgaria** (f)	[bul'garia]
búlgaro (m)	**bulgar** (m)	[bul'gar]
búlgara (f)	**bulgăroaică** (f)	[bulgəro'ajkə]
búlgaro	**bulgăresc**	[bulgə'resk]
Hungria (f)	**Ungaria** (f)	[un'garia]
húngaro (m)	**ungur** (m)	['ungur]
húngara (f)	**unguroaică** (f)	[unguro'ajkə]
húngaro	**unguresc**	[ungu'resk]
Letónia (f)	**Letonia** (f)	[le'tonia]
letão (m)	**leton** (m)	[le'ton]
letã (f)	**letonă** (f)	[le'tonə]
letão	**leton**	[le'ton]
Lituânia (f)	**Lituania** (f)	[litu'ania]
lituano (m)	**lituanian** (m)	[lituani'an]
lituana (f)	**lituaniană** (f)	[lituani'anə]
lituano	**lituanian**	[lituani'an]
Polónia (f)	**Polonia** (f)	[po'lonia]
polaco (m)	**polonez** (m)	[polo'nez]
polaca (f)	**poloneză** (f)	[polo'nezə]
polaco	**polonez**	[polo'nez]
Roménia (f)	**România** (f)	[rominia]
romeno (m)	**român** (m)	[ro'min]
romena (f)	**româncă** (f)	[ro'minkə]
romeno	**român**	[ro'min]
Sérvia (f)	**Serbia** (f)	['serbija]
sérvio (m)	**sârb** (m)	[sirb]
sérvia (f)	**serbă** (f)	['serbə]
sérvio	**sârb**	[sirb]
Eslováquia (f)	**Slovacia** (f)	[slo'vatʃia]
eslovaco (m)	**slovac** (m)	[slo'vak]

eslovaca (f)	slovacă (f)	[slo'vakə]
eslovaco	slovac	[slo'vak]

Croácia (f)	Croaţia (f)	[kro'atsia]
croata (m)	croat (m)	[kro'at]
croata (f)	croată (f)	[kro'atə]
croata	croat	[kro'at]

República (f) Checa	Cehia (f)	['tʃehija]
checo (m)	ceh (m)	[tʃeh]
checa (f)	cehă (f)	['tʃehə]
checo	ceh	[tʃeh]

Estónia (f)	Estonia (f)	[es'tonia]
estónio (m)	estonian (m)	[estoni'an]
estónia (f)	estoniană (f)	[estoni'anə]
estónio	estonian	[estoni'an]

Bósnia e Herzegovina (f)	Bosnia şi Herţegovina (f)	['bosnia ʃi hertsego'vina]
Macedónia (f)	Macedonia (f)	[matʃe'donia]
Eslovénia (f)	Slovenia (f)	[slo'venia]
Montenegro (m)	Muntenegru (m)	[munte'negru]

236. Países da ex-URSS

Azerbaijão (m)	Azerbaidjan (m)	[azerbaj'dʒan]
azeri (m)	azerbaidjan (m)	[azerbaj'dʒan]
azeri (f)	azerbaidjană (f)	[azerbaj'dʒanə]
azeri, azerbaijano	azerbaidjan	[azerbaj'dʒan]

Arménia (f)	Armenia (f)	[ar'menia]
arménio (m)	armean (m)	[ar'mʲan]
arménia (f)	armeancă (f)	[ar'mʲankə]
arménio	armenesc	[arme'nesk]

Bielorrússia (f)	Belarus (f)	[bela'rus]
bielorrusso (m)	bielorus (m)	[belo'rus]
bielorrussa (f)	bielorusă (f)	[belo'rusə]
bielorrusso	bielorus	[belo'rus]

Geórgia (f)	Georgia (f)	['dʒordʒia]
georgiano (m)	gruzin (m)	[gru'zin]
georgiana (f)	georgiană (f)	[dʒordʒi'anə]
georgiano	gruzin	[gru'zin]

Cazaquistão (m)	Kazahstan (n)	[kazah'stan]
cazaque (m)	kazah (m)	[ka'zah]
cazaque (f)	kazahă (f)	[ka'zahə]
cazaque	kazah	[ka'zah]

Quirguistão (m)	Kîrgîzstan (m)	[kîrgîz'stan]
quirguiz (m)	kirghiz (m)	[kir'giz]
quirguiz (f)	kirghiză (f)	[kir'gize]
quirguiz	kirghiz	[kir'giz]

Moldávia (f)	Moldova (f)	[mol'dova]
moldavo (m)	moldovean (m)	[moldo'vian]
moldava (f)	moldoveancă (f)	[moldo'viankə]
moldavo	moldovenesc	[moldove'nesk]

Rússia (f)	Rusia (f)	['rusia]
russo (m)	rus (m)	[rus]
russa (f)	rusoaică (f)	[ruso'ajkə]
russo	rusesc	[ru'sesk]

Tajiquistão (m)	Tadjikistan (m)	[tadʒiki'stan]
tajique (m)	tadjic (m)	[ta'dʒik]
tajique (f)	tadjică (f)	[ta'dʒikə]
tajique	tadjic	[ta'dʒik]

Turquemenistão (m)	Turkmenistan (n)	[turkmeni'stan]
turcomeno (m)	turkmen (m)	[turk'men]
turcomena (f)	turkmenă (f)	[turk'menə]
turcomeno	turkmen	[turk'men]

Uzbequistão (f)	Uzbekistan (n)	[uzbeki'stan]
uzbeque (m)	uzbec (m)	[uz'bek]
uzbeque (f)	uzbecă (f)	[uz'bekə]
uzbeque	uzbec	[uz'bek]

Ucrânia (f)	Ucraina (f)	[ukra'ina]
ucraniano (m)	ucrainean (m)	[ukrai'nian]
ucraniana (f)	ucraineancă (f)	[ukrai'niankə]
ucraniano	ucrainean	[ukrai'nian]

237. Asia

| Ásia (f) | Asia (f) | ['asia] |
| asiático | asiatic | [asi'atik] |

Vietname (m)	Vietnam (n)	[viet'nam]
vietnamita (m)	vietnamez (m)	[vetna'mez]
vietnamita (f)	vietnameză (f)	[vetna'mezə]
vietnamita	vietnamez	[vetna'mezə]

Índia (f)	India (f)	['india]
indiano (m)	indian (m)	[indi'an]
indiana (f)	indiancă (f)	[indi'ankə]
indiano	indian	[indi'an]

Israel (m)	Israel (n)	[isra'el]
israelita (m)	israelian (m)	[israeli'an]
israelita (f)	israeliană (f)	[israeli'anə]
israelita	israelit	[israe'lit]

judeu (m)	evreu (m)	[e'vreu]
judia (f)	evreică (f)	[e'vrejkə]
judeu	evreiesc	[evre'esk]
China (f)	China (f)	['kina]

chinês (m)	**chinez** (m)	[ki'nez]
chinesa (f)	**chineză** (f)	[ki'neze]
chinês	**chinezesc**	[kine'zesk]
coreano (m)	**coreean** (m)	[kore'an]
coreana (f)	**coreeancă** (f)	[kore'ankə]
coreano	**coreean**	[kore'an]
Líbano (m)	**Liban** (n)	[li'ban]
libanês (m)	**libanez** (m)	[liba'nez]
libanesa (f)	**libaneză** (f)	[liba'nezə]
libanês	**libanez**	[liba'nez]
Mongólia (f)	**Mongolia** (f)	[mon'golia]
mongol (m)	**mongol** (m)	[mon'gol]
mongol (f)	**mongolă** (f)	[mon'golə]
mongol	**mongol**	[mon'gol]
Malásia (f)	**Malaezia** (f)	[mala'ezia]
malaio (m)	**malaezian** (f)	[malaezi'an]
malaia (f)	**malaeziană** (f)	[malaezi'anə]
malaio	**malaez**	[mala'ez]
Paquistão (m)	**Pakistan** (n)	[paki'stan]
paquistanês (m)	**pakistanez** (m)	[pakista'nez]
paquistanesa (f)	**pakistaneză** (f)	[pakista'nezə]
paquistanês	**pakistanez**	[pakista'nez]
Arábia (f) Saudita	**Arabia** (f) **Saudită**	[a'rabia sau'ditə]
árabe (m)	**arab** (m)	[a'rab]
árabe (f)	**arăboaică** (f)	[arəbo'ajkə]
árabe	**arab**	[a'rab]
Tailândia (f)	**Thailanda** (f)	[taj'landa]
tailandês (m)	**thailandez** (m)	[tajlan'dez]
tailandesa (f)	**thailandeză** (f)	[tajlan'dezə]
tailandês	**thailandez**	[tajlan'dez]
Taiwan (m)	**Taiwan** (m)	[taj'van]
taiwanês (m)	**taiwanez** (m)	[tajva'nez]
taiwanesa (f)	**taiwaneză** (f)	[tajva'nezə]
taiwanês	**taiwanez**	[tajva'nez]
Turquia (f)	**Turcia** (f)	['turʧia]
turco (m)	**turc** (m)	[turk]
turca (f)	**turcoaică** (f)	[turko'ajkə]
turco	**turcesc**	[tur'ʧesk]
Japão (m)	**Japonia** (f)	[ʒa'ponia]
japonês (m)	**japonez** (m)	[ʒapo'nez]
japonesa (f)	**japoneză** (f)	[ʒapo'nezə]
japonês	**japonez**	[ʒapo'nez]
Afeganistão (m)	**Afganistan** (n)	[afganis'tan]
Bangladesh (m)	**Bangladeş** (m)	[bangla'deʃ]
Indonésia (f)	**Indonezia** (f)	[indo'nezia]

Jordânia (f)	**Iordania** (f)	[jor'dania]
Iraque (m)	**Irak** (n)	[i'rak]
Irão (m)	**Iran** (n)	[i'ran]
Camboja (f)	**Cambodgia** (f)	[kam'bodʒia]
Kuwait (m)	**Kuweit** (n)	[kuve'it]
Laos (m)	**Laos** (n)	['laos]
Myanmar (m), Birmânia (f)	**Myanmar** (m)	[mjan'mar]
Nepal (m)	**Nepal** (n)	[ne'pal]
Emirados Árabes Unidos	**Emiratele** (n pl) **Arabe Unite**	[emi'ratele a'rabe u'nite]
Síria (f)	**Siria** (f)	['sirija]
Palestina (f)	**Palestina** (f)	[pales'tina]
Coreia do Sul (f)	**Coreea** (f) **de Sud**	[ko'rea de 'sud]
Coreia do Norte (f)	**Coreea** (f) **de Nord**	[ko'rea de 'nord]

238. América do Norte

Estados Unidos da América	**Statele** (n pl) **Unite ale Americii**	['statele u'nite 'ale a'meritʃij]
americano (m)	**american** (m)	[ameri'kan]
americana (f)	**americancă** (f)	[ameri'kankə]
americano	**american**	[ameri'kan]
Canadá (m)	**Canada** (f)	[ka'nada]
canadiano (m)	**canadian** (m)	[kanadi'an]
canadiana (f)	**canadiancă** (f)	[kanadi'ankə]
canadiano	**canadian**	[kanadi'an]
México (m)	**Mexic** (n)	['meksik]
mexicano (m)	**mexican** (m)	[meksi'kan]
mexicana (f)	**mexicancă** (f)	[meksi'kankə]
mexicano	**mexican**	[meksi'kan]

239. América Central do Sul

Argentina (f)	**Argentina** (f)	[arʒen'tina]
argentino (m)	**argentinian** (m)	[arʒentini'an]
argentina (f)	**argentiniană** (f)	[ardʒentini'anə]
argentino	**argentinian**	[arʒentini'an]
Brasil (m)	**Brazilia** (f)	[bra'zilia]
brasileiro (m)	**brazilian** (m)	[brazili'an]
brasileira (f)	**braziliancă** (f)	[brazili'ankə]
brasileiro	**brazilian**	[brazili'an]
Colômbia (f)	**Columbia** (f)	[ko'lumbia]
colombiano (m)	**columbian** (m)	[kolumbi'an]
colombiana (f)	**columbiană** (f)	[kolumbi'anə]
colombiano	**columbian**	[kolumbi'an]
Cuba (f)	**Cuba** (f)	['kuba]
cubano (m)	**cubanez** (m)	[kuba'nez]

cubana (f)	**cubaneză** (f)	[kuba'nezə]
cubano	**cubanez**	[kuba'nez]

Chile (m)	**Chile** (n)	['ʧile]
chileno (m)	**chilian** (m)	[ʧili'an]
chilena (f)	**chiliană** (f)	[ʧili'anə]
chileno	**chilian**	[ʧili'an]

Bolívia (f)	**Bolivia** (f)	[bo'livia]
Venezuela (f)	**Venezuela** (f)	[venezu'ela]
Paraguai (m)	**Paraguay** (n)	[paragu'aj]
Peru (m)	**Peru** (n)	['peru]

Suriname (m)	**Surinam** (n)	[suri'nam]
Uruguai (m)	**Uruguay** (n)	[urugu'aj]
Equador (m)	**Ecuador** (m)	[ekua'dor]

Bahamas (f pl)	**Insulele** (f pl) **Bahamas**	['insulele ba'hamas]
Haiti (m)	**Haiti** (n)	[ha'iti]
República (f) Dominicana	**Republica** (f) **Dominicană**	[re'publika domini'kanə]
Panamá (m)	**Panama** (f)	[pana'ma]
Jamaica (f)	**Jamaica** (f)	[ʒa'majka]

240. Africa

Egito (m)	**Egipt** (n)	[e'dʒipt]
egípcio (m)	**egiptean** (m)	[edʒip'tʲan]
egípcia (f)	**egipteancă** (f)	[edʒip'tʲankə]
egípcio	**egiptean**	[edʒip'tʲan]

Marrocos	**Maroc** (n)	[ma'rok]
marroquino (m)	**marocan** (m)	[maro'kan]
marroquina (f)	**marocană** (f)	[maro'kanə]
marroquino	**marocan**	[maro'kan]

Tunísia (f)	**Tunisia** (f)	[tu'nisia]
tunisino (m)	**tunisian** (m)	[tunisi'an]
tunisina (f)	**tunisiancă** (f)	[tunisi'ankə]
tunisino	**tunisian**	[tunisi'an]

Gana (f)	**Ghana** (f)	['gana]
Zanzibar (m)	**Zanzibar** (n)	[zanzi'bar]
Quénia (f)	**Kenia** (f)	['kenia]
Líbia (f)	**Libia** (f)	['libia]
Madagáscar (m)	**Madagascar** (n)	[madagas'kar]

Namíbia (f)	**Namibia** (f)	[na'mibia]
Senegal (m)	**Senegal** (n)	[sene'gal]
Tanzânia (f)	**Tanzania** (f)	[tan'zania]
África do Sul (f)	**Africa de Sud** (f)	['afrika de sud]

africano (m)	**african** (m)	[afri'kan]
africana (f)	**africană** (f)	[afri'kanə]
africano	**african**	[afri'kan]

241. Austrália. Oceania

Austrália (f)	**Australia** (f)	[au'stralia]
australiano (m)	**australian** (m)	[australi'an]
australiana (f)	**australiană** (f)	[australi'ane]
australiano	**australian**	[australi'an]
Nova Zelândia (f)	**Noua Zeelandă** (f)	['nowa zee'lande]
neozelandês (m)	**neozeelandez** (m)	[neozeelan'dez]
neozelandesa (f)	**neozeelandeză** (f)	[neozeelan'deze]
neozelandês	**neozeelandez**	[neozeelan'dez]
Tasmânia (f)	**Tasmania** (f)	[tas'mania]
Polinésia Francesa (f)	**Polinezia** (f)	[poli'nezia]

242. Cidades

Amesterdão	**Amsterdam** (n)	['amsterdam]
Ancara	**Ankara** (f)	[an'kara]
Atenas	**Atena** (f)	[a'tena]
Bagdade	**Bagdad** (n)	[bag'dad]
Banguecoque	**Bangkok** (m)	[ba'nkok]
Barcelona	**Barcelona** (f)	[barse'lona]
Beirute	**Beirut** (n)	[bej'rut]
Berlim	**Berlin** (n)	[ber'lin]
Bombaim	**Bombay** (n)	[bom'bej]
Bona	**Bonn** (n)	[bon]
Bordéus	**Bordeaux** (n)	[bor'do]
Bratislava	**Bratislava** (f)	[bratislava]
Bruxelas	**Bruxelles** (n)	[bruk'sel]
Bucareste	**Bucureti** (n)	[buku'reʃtʲ]
Budapeste	**Budapesta** (f)	[buda'pesta]
Cairo	**Cairo** (n)	[ka'iro]
Calcutá	**Calcutta** (f)	[kal'kuta]
Chicago	**Chicago** (n)	[tʃi'kago]
Cidade do México	**Mexico City** (n)	['meksiko 'siti]
Copenhaga	**Copenhaga** (f)	[kopen'haga]
Dar es Salaam	**Dar es Salaam** (n)	[dar es sala'am]
Deli	**Delhi, New Delhi** (m)	['deli], [nju 'deli]
Dubai	**Dubai** (n)	[du'baj]
Dublin, Dublim	**Dublin** (n)	[dub'lin]
Düsseldorf	**Düsseldorf** (m)	[djusel'dorf]
Estocolmo	**Stockholm** (m)	['stokholm]
Florença	**Florenţa** (f)	[flo'rentsa]
Frankfurt	**Frankfurt** (m)	['frankfurt]
Genebra	**Geneva** (f)	[dʒe'neva]
Haia	**Haga** (f)	['haga]
Hamburgo	**Hamburg** (n)	['hamburg]

| Hanói | Hanoi (n) | [ha'noj] |
| Havana | Havana (f) | [ha'vana] |

Helsínquia	Helsinki (n)	['helsinki]
Hiroshima	Hiroşima (f)	[hiro'ʃima]
Hong Kong	Hong-Kong (n)	['hong 'kong]
Istambul	Istanbul (n)	[istan'bul]
Jerusalém	Ierusalim (n)	[jerusa'lim]
Kiev	Kiev (n)	[ki'ev]
Kuala Lumpur	Kuala Lumpur (m)	[ku'ala lum'pur]
Lisboa	Lisabona (f)	[lisa'bona]
Londres	Londra (f)	['londra]
Los Angeles	Los Angeles (n)	['los 'andʒeles]
Lion	Lyon (m)	[li'on]

Madrid	Madrid (n)	[ma'drid]
Marselha	Marsilia (f)	[mar'silia]
Miami	Miami (n)	[ma'jami]
Montreal	Montreal (m)	[monre'al]
Moscovo	Moscova (f)	['moskova]
Munique	Munchen (m)	['mʲunhen]

Nairóbi	Nairobi (n)	[naj'robi]
Nápoles	Napoli (m)	['napoli]
Nice	Nisa (f)	['nisa]
Nova York	New York (n)	[nju 'jork]

Oslo	Oslo (n)	['oslo]
Ottawa	Ottawa (f)	[ot'tava]
Paris	Paris (n)	[pa'ris]
Pequim	Beijing (n)	[bej'ʒing]
Praga	Praga (f)	['praga]

Rio de Janeiro	Rio de Janeiro (n)	['rio de ʒa'nejro]
Roma	Roma (f)	['roma]
São Petersburgo	Sankt Petersburg (n)	['sankt peters'burg]
Seul	Seul (n)	[se'ul]
Singapura	Singapore (n)	[singa'pore]
Sydney	Sydney (m)	['sidnej]

Taipé	Taipei (m)	[taj'pej]
Tóquio	Tokio (n)	['tokio]
Toronto	Toronto (n)	[to'ronto]
Varsóvia	Varşovia (f)	[var'ʃovia]
Veneza	Veneţia (f)	[ve'netsia]
Viena	Viena (f)	[vi'ena]

| Washington | Washington (n) | ['waʃington] |
| Xangai | Shanghai (m) | [ʃan'haj] |

243. Política. Governo. Parte 1

| política (f) | politică (f) | [po'litikə] |
| político | politic | [po'litik] |

político (m)	politician (m)	[politiʧi'an]
estado (m)	stat (n)	[stat]
cidadão (m)	cetăţean (m)	[ʧetə'tsʲan]
cidadania (f)	cetăţenie (f)	[ʧetətse'nie]

| brasão (m) de armas | stemă (f) naţională | ['steme natsio'nale] |
| hino (m) nacional | imn (n) de stat | [imn de stat] |

governo (m)	guvern (n)	[gu'vern]
Chefe (m) de Estado	conducătorul (m) ţării	[konduke'torul tserij]
parlamento (m)	parlament (n)	[parla'ment]
partido (m)	partid (n)	[par'tid]

| capitalismo (m) | capitalism (n) | [kapita'lism] |
| capitalista | capitalist | [kapita'list] |

| socialismo (m) | socialism (n) | [soʧia'lizm] |
| socialista | socialist | [soʧia'list] |

comunismo (m)	comunism (n)	[komu'nizm]
comunista	comunist	[komu'nist]
comunista (m)	comunist (m)	[komu'nist]

democracia (f)	democraţie (f)	[demokra'tsie]
democrata (m)	democrat (m)	[demo'krat]
democrático	democrat	[demo'krat]
Partido (m) Democrático	partid (n) democrat	[par'tid demo'krat]

| liberal (m) | liberal (m) | [libe'ral] |
| liberal | liberal | [libe'ral] |

| conservador (m) | conservator (m) | [konserva'tor] |
| conservador | conservator | [konserva'tor] |

república (f)	republică (f)	[re'publike]
republicano (m)	republican (m)	[republi'kan]
Partido (m) Republicano	partid (n) republican	[par'tid republi'kan]

eleições (f pl)	alegeri (f pl)	[a'leʤerʲ]
eleger (vt)	a alege	[a a'leʤe]
eleitor (m)	alegător (m)	[alege'tor]
campanha (f) eleitoral	campanie (f) electorală	[kam'panie elekto'rale]

votação (f)	votare (f)	[vo'tare]
votar (vi)	a vota	[a vo'ta]
direito (m) de voto	drept (n) de vot	[drept de vot]

candidato (m)	candidat (m)	[kandi'dat]
candidatar-se (vi)	a candida	[a kandi'da]
campanha (f)	campanie (f)	[kam'panie]

| da oposição | de opoziţie | [de opo'zitsie] |
| oposição (f) | opoziţie (f) | [opo'zitsie] |

| visita (f) | vizită (f) | ['vizite] |
| visita (f) oficial | vizită (f) oficială | ['vizite ofiʧi'ale] |

internacional	internațional	[internatsio'nal]
negociações (f pl)	tratative (n pl)	[trata'tive]
negociar (vi)	a purta tratative	[a pur'ta trata'tive]

244. Política. Governo. Parte 2

sociedade (f)	societate (f)	[sotʃie'tate]
constituição (f)	constituție (f)	[konsti'tutsie]
poder (ir para o ~)	autoritate (f)	[autori'tate]
corrupção (f)	corupție (f)	[ko'ruptsie]

lei (f)	lege (f)	['ledʒe]
legal	legal	[le'gal]

justiça (f)	dreptate (f)	[drep'tate]
justo	echitabil	[eki'tabil]

comité (m)	comitet (n)	[komi'tet]
projeto-lei (m)	proiect (n) de lege	[pro'ekt de 'ledʒe]
orçamento (m)	buget (n)	[bu'dʒet]
política (f)	politică (f)	[po'litikə]
reforma (f)	reformă (f)	[re'formə]
radical	radical	[radi'kal]

força (f)	putere (f)	[pu'tere]
poderoso	puternic	[pu'ternik]
partidário (m)	adept (m)	[a'dept]
influência (f)	influență (f)	[influ'entsə]

regime (m)	regim (n)	[re'dʒim]
conflito (m)	conflict (n)	[kon'flikt]
conspiração (f)	conspirație (f)	[konspi'ratsie]
provocação (f)	provocare (f)	[provo'kare]

derrubar (vt)	a răsturna	[a rəstur'na]
derrube (m), queda (f)	răsturnare (f)	[rəstur'nare]
revolução (f)	revoluție (f)	[revo'lutsie]

golpe (m) de Estado	lovitură (f) de stat	[lovi'tura də stat]
golpe (m) militar	lovitură (f) de stat militară	[lovi'tura də stat mili'tarə]

crise (f)	criză (f)	['krizə]
recessão (f) económica	scădere (f) economică	[skə'dere eko'nomikə]
manifestante (m)	manifestant (m)	[manifes'tant]
manifestação (f)	manifestație (f)	[manifes'tatsie]
lei (f) marcial	stare (f) de război	['stare de rəz'boj]
base (f) militar	bază (f) militară	['bazə mili'tarə]

estabilidade (f)	stabilitate (f)	[stabili'tate]
estável	stabil	[sta'bil]

exploração (f)	exploatare (f)	[ekploa'tare]
explorar (vt)	a exploata	[a eksploa'ta]
racismo (m)	rasism (n)	[ra'sism]

racista (m)	**rasist** (m)	[ra'sist]
fascismo (m)	**fascism** (n)	[fas'tʃism]
fascista (m)	**fascist** (m)	[fas'tʃist]

245. Países. Diversos

estrangeiro (m)	**cetăţean** (m) **străin**	[tʃetə'tsʲan strə'in]
estrangeiro	**străin**	[strə'in]
no estrangeiro	**peste hotare**	['peste ho'tare]
emigrante (m)	**emigrant** (m)	[emi'grant]
emigração (f)	**emigrare** (f)	[emi'grare]
emigrar (vi)	**a emigra**	[a emi'gra]
Ocidente (m)	**Vest** (n)	[vest]
Oriente (m)	**Est** (n)	[est]
Extremo Oriente (m)	**Extremul Orient** (n)	[eks'tremul o'rjent]
civilização (f)	**civilizaţie** (f)	[tʃivili'zatsie]
humanidade (f)	**umanitate** (f)	[umani'tate]
mundo (m)	**lume** (f)	['lume]
paz (f)	**pace** (f)	['patʃe]
mundial	**mondial**	[mon'djal]
pátria (f)	**patrie** (f)	['patrie]
povo (m)	**popor** (n)	[po'por]
população (f)	**populaţie** (f)	[popu'latsie]
gente (f)	**oameni** (m pl)	[o'amenʲ]
nação (f)	**naţiune** (f)	[natsi'une]
geração (f)	**generaţie** (f)	[dʒene'ratsie]
território (m)	**teritoriu** (n)	[teri'torju]
região (f)	**regiune** (f)	[redʒi'une]
estado (m)	**stat** (n)	[stat]
tradição (f)	**tradiţie** (f)	[tra'ditsie]
costume (m)	**obicei** (n)	[obi'tʃej]
ecologia (f)	**ecologie** (f)	[ekolo'dʒie]
índio (m)	**indian** (m)	[indi'an]
cigano (m)	**ţigan** (m)	[tsi'gan]
cigana (f)	**ţigancă** (f)	[tsi'gankə]
cigano	**ţigănesc**	[tsigə'nesk]
império (m)	**imperiu** (n)	[im'perju]
colónia (f)	**colonie** (f)	[kolo'nie]
escravidão (f)	**sclavie** (f)	[skla'vie]
invasão (f)	**invazie** (f)	[in'vazie]
fome (f)	**foamete** (f)	[fo'amete]

246. Grupos religiosos mais importantes. Confissões

religião (f)	**religie** (f)	[re'lidʒie]
religioso	**religios**	[relidʒi'os]

crença (f)	credinţă (f)	[kre'dintsə]
crer (vt)	a crede	[a 'krede]
crente (m)	credincios (m)	[kredin'tʃios]
ateísmo (m)	ateism (n)	[ate'izm]
ateu (m)	ateu (m)	[a'teu]
cristianismo (m)	creştinism (n)	[kreʃti'nism]
cristão (m)	creştin (m)	[kreʃ'tin]
cristão	creştin	[kreʃ'tin]
catolicismo (m)	Catolicism (n)	[katoli'tʃism]
católico (m)	catolic (m)	[ka'tolik]
católico	catolic	[ka'tolik]
protestantismo (m)	Protestantism (n)	[protestan'tizm]
Igreja (f) Protestante	Biserica (f) Protestantă	[bi'serika protes'tantə]
protestante (m)	protestant (m)	[protes'tant]
ortodoxia (f)	Ortodoxie (f)	[ortodok'sie]
Igreja (f) Ortodoxa	Biserica (f) Ortodoxă	[bi'serika orto'doksə]
ortodoxo (m)	ortodox (m)	[orto'doks]
presbiterianismo (m)	calvinism (n)	[kalvi'nism]
Igreja (f) Presbiteriana	Biserica (f) Calvinistă	[bi'serika kalvi'nistə]
presbiteriano (m)	calvinist (m)	[kalvi'nist]
Igreja (f) Luterana	Biserica (f) Luterană	[bi'serika lute'ranə]
luterano (m)	luteran (m)	[lute'ran]
Igreja (f) Batista	Baptism (n)	[bap'tism]
batista (m)	baptist (m)	[bap'tist]
Igreja (f) Anglicana	Biserica (f) Anglicană	[bi'serika angli'kanə]
anglicano (m)	anglican (m)	[angli'kan]
mormonismo (m)	Mormonism (n)	[mormo'nism]
mórmon (m)	mormon (m)	[mor'mon]
Judaísmo (m)	Iudaism (n)	[juda'izm]
judeu (m)	iudeu (m)	[ju'deu]
budismo (m)	Budism (n)	[bu'dizm]
budista (m)	budist (m)	[bu'dist]
hinduísmo (m)	Hinduism (n)	[hindu'izm]
hindu (m)	hindus (m)	[hin'dus]
Islão (m)	Islamism (n)	[isla'mizm]
muçulmano (m)	musulman (m)	[musul'man]
muçulmano	musulman	[musul'man]
Xiismo (m)	Şiism (n)	[ʃi'ism]
xiita (m)	şiit (m)	[ʃi'it]
sunismo (m)	Sunnism (n)	[su'nism]
sunita (m)	sunnit (m)	[su'nit]

247. Religiões. Padres

padre (m)	preot (m)	['preot]
Papa (m)	Papa Romei (m)	['papa 'romej]
monge (m)	călugăr (m)	[kə'lugər]
freira (f)	călugăriță (f)	[kə'lugəritsə]
pastor (m)	pastor (m)	['pastor]
abade (m)	abate (m)	[a'bate]
vigário (m)	vicar (m)	[vi'kar]
bispo (m)	episcop (m)	[e'piskop]
cardeal (m)	cardinal (m)	[kardi'nal]
pregador (m)	propovăduitor (m)	[propovədui'tor]
sermão (m)	predică (f)	['predikə]
paroquianos (pl)	enoriaşi (m pl)	[enori'aʃ]
crente (m)	credincios (m)	[kredin'ʧios]
ateu (m)	ateu (m)	[a'teu]

248. Fé. Cristianismo. Islão

Adão	Adam (m)	[a'dam]
Eva	Eva (f)	['eva]
Deus (m)	Dumnezeu (m)	[dumne'zeu]
Senhor (m)	Domnul (m)	['domnulʲ]
Todo Poderoso (m)	Atotputernic (m)	[atotpu'ternik]
pecado (m)	păcat (n)	[pə'kat]
pecar (vi)	a păcătui	[a pəkətu'i]
pecador (m)	păcătos (m)	[pəkə'tos]
pecadora (f)	păcătoasă (f)	[pəketo'asə]
inferno (m)	iad (n)	[jad]
paraíso (m)	rai (f)	[raj]
Jesus	Isus (m)	[i'sus]
Jesus Cristo	Isus Hristos (m)	[i'sus hris'tos]
Espírito (m) Santo	Sfântul Duh (m)	['sfintul 'duh]
Salvador (m)	Salvator (m)	[salva'tor]
Virgem Maria (f)	Maica Domnului (f)	['majka 'domnuluj]
Diabo (m)	Diavol (m)	['djavol]
diabólico	diavolesc	[djavo'lesk]
Satanás (m)	Satana (f)	[sa'tana]
satânico	satanic	[sa'tanik]
anjo (m)	înger (m)	['indʒer]
anjo (m) da guarda	înger (m) păzitor	['indʒer pəzi'tor]
angélico	îngeresc	[indʒe'resk]

apóstolo (m)	**apostol** (m)	[a'postol]
arcanjo (m)	**arhanghel** (m)	[ar'hangel]
anticristo (m)	**antihrist** (m)	[anti'hrist]
Igreja (f)	**Biserică** (f)	[bi'serikə]
Bíblia (f)	**Biblie** (f)	['biblie]
bíblico	**biblic**	['biblik]
Velho Testamento (m)	**Vechiul Testament** (n)	['vekjul testa'ment]
Novo Testamento (m)	**Noul testament** (n)	['noul testa'ment]
Evangelho (m)	**Evanghelie** (f)	[eva'ngelie]
Sagradas Escrituras (f pl)	**Sfânta Scriptură** (f)	['sfinta skrip'turə]
Céu (m)	**Împărăția Cerului** (f)	[impərə'tsia 'tʃeruluj]
mandamento (m)	**poruncă** (f)	[po'runkə]
profeta (m)	**profet** (m)	[pro'fet]
profecia (f)	**profeție** (f)	[profe'tsie]
Alá	**Allah** (m)	[al'lah]
Maomé	**Mohamed** (m)	[moha'med]
Corão, Alcorão (m)	**Coran** (n)	[ko'ran]
mesquita (f)	**moschee** (f)	[mos'kee]
mulá (m)	**hoge** (m)	['hodʒe]
oração (f)	**rugăciune** (f)	[rugə'tʃiune]
rezar, orar (vi)	**a se ruga**	[a se ru'ga]
peregrinação (f)	**pelerinaj** (n)	[peleri'naʒ]
peregrino (m)	**pelerin** (m)	[pele'rin]
Meca (f)	**Mecca** (f)	['meka]
igreja (f)	**biserică** (f)	[bi'serikə]
templo (m)	**templu** (n)	['templu]
catedral (f)	**catedrală** (f)	[kate'dralə]
gótico	**gotic**	['gotik]
sinagoga (f)	**sinagogă** (f)	[sina'gogə]
mesquita (f)	**moschee** (f)	[mos'kee]
capela (f)	**capelă** (f)	[ka'pelə]
abadia (f)	**abație** (f)	[a'batsie]
convento (m)	**mănăstire** (f) **de călugărițe**	[mənəs'tire de kə'lugəritse]
mosteiro (m)	**mănăstire** (f) **de călugări**	[mənəs'tire de kə'lugərʲ]
sino (m)	**clopot** (n)	['klopot]
campanário (m)	**clopotniță** (f)	[klo'potnitsə]
repicar (vi)	**a bate**	[a 'bate]
cruz (f)	**cruce** (f)	['krutʃe]
cúpula (f)	**boltă** (f)	['boltə]
ícone (m)	**icoană** (f)	[iko'anə]
alma (f)	**suflet** (n)	['suflet]
destino (m)	**soartă** (f)	[so'artə]
mal (m)	**rău** (n)	[rəu]
bem (m)	**bine** (n)	['bine]
vampiro (m)	**vampir** (m)	[vam'pir]

bruxa (f)	vrăjitoare (f)	[vrəʒito'are]
demónio (m)	demon (m)	['demon]
espírito (m)	spirit (n)	['spirit]

redenção (f)	ispăşire (f)	[ispə'ʃire]
redimir (vt)	a ispăşi	[a ispə'ʃi]

missa (f)	slujbă (f)	['sluʒbə]
celebrar a missa	a sluji	[a slu'ʒi]
confissão (f)	spovedanie (f)	[spove'danie]
confessar-se (vr)	a se spovedi	[a se spove'di]

santo (m)	sfânt (m)	[sfint]
sagrado	sfânt	[sfint]
água (f) benta	apă (f) sfinţită	['apə sfin'tsitə]

ritual (m)	ritual (n)	[ritu'al]
ritual	de rit	[de rit]
sacrifício (m)	jertfă (f)	['ʒertfə]

superstição (f)	superstiţie (f)	[supers'titsie]
supersticioso	superstiţios	[superstitsi'os]
vida (f) depois da morte	viaţa (f) de după moarte	['vjatsa de 'dupə mo'arte]
vida (f) eterna	viaţă (f) veşnică	['vjatsə 'veʃnikə]

TEMAS DIVERSOS

249. Várias palavras úteis

ajuda (f)	ajutor (n)	[aʒu'tor]
barreira (f)	barieră (f)	[ba'rjerə]
base (f)	bază (f)	['bazə]
categoria (f)	categorie (f)	[katego'rie]
causa (f)	cauză (f)	['kauzə]
coincidência (f)	coincidenţă (f)	[kointʃi'dentsə]
coisa (f)	obiect (n)	[o'bjekt]
começo (m)	început (n)	[intʃe'put]
cómodo (ex. poltrona ~a)	confortabil	[konfor'tabil]
comparação (f)	comparaţie (f)	[kompa'ratsie]
compensação (f)	compensaţie (f)	[kompen'satsie]
crescimento (m)	creştere (f)	['kreʃtere]
desenvolvimento (m)	dezvoltare (f)	[dezvol'tare]
diferença (f)	deosebire (f)	[deose'bire]
efeito (m)	efect (n)	[e'fekt]
elemento (m)	element (n)	[ele'ment]
equilíbrio (m)	balanţă (f)	[ba'lantsə]
erro (m)	greşeală (f)	[gre'ʃalə]
esforço (m)	efort (n)	[e'fort]
estilo (m)	stil (n)	[stil]
exemplo (m)	exemplu (n)	[e'gzemplu]
facto (m)	fapt (n)	[fapt]
fim (m)	sfârşit (n)	[sfir'ʃit]
forma (f)	formă (f)	['formə]
frequente	des	[des]
fundo (ex. ~ verde)	fundal (n)	[fun'dal]
género (tipo)	aspect (n)	[as'pekt]
grau (m)	grad (n)	[grad]
ideal (m)	ideal (n)	[ide'al]
labirinto (m)	labirint (n)	[labi'rint]
modo (m)	mod (n)	[mod]
momento (m)	moment (n)	[mo'mənt]
objeto (m)	obiect (n)	[o'bjekt]
obstáculo (m)	obstacol (n)	[ob'stakol]
original (m)	original (n)	[oriʤi'nal]
padrão	standardizat	[standardi'zat]
padrão (m)	standard (n)	[stan'dard]
paragem (pausa)	pauză (f)	['pauzə]
parte (f)	parte (f)	['parte]

partícula (f)	bucată (f)	[bu'katə]
pausa (f)	pauză (f)	['pauzə]
posição (f)	poziție (f)	[po'zitsie]
princípio (m)	principiu (n)	[prin'tʃipju]

problema (m)	problemă (f)	[pro'blemə]
processo (m)	proces (n)	[pro'tʃes]
progresso (m)	progres (n)	[pro'gres]
propriedade (f)	însuşire (f)	[insu'ʃire]

reação (f)	reacție (f)	[re'aktsie]
risco (m)	risc (n)	[risk]
ritmo (m)	ritm (n)	[ritm]
segredo (m)	taină (f)	['tajnə]
série (f)	serie (f)	['serie]

sistema (m)	sistem (n)	[sis'tem]
situação (f)	situație (f)	[situ'atsie]
solução (f)	soluție (f)	[so'lutsie]
tabela (f)	tabel (n)	[ta'bel]
termo (ex. ~ técnico)	termen (n)	['termen]

tipo (m)	tip (n)	[tip]
urgente	urgent	[ur'dʒent]
urgentemente	urgent	[ur'dʒent]
utilidade (f)	folos (n)	[fo'los]

variante (f)	variantă (f)	[vari'antə]
variedade (f)	alegere (f)	[a'ledʒere]
verdade (f)	adevăr (n)	[ade'vər]
vez (f)	rând (n)	[rind]
zona (f)	zonă (f)	['zonə]

250. Modificadores. Adjetivos. Parte 1

aberto	deschis	[des'kis]
afiado	ascuțit	[asku'tsit]
agradável	plăcut	[plə'kut]
agradecido	recunoscător	[rekunoskə'tor]
alegre	vesel	['vesel]

alto (ex. voz ~a)	cu voce tare	[ku 'votʃe 'tare]
amargo	amar	[a'mar]
amplo	spațios	[spatsi'os]
antigo	antic	['antik]

apropriado	folositor	[folosi'tor]
arriscado	riscant	[ris'kant]
artificial	artificial	[artifitʃi'al]
azedo	acru	['akru]

baixo (voz ~a)	încet	[in'tʃet]
barato	ieftin	['jeftin]
belo	minunat	[minu'nat]

bom	bun	[bun]
bondoso	bun	[bun]
bonito	frumos	[fru'mos]
bronzeado	bronzat	[bron'zat]
burro, estúpido	prost	[prost]
calmo	liniştit	[liniʃ'tit]

cansado	obosit	[obo'sit]
cansativo	obositor	[obosi'tor]
carinhoso	grijuliu	[griʒu'lju]
caro	scump	[skump]
cego	orb	[orb]

central	central	[tʃen'tral]
cerrado (ex. nevoeiro ~)	des	[des]
cheio (ex. copo ~)	plin	[plin]
civil	civil	[tʃi'vil]

clandestino	ilegal	[ile'gal]
claro	de nuanţă deschisă	[de nu'antsə des'kisə]
claro (explicação ~a)	clar	[klar]
compatível	compatibil	[kompa'tibil]

comum, normal	obişnuit	[obiʃnu'it]
congelado	congelat	[kondʒe'lat]
conjunto	comun	[ko'mun]
considerável	considerabil	[konside'rabil]
contente	mulţumit	[multsu'mit]

contínuo	îndelungat	[indelu'ngat]
contrário (ex. o efeito ~)	opus	[o'pus]
correto (resposta ~a)	corect	[ko'rekt]
cru (não cozinhado)	crud	[krud]
curto	scurt	[skurt]

de curta duração	de scurtă durată	[de 'skurtə du'ratə]
de sol, ensolarado	însorit	[ɨnso'rit]
de trás	posterior	[posteri'or]
denso (fumo, etc.)	des	[des]
desanuviado	fără nori	['fərə 'norʲ]

descuidado	neglijent	[negli'ʒent]
diferente	diferit	[dife'rit]
difícil	greu	['greu]
difícil, complexo	complex	[kom'pleks]
direito	drept	[drept]

distante	îndepărtat	[ɨndepər'tat]
diverso	distinct	[dis'tinkt]
doce (açucarado)	dulce	['dultʃe]
doce (água)	nesărat	[nesə'rat]
doente	bolnav	[bol'nav]

duro (material ~)	tare	['tare]
educado	politicos	[politi'kos]
encantador	simpatic	[sim'patik]

enigmático	**enigmatic**	[enig'matik]
enorme	**uriaş**	[uri'aʃ]
escuro (quarto ~)	**întunecat**	[intune'kat]
especial	**special**	[spetʃi'al]
esquerdo	**stâng**	[stîng]
estrangeiro	**străin**	[strə'in]
estreito	**îngust**	[in'gust]
exato	**exact**	[e'gzakt]
excelente	**excelent**	[ekstʃe'lent]
excessivo	**excesiv**	[ekstʃe'siv]
externo	**exterior**	[eksteri'or]
fácil	**simplu**	['simplu]
faminto	**flămând**	[flə'mind]
fechado	**închis**	[in'kis]
feliz	**fericit**	[feri'tʃit]
fértil (terreno ~)	**roditor**	[rodi'tor]
forte (pessoa ~)	**puternic**	[pu'ternik]
fraco (luz ~a)	**şters**	[ʃters]
frágil	**fragil**	[fra'dʒil]
fresco	**răcoros**	[rəko'ros]
fresco (pão ~)	**proaspăt**	[pro'aspət]
frio	**rece**	['retʃe]
gordo	**gras**	[gras]
gostoso	**gustos**	[gus'tos]
grande	**mare**	['mare]
gratuito, grátis	**gratis**	['gratis]
grosso (camada ~a)	**gras**	[gras]
hostil	**duşmănos**	[duʃmə'nos]
húmido	**umed**	['umed]

251. Modificadores. Adjetivos. Parte 2

igual	**asemenea**	[a'semenia]
imóvel	**imobil**	[imo'bil]
importante	**important**	[impor'tant]
impossível	**imposibil**	[impo'sibil]
incompreensível	**neclar**	[ne'klar]
indigente	**sărac**	[sə'rak]
indispensável	**necesar**	[netʃe'sar]
inexperiente	**lipsit de experienţă**	[lip'sit de ekspe'rjentsə]
infantil	**pentru copii**	['pentru ko'pij]
ininterrupto	**neîntrerupt**	[neintre'rupt]
insignificante	**neînsemnat**	[neinsem'nat]
inteiro (completo)	**întreg**	[in'treg]
inteligente	**deştept**	[deʃ'tept]
interno	**interior**	[interi'or]
jovem	**tânăr**	['tinər]

largo (caminho ~)	larg	[larg]
legal	legal	[le'gal]
leve	uşor	[u'ʃor]

limitado	limitat	[limi'tat]
limpo	curat	[ku'rat]
líquido	lichid	[li'kid]
liso	neted	['neted]
liso (superfície ~a)	neted	['neted]

livre	liber	['liber]
longo (ex. cabelos ~s)	lung	[lung]
maduro (ex. fruto ~)	copt	[kopt]
magro	slab	[slab]
magro (pessoa)	slab	[slab]

mais próximo	cel mai apropiat	['ʧel 'maj apropi'at]
mais recente	trecut	[tre'kut]
mate, baço	mat	[mat]
mau	rău	['rəu]
meticuloso	ordonat	[ordo'nat]

míope	miop	[mi'op]
mole	moale	[mo'ale]
molhado	ud	[ud]
moreno	negricios	[negri'ʧios]
morto	mort	[mort]

não difícil	uşor	[u'ʃor]
não é clara	neclar	[ne'klar]
não muito grande	nu prea mare	['nu prʲa 'mare]
natal (país ~)	natal	[na'tal]
necessário	necesar	[neʧe'sar]

negativo	negativ	[nega'tiv]
nervoso	nervos	[ner'vos]
normal	normal	[nor'mal]
novo	nou	['nou]
o mais importante	cel mai important	[ʧel maj impor'tant]

obrigatório	obligatoriu	[obliga'torju]
original	original	[oriʤi'nal]
passado	trecut	[tre'kut]
pequeno	mic	[mik]
perigoso	periculos	[periku'los]

permanente	stabil	[sta'bil]
perto	apropiat	[apropi'jat]
pesado	greu	['greu]
pessoal	personal	[perso'nal]
plano (ex. ecrã ~ a)	neted	['neted]

pobre	sărac	[sə'rak]
pontual	punctual	[punktu'al]
possível	posibil	[po'sibil]
pouco fundo	mărunt	[mə'runt]

presente (ex. momento ~)	**prezent**	[pre'zent]
primeiro (principal)	**fundamental**	[fundamen'tal]
principal	**principal**	[printʃi'pal]
privado	**personal**	[perso'nal]
provável	**probabil**	[pro'babil]
próximo	**vecin**	[ve'tʃin]
público	**social**	[sotʃi'al]
quente (cálido)	**fierbinte**	[fier'binte]
quente (morno)	**cald**	[kald]
rápido	**rapid**	[ra'pid]
raro	**rar**	[rar]
remoto, longínquo	**îndepărtat**	[indepər'tat]
reto	**drept**	[drept]
salgado	**sărat**	[sə'rat]
satisfeito	**satisfăcut**	[satisfə'kut]
seco	**uscat**	[us'kat]
seguinte	**următor**	[urmə'tor]
seguro	**neprimejdios**	[neprimeʒdi'os]
similar	**asemănător**	[asemənə'tor]
simples	**simplu**	['simplu]
soberbo	**superb**	[su'perb]
sólido	**durabil**	[du'rabil]
sombrio	**întunecat**	[intune'kat]
sujo	**murdar**	[mur'dar]
superior	**cel mai înalt**	[tʃel maj i'nalt]
suplementar	**suplimentar**	[suplimen'tar]
terno, afetuoso	**gingaş**	['dʒingaʃ]
tranquilo	**liniştit**	[liniʃ'tit]
transparente	**transparent**	[transpa'rent]
triste (pessoa)	**trist**	[trist]
triste (um ar ~)	**trist**	[trist]
último	**ultimul**	['ultimul]
único	**unic**	['unik]
usado	**la mâna a doua**	[la 'mina a 'dowa]
vazio (meio ~)	**gol**	[gol]
velho	**bătrân**	[bə'trin]
vizinho	**vecin**	[ve'tʃin]

500 VERBOS PRINCIPAIS

252. Verbos A-B

aborrecer-se (vr)	a se plictisi	[a se plikti'si]
abraçar (vt)	a îmbrăţişa	[a imbrəʦi'ʃa]
abrir (~ a janela)	a deschide	[a des'kide]
acalmar (vt)	a linişti	[a liniʃ'ti]
acariciar (vt)	a mângâia	[a mingi'ja]
acenar (vt)	a flutura	[a flutu'ra]
acender (~ uma fogueira)	a aprinde	[a a'prinde]
achar (vt)	a crede	[a 'krede]
acompanhar (vt)	a acompania	[a akompani'ja]
aconselhar (vt)	a sfătui	[a sfətu'i]
acordar (despertar)	a deştepta	[a deʃtep'ta]
acrescentar (vt)	a adăuga	[a adəu'ga]
acusar (vt)	a învinui	[a invinu'i]
adestrar (vt)	a dresa	[a dre'sa]
adivinhar (vt)	a ghici	[a gi'tʃi]
admirar (vt)	a fi încântat	[a fi inkin'tat]
advertir (vt)	a preveni	[a preve'ni]
afirmar (vt)	a susţine	[a sus'ʦine]
afogar-se (pessoa)	a se îneca	[a se ine'ka]
afugentar (vt)	a goni	[a go'ni]
agir (vi)	a acţiona	[a akʦio'na]
agitar, sacudir (objeto)	a scutura	[a skutu'ra]
agradecer (vt)	a mulţumi	[a mulʦu'mi]
ajudar (vt)	a ajuta	[a aʒu'ta]
alcançar (objetivos)	a reuşi	[a reu'ʃi]
alimentar (dar comida)	a hrăni	[a hrə'ni]
almoçar (vi)	a lua prânzul	[a lu'a 'prinzul]
alugar (~ o barco, etc.)	a închiria	[a inkiri'ja]
alugar (~ um apartamento)	a închiria	[a inkiri'ja]
amar (pessoa)	a iubi	[a ju'bi]
amarrar (vt)	a lega	[a le'ga]
ameaçar (vt)	a ameninţa	[a amenin'ʦa]
amputar (vt)	a amputa	[a ampu'ta]
anotar (escrever)	a însemna	[a insem'na]
anular, cancelar (vt)	a anula	[a anu'la]
apagar (com apagador, etc.)	a şterge	[a 'ʃterdʒe]
apagar (um incêndio)	a stinge	[a 'stindʒe]
apaixonar-se de ...	a se îndrăgosti	[a se indrəgos'ti]

aparecer (vi)	a apărea	[a apə'rʲa]
aplaudir (vi)	a aplauda	[a aplau'da]
apoiar (vt)	a susține	[a sus'tsine]
apontar para ...	a ținti	[a tsin'ti]

apresentar (alguém a alguém)	a face cunoştință	[a 'fatʃe kunoʃ'tintsə]
apresentar (Gostaria de ~)	a reprezenta	[a reprezen'ta]
apressar (vt)	a grăbi	[a grə'bi]
apressar-se (vr)	a se grăbi	[a se grə'bi]

aproximar-se (vr)	a se apropia	[a se apropi'a]
aquecer (vt)	a încălzi	[a inkəl'zi]
arrancar (vt)	a smulge	[a 'smuldʒe]
arranhar (gato, etc.)	a zgâria	[a zgiri'ja]

arrepender-se (vr)	a regreta	[a regre'ta]
arriscar (vt)	a risca	[a ris'ka]
arrumar, limpar (vt)	a face ordine	[a 'fatʃe 'ordine]
aspirar a ...	a aspira	[a aspi'ra]
assinar (vt)	a semna	[a sem'na]

assistir (vt)	a asista	[a asis'ta]
atacar (vt)	a ataca	[a ata'ka]
atar (vt)	a lega	[a le'ga]
atirar (vi)	a trage	[a 'tradʒe]

atracar (vi)	a acosta	[a akos'ta]
aumentar (vi)	a se mări	[a se mə'ri]
aumentar (vt)	a mări	[a mə'ri]
avançar (sb. trabalhos, etc.)	a progresa	[a progre'sa]

avistar (vt)	a vedea	[a ve'dʲa]
baixar (guindaste)	a lăsa în jos	[a lə'sa 'in 'ʒos]
barbear-se (vr)	a se bărbieri	[a se bərbie'ri]
basear-se em ...	a se baza pe	[a se ba'za pe]

bastar (vi)	a ajunge	[a a'ʒundʒe]
bater (espancar)	a bate	[a 'bate]
bater (vi)	a bate	[a 'bate]
bater-se (vr)	a se bate	[a se 'bate]

beber, tomar (vt)	a bea	[a bʲa]
brilhar (vi)	a străluci	[a strəlu'tʃi]
brincar, jogar (crianças)	a juca	[a ʒu'ka]
buscar (vt)	a căuta	[a kəu'ta]

253. Verbos C-D

caçar (vi)	a vâna	[a vɨ'na]
calar-se (parar de falar)	a tăcea	[a tə'tʃa]
calcular (vt)	a calcula	[a kalku'la]
carregar (o caminhão)	a încărca	[a inkər'ka]
carregar (uma arma)	a încărca	[a inkər'ka]

casar-se (vr)	a se căsători	[a se kəsəto'ri]
causar (vt)	a cauza ...	[a kau'za]
cavar (vt)	a săpa	[a sə'pa]
ceder (não resistir)	a ceda	[a ʧe'da]
cegar, ofuscar (vt)	a orbi	[a or'bi]
censurar (vt)	a reproşa	[a repro'ʃa]
cessar (vt)	a pune capăt	[a 'pune 'kapət]
chamar (~ por socorro)	a chema	[a ke'ma]
chamar (dizer em voz alta o nome)	a chema	[a ke'ma]
chegar (a algum lugar)	a atinge	[a a'tinʤe]
chegar (sb. comboio, etc.)	a sosi	[a so'si]
cheirar (tem o cheiro)	a mirosi	[a miro'si]
cheirar (uma flor)	a mirosi	[a miro'si]
chorar (vi)	a plânge	[a 'plinʤe]
citar (vt)	a cita	[a ʧi'ta]
colher (flores)	a rupe	[a 'rupe]
colocar (vt)	a pune	[a 'pune]
combater (vi, vt)	a se lupta	[a se lup'ta]
começar (vt)	a începe	[a in'ʧepe]
comer (vt)	a mânca	[a min'ka]
comparar (vt)	a compara	[a kompa'ra]
compensar (vt)	a compensa	[a kompen'sa]
competir (vi)	a concura	[a konku'ra]
complicar (vt)	a complica	[a kompli'ka]
compor (vt)	a crea	[a 'krʲa]
comportar-se (vr)	a se comporta	[a se kompor'ta]
comprar (vt)	a cumpăra	[a kumpə'ra]
compreender (vt)	a înţelege	[a intse'leʤe]
comprometer (vt)	a compromite	[a kompro'mite]
concentrar-se (vr)	a se concentra	[a se konʧen'tra]
concordar (dizer "sim")	a fi de acord	[a fi de a'kord]
condecorar (dar medalha)	a decora	[a deko'ra]
conduzir (~ o carro)	a conduce maşina	[a kon'duʧe ma'ʃina]
confessar-se (criminoso)	a mărturisi	[a mərturi'si]
confiar (vt)	a avea încredere	[a a'vʲa in'kredere]
confundir (equivocar-se)	a încurca	[a inkur'ka]
conhecer (vt)	a cunoaşte	[a kuno'aʃte]
conhecer-se (vr)	a face cunoştinţă	[a 'faʧe kunoʃ'tintsə]
consertar (vt)	a pune în ordine	[a 'pune in 'ordine]
consultar ...	a se consulta cu ...	[a se konsul'ta 'ku]
contagiar-se com ...	a se contamina	[a se kontami'na]
contar (vt)	a povesti	[a poves'ti]
contar com ...	a conta pe ...	[a kon'ta pe]
continuar (vt)	a continua	[a kontinu'a]
contratar (vt)	a angaja	[a anga'ʒa]

controlar (vt)	a controla	[a kontro'la]
convencer (vt)	a convinge	[a kon'vindʒe]
convidar (vt)	a invita	[a invi'ta]
cooperar (vi)	a colabora	[a kolabo'ra]
coordenar (vt)	a coordona	[a koordo'na]
corar (vi)	a se înroşi	[a se inro'ʃi]
correr (vi)	a alerga	[a aler'ga]
corrigir (vt)	a corecta	[a korek'ta]
cortar (com um machado)	a tăia	[a tə'ja]
cortar (vt)	a tăia	[a tə'ja]
cozinhar (vt)	a găti	[a gə'ti]
crer (pensar)	a crede	[a 'krede]
criar (vt)	a crea	[a 'krʲa]
cultivar (vt)	a cultiva	[a kulti'va]
cuspir (vi)	a scuipa	[a skuj'pa]
custar (vt)	a costa	[a kos'ta]
dar banho, lavar (vt)	a face baie	[a 'fatʃe 'bae]
datar (vi)	a data	[a da'ta]
decidir (vt)	a hotărî	[a hotə'ri]
decorar (enfeitar)	a decora	[a deko'ra]
dedicar (vt)	a dedica	[a dedi'ka]
defender (vt)	a apăra	[a apə'ra]
defender-se (vr)	a se apăra	[a se apə'ra]
deixar (~ a mulher)	a părăsi	[a pərə'si]
deixar (esquecer)	a lăsa	[a lə'sa]
deixar (permitir)	a permite	[a per'mite]
deixar cair (vt)	a scăpa	[a skə'pa]
denominar (vt)	a numi	[a nu'mi]
denunciar (vt)	a denunţa	[a denun'tsa]
depender de ... (vi)	a depinde de ...	[a de'pinde de]
derramar (vt)	a vărsa	[a vər'sa]
desaparecer (vi)	a dispărea	[a dispə'rʲa]
desatar (vt)	a dezlega	[a dezle'ga]
desatracar (vi)	a demara	[a dema'ra]
descansar (um pouco)	a se odihni	[a se odih'ni]
descer (para baixo)	a coborî	[a kobo'ri]
descobrir (novas terras)	a descoperi	[a deskope'ri]
descolar (avião)	a decola	[a deko'la]
desculpar (vt)	a scuza	[a sku'za]
desculpar-se (vr)	a cere scuze	[a 'tʃere 'skuze]
desejar (vt)	a dori	[a do'ri]
desempenhar (vt)	a juca	[a ʒu'ka]
desligar (vt)	a stinge	[a 'stindʒe]
desprezar (vt)	a dispreţui	[a dispretsu'i]
destruir (documentos, etc.)	a distruge	[a dis'trudʒe]
dever (vi)	a fi dator	[a fi da'tor]

devolver (vt)	a expedia destinatarului	[a ekspedi'ja destina'tarului]
direcionar (vt)	a îndrepta spre ...	[a indrep'ta spre]
dirigir (~ uma empresa)	a conduce	[a kon'dutʃe]
dirigir-se	a se adresa	[a se adre'sa]
(a um auditório, etc.)		
discutir (notícias, etc.)	a discuta	[a disku'ta]

distribuir (folhetos, etc.)	a răspândi	[a rəspin'di]
distribuir (vt)	a distribui	[a distribu'i]
divertir (vt)	a distra	[a dis'tra]
divertir-se (vr)	a se veseli	[a se vese'li]

dividir (mat.)	a împărţi	[a impər'tsi]
dizer (vt)	a spune	[a 'spune]
dobrar (vt)	a dubla	[a dub'la]
duvidar (vt)	a se îndoi	[a se indo'i]

254. Verbos E-J

elaborar (uma lista)	a alcătui	[a alkətu'i]
elevar-se acima de ...	a se înălţa	[a se inəl'tsa]
eliminar (um obstáculo)	a înlătura	[a inlətu'ra]
embrulhar (com papel)	a împacheta	[a impake'ta]

emergir (submarino)	a ieşi la suprafaţă	[a e'ʃi la supra'fatsə]
emitir (vt)	a împrăştia	[a imprəʃti'a]
empreender (vt)	a întreprinde	[a intre'prinde]
empurrar (vt)	a împinge	[a im'pindʒe]

encabeçar (vt)	a conduce	[a kon'dutʃe]
encher (~ a garrafa, etc.)	a umple	[a 'umple]
encontrar (achar)	a găsi	[a gə'si]
enganar (vt)	a minţi	[a min'tsi]

ensinar (vt)	a învăţa pe cineva	[a invə'tsa pe tʃine'va]
entrar (na sala, etc.)	a intra	[a in'tra]
enviar (uma carta)	a trimite	[a tri'mite]
equipar (vt)	a utila	[a uti'la]

errar (vi)	a greşi	[a gre'ʃi]
escolher (vt)	a alege	[a a'ledʒe]
esconder (vt)	a ascunde	[a as'kunde]
escrever (vt)	a scrie	[a 'skrie]

escutar (vt)	a asculta	[a askul'ta]
escutar atrás da porta	a trage cu urechea	[a 'tradʒe ku u'rekia]
esmagar (um inseto, etc.)	a strivi	[a stri'vi]
esperar (contar com)	a aştepta	[a aʃtep'ta]

esperar (o autocarro, etc.)	a aştepta	[a aʃtep'ta]
esperar (ter esperança)	a spera	[a spe'ra]
espreitar (vi)	a urmări pe furiş	[a urmə'ri pe fu'riʃ]
esquecer (vt)	a uita	[a uj'ta]
estar	a sta	[a sta]

estar convencido	a se convinge	[a se kon'vindʒe]
estar deitado	a sta culcat	[a sta kul'kat]
estar perplexo	a fi nedumerit	[a fi nedume'rit]

estar sentado	a şedea	[a ʃə'dʲa]
estremecer (vi)	a tresări	[a tresə'ri]
estudar (vt)	a studia	[a studi'a]
evitar (vt)	a evita	[a evi'ta]

examinar (vt)	a analiza	[a anali'za]
exigir (vt)	a cere	[a 'ʧere]
existir (vi)	a exista	[a ekzis'ta]
explicar (vt)	a explica	[a ekspli'ka]

expressar (vt)	a exprima	[a ekspri'ma]
expulsar (vt)	a exclude	[a eks'klude]
facilitar (vt)	a uşura	[a uʃu'ra]
falar com ...	a vorbi cu ...	[a vor'bi ku]

faltar a ...	a lipsi	[a lip'si]
fascinar (vt)	a fermeca	[a ferme'ka]
fatigar (vt)	a obosi	[a obo'si]
fazer (vt)	a face	[a 'faʧe]

fazer lembrar	a aminti	[a amin'ti]
fazer piadas	a glumi	[a glu'mi]
fazer uma tentativa	a încerca	[a inʧer'ka]
fechar (vt)	a închide	[a i'nkide]
felicitar (dar os parabéns)	a felicita	[a feliʧi'ta]

ficar cansado	a obosi	[a obo'si]
ficar em silêncio	a tăcea	[a tə'ʧa]
ficar pensativo	a cădea pe gânduri	[a kə'dʲa pe 'gindurʲ]
forçar (vt)	a forţa	[a for'tsa]
formar (vt)	a forma	[a for'ma]

fotografar (vt)	a fotografia	[a fotografi'ja]
gabar-se (vr)	a se lăuda	[a se ləu'da]
garantir (vt)	a garanta	[a garan'ta]
gostar (apreciar)	a plăcea	[a plə'ʧa]

gostar (vt)	a plăcea	[a plə'ʧa]
gritar (vi)	a striga	[a stri'ga]
guardar (cartas, etc.)	a păstra	[a pəs'tra]
guardar (no armário, etc.)	a ascunde	[a as'kunde]
guerrear (vt)	a lupta	[a lup'ta]

herdar (vt)	a moşteni	[a moʃte'ni]
iluminar (vt)	a lumina	[a lumi'na]
imaginar (vt)	a-şi imagina	[aʃ imadʒi'na]
imitar (vt)	a imita	[a imi'ta]

implorar (vt)	a ruga	[a ru'ga]
importar (vt)	a importa	[a impor'ta]
indicar (orientar)	a arăta	[a arə'ta]
indignar-se (vr)	a se indigna	[a se indig'na]

infetar, contagiar (vt)	a molipsi	[a molip'si]
influenciar (vt)	a influenţa	[a influen'tsa]
informar (fazer saber)	a anunţa	[a anun'tsa]
informar (vt)	a informa	[a infor'ma]
informar-se (~ sobre)	a afla	[a af'la]
inscrever (na lista)	a înscrie	[a ɨn'skrie]
inserir (vt)	a pune	[a 'pune]
insinuar (vt)	a face aluzie	[a 'fatʃe a'luzie]
insistir (vi)	a insista	[a insis'ta]
inspirar (vt)	a stimula	[a stimu'la]
instruir (vt)	a da instrucţiuni	[a da instruktsi'unʲ]
insultar (vt)	a jigni	[a ʒig'ni]
interessar (vt)	a interesa	[a intere'sa]
interessar-se (vr)	a se interesa	[a se intere'sa]
intervir (vi)	a interveni	[a interve'ni]
invejar (vt)	a invidia	[a invidi'a]
inventar (vt)	a inventa	[a inven'ta]
ir (a pé)	a merge	[a 'merdʒe]
ir (de carro, etc.)	a merge	[a 'merdʒe]
ir nadar	a se scălda	[a se skəl'da]
ir para a cama	a se culca	[a se kul'ka]
irritar (vt)	a irita	[a iri'ta]
irritar-se (vr)	a se irita	[a se iri'ta]
isolar (vt)	a izola	[a izo'la]
jantar (vi)	a cina	[a tʃi'na]
jogar, atirar (vt)	a arunca	[a arun'ka]
juntar, unir (vt)	a uni	[a u'ni]
juntar-se a ...	a adera	[a ade'ra]

255. Verbos L-P

lançar (novo projeto)	a porni	[a por'ni]
lavar (vt)	a spăla	[a spə'la]
lavar a roupa	a spăla	[a spə'la]
lavar-se (vr)	a se spăla	[a se spə'la]
lembrar (vt)	a ţine minte	[a 'tsine 'minte]
ler (vt)	a citi	[a tʃi'ti]
levantar-se (vr)	a se ridica	[a se ridi'ka]
levar (ex. leva isso daqui)	a duce cu sine	[a 'dutʃe ku 'sine]
libertar (cidade, etc.)	a elibera	[a elibe'ra]
ligar (o radio, etc.)	a conecta	[a konek'ta]
limitar (vt)	a limita	[a limi'ta]
limpar (eliminar sujeira)	a curăţa	[a kurə'tsa]
limpar (vt)	a curăţa	[a kurə'tsa]
lisonjear (vt)	a flata	[a fla'ta]
livrar-se de ...	a scăpa	[a skə'pa]

lutar (combater)	a lupta	[a lup'ta]
lutar (desp.)	a lupta	[a lup'ta]
marcar (com lápis, etc.)	a semnala	[a semna'la]
matar (vt)	a omorî	[a omo'ri]
memorizar (vt)	a memora	[a memo'ra]
mencionar (vt)	a aminti	[a amin'ti]
mentir (vi)	a minţi	[a min'tsi]
merecer (vt)	a merita	[a meri'ta]
mergulhar (vi)	a se cufunda	[a se kufun'da]
misturar (combinar)	a amesteca	[a ameste'ka]
morar (vt)	a trăi	[a trə'i]
mostrar (vt)	a arăta	[a arə'ta]
mover (arredar)	a mişca	[a miʃ'ka]
mudar (modificar)	a schimba	[a skim'ba]
multiplicar (vt)	a înmulţi	[a inmul'tsi]
nadar (vi)	a înota	[a ino'ta]
negar (vt)	a nega	[a ne'ga]
negociar (vi)	a purta tratative	[a pur'ta trata'tive]
nomear (função)	a numi	[a nu'mi]
obedecer (vt)	a se supune	[a se su'pune]
objetar (vt)	a contrazice	[a kontra'zitʃe]
observar (vt)	a observa	[a obser'va]
ofender (vt)	a jigni	[a ʒig'ni]
olhar (vt)	a privi	[a pri'vi]
omitir (vt)	a omite	[a o'mite]
ordenar (mil.)	a ordona	[a ordo'na]
organizar (evento, etc.)	a organiza	[a organi'za]
ousar (vt)	a îndrăzni	[a indrəz'ni]
ouvir (vt)	a auzi	[a au'zi]
pagar (vt)	a plăti	[a plə'ti]
parar (para descansar)	a se opri	[a se o'pri]
parecer-se (vr)	a semăna cu	[a semə'na ku]
participar (vi)	a participa	[a partitʃi'pa]
partir (~ para o estrangeiro)	a pleca	[a ple'ka]
passar (vt)	a trece	[a 'tretʃe]
passar a ferro	a călca	[a kəl'ka]
pecar (vi)	a păcătui	[a pəkətu'i]
pedir (comida)	a comanda	[a koman'da]
pedir (um favor, etc.)	a cere	[a 'tʃere]
pegar (tomar com a mão)	a prinde	[a 'prinde]
pegar (tomar)	a lua	[a lu'a]
pendurar (cortinas, etc.)	a atârna	[a atir'na]
penetrar (vt)	a pătrunde	[a pə'trunde]
pensar (vt)	a se gândi	[a se gin'di]
pentear-se (vr)	a se pieptăna	[a se peptə'na]
perceber (ver)	a observa	[a obser'va]

perder (o guarda-chuva, etc.)	a pierde	[a 'pjerde]
perdoar (vt)	a ierta	[a er'ta]
permitir (vt)	a permite	[a per'mite]

pertencer a ...	a aparţine	[a apar'tsine]
perturbar (vt)	a deranja	[a deran'ʒa]
pesar (ter o peso)	a cântări	[a kɨntə'ri]
pescar (vt)	a pescui	[a pesku'i]

planear (vt)	a planifica	[a planifi'ka]
poder (vi)	a putea	[a pu'tʲa]
pôr (posicionar)	a instala	[a insta'la]
possuir (vt)	a poseda	[a pose'da]

predominar (vi, vt)	a predomina	[a predomi'na]
preferir (vt)	a prefera	[a prefe'ra]
preocupar (vt)	a nelinişti	[a neliniʃ'ti]
preocupar-se (vr)	a se nelinişti	[a se neliniʃ'ti]
preocupar-se (vr)	a se nelinişti	[a se neliniʃ'ti]

preparar (vt)	a pregăti	[a pregə'ti]
preservar (ex. ~ a paz)	a păstra	[a pəs'tra]
prever (vt)	a prevedea	[a preve'dʲa]
privar (vt)	a priva	[a pri'va]

proibir (vt)	a interzice	[a inter'zitʃe]
projetar, criar (vt)	a proiecta	[a proek'ta]
prometer (vt)	a promite	[a pro'mite]
pronunciar (vt)	a pronunţa	[a pronun'tsa]

propor (vt)	a propune	[a pro'pune]
proteger (a natureza)	a apăra	[a apə'ra]
protestar (vi)	a protesta	[a protes'ta]
provar (~ a teoria, etc.)	a dovedi	[a dove'di]

provocar (vt)	a provoca	[a provo'ka]
publicitar (vt)	a face reclamă	[a 'fatʃe re'klamə]
punir, castigar (vt)	a pedepsi	[a pedep'si]
puxar (vt)	a trage	[a 'tradʒə]

256. Verbos Q-Z

quebrar (vt)	a rupe	[a 'rupe]
queimar (vt)	a arde	[a 'arde]
queixar-se (vr)	a se plânge	[a se 'plɨndʒe]
querer (desejar)	a vrea	[a vrʲa]

rachar-se (vr)	a crăpa	[a krə'pa]
realizar (vt)	a realiza	[a reali'za]
recomendar (vt)	a recomanda	[a rekoman'da]
reconhecer (identificar)	a recunoaşte	[a rekuno'aʃte]

reconhecer (o erro)	a recunoaşte	[a rekuno'aʃte]
recordar, lembrar (vt)	a-şi aminti	['aʃ amin'ti]

recuperar-se (vr)	a se vindeca	[a se vinde'ka]
recusar (vt)	a refuza	[a refu'za]
reduzir (vt)	a micşora	[a mikʃo'ra]
refazer (vt)	a reface	[a re'faʧe]
reforçar (vt)	a consolida	[a konsoli'da]
refrear (vt)	a reţine	[a re'tsine]
regar (plantas)	a uda	[a u'da]
remover (~ uma mancha)	a scoate	[a sko'ate]
reparar (vt)	a repara	[a repa'ra]
repetir (dizer outra vez)	a repeta	[a repe'ta]
reportar (vt)	a raporta	[a rapor'ta]
repreender (vt)	a certa	[a ʧer'ta]
reservar (~ um quarto)	a rezerva	[a rezer'va]
resolver (o conflito)	a aranja	[a aran'ʒa]
resolver (um problema)	a rezolva	[a rezol'va]
respirar (vi)	a respira	[a respi'ra]
responder (vt)	a răspunde	[a rəs'punde]
rezar, orar (vi)	a se ruga	[a se ru'ga]
rir (vi)	a râde	[a 'ride]
romper-se (corda, etc.)	a se rupe	[a se 'rupe]
roubar (vt)	a fura	[a fu'ra]
saber (vt)	a şti	[a ʃti]
sair (~ de casa)	a ieşi	[a e'ʃi]
sair (livro)	a apărea	[a apə'rʲa]
salvar (vt)	a salva	[a sal'va]
satisfazer (vt)	a satisface	[a satis'faʧe]
saudar (vt)	a saluta	[a salu'ta]
secar (vt)	a usca	[a uska]
seguir ...	a urma	[a ur'ma]
selecionar (vt)	a lua înapoi	[a lu'a ina'poj]
semear (vt)	a semăna	[a semə'na]
sentar-se (vr)	a se aşeza	[a se aʃə'za]
sentenciar (vt)	a condamna	[a kondam'na]
sentir (~ perigo)	a simţi	[a sim'tsʲ]
ser diferente	a se deosebi de ...	[a se deose'bi de]
ser indispensável	a fi necesar	[a fi neʧe'sar]
ser necessário	a fi nevoie	[a fi ne'voje]
ser preservado	a se păstra	[a se pəs'tra]
ser, estar	a fi	[a fi]
servir (restaurant, etc.)	a servi	[a ser'vi]
servir (roupa)	a plăcea	[a plə'ʧa]
significar (palavra, etc.)	a avea sens	[a a'vʲa sens]
significar (vt)	a însemna	[a insem'na]
simplificar (vt)	a simplifica	[a simplifi'ka]
sobrestimar (vt)	a reevalua	[a reevalu'a]
sofrer (vt)	a suferi	[a sufe'ri]

sonhar (vi)	a visa	[a vi'sa]
sonhar (vt)	a visa	[a vi'sa]
soprar (vi)	a sufla	[a su'fla]
sorrir (vi)	a zâmbi	[a zɨm'bi]
subestimar (vt)	a subaprecia	[a subapreʧi'a]
sublinhar (vt)	a sublinia	[a sublini'a]
sujar-se (vr)	a se murdări	[a se murdə'ri]
supor (vt)	a presupune	[a presu'pune]
suportar (as dores)	a răbda	[a rəb'da]
surpreender (vt)	a mira	[a mi'ra]
surpreender-se (vr)	a se mira	[a se mi'ra]
suspeitar (vt)	a suspecta	[a suspek'ta]
suspirar (vi)	a ofta	[a of'ta]
tentar (vt)	a se strădui	[a se strədu'i]
ter (vt)	a avea	[a a'vʲa]
ter medo	a se teme	[a se 'teme]
terminar (vt)	a termina	[a termi'na]
tirar (vt)	a scoate	[a sko'ate]
tirar cópias	a multiplica	[a multipli'ka]
tirar uma conclusão	a trage o concluzie	[a 'tradʒe o kon'kluzie]
tocar (com as mãos)	a se referi	[a se refe'ri]
tomar emprestado	a împrumuta	[a ɨmprumu'ta]
tomar nota	a nota	[a no'ta]
tomar o pequeno-almoço	a lua micul dejun	[a lu'a 'mikul de'ʒun]
tornar-se (ex. ~ conhecido)	a deveni	[a deve'ni]
trabalhar (vi)	a lucra	[a lu'kra]
traduzir (vt)	a traduce	[a tra'duʧe]
transformar (vt)	a transforma	[a transfor'ma]
tratar (a doença)	a trata	[a tra'ta]
trazer (vt)	a aduce	[a a'duʧe]
treinar (pessoa)	a antrena	[a antre'na]
treinar-se (vr)	a se antrena	[a se antre'na]
tremer (de frio)	a tremura	[a tremu'ra]
trocar (vt)	a face schimb	[a 'faʧe 'skimb]
trocar, mudar (vt)	a schimba	[a skim'ba]
usar (uma palavra, etc.)	a folosi	[a folo'si]
utilizar (vt)	a se folosi	[a se folo'si]
vacinar (vt)	a vaccina	[a vakʧi'na]
vender (vt)	a vinde	[a 'vinde]
verter (encher)	a turna	[a tur'na]
vingar (vt)	a răzbuna	[a rəzbu'na]
virar (ex. ~ à direita)	a întoarce	[a into'arʧe]
virar (pedra, etc.)	a întoarce	[a into'arʧe]
virar as costas	a se întoarce	[a se into'arʧe]
viver (vi)	a exista	[a ekzis'ta]
voar (vi)	a zbura	[a zbu'ra]

voltar (vi)	a se întoarce	[a se into'arʧe]
votar (vi)	a vota	[a vo'ta]
zangar (vt)	a supăra	[a supə'ra]
zangar-se com ...	a se supăra	[a se supə'ra]
zombar (vt)	a-și bate joc	[aʃ 'bate ʒok]